Vichy et la chasse aux espions nazis

Collection Mémoires

Les termes techniques, sigles et abréviations sont expliqués en fin d'ouvrage page 203.

Le suivi éditorial de cet ouvrage a été assuré par Laure Flavigny, assistée de Matthieu Barbarit.

© 2005 by les Éditions Autrement, 77, rue du Faubourg-Saint-Antoine, 75011 Paris. Tél. : 01 44 73 80 00. Fax : 01 44 73 00 12.
E-mail : contact@autrement.com
ISBN : 2-7467-0588-5. ISSN : 1157-4488.
Dépôt légal : janvier 2005. Imprimé en France.

SIMON KITSON

Vichy et la chasse aux espions nazis
1940-1942 : complexités
de la politique de collaboration

Éditions Autrement - collection Mémoires n° 110

INTRODUCTION

Le thème traité dans ce livre, celui du contre-espionnage anti-allemand pendant les années noires, est à la fois bien connu et complètement inconnu. De nombreux auteurs font référence en passant au fait que les services spéciaux de Vichy ont continué de travailler contre l'Allemagne et d'arrêter les espions travaillant pour le compte des services de renseignements allemands[1]. Il est donc reconnu que ce contre-espionnage a bien existé, mais assez peu d'auteurs y consacrent plus d'un paragraphe[2]. Les références que l'on trouve sont, à très peu d'exceptions près, tirées uniquement des nombreux Mémoires ou des témoignages d'anciens membres des services spéciaux français, sans être recoupées par d'autres sources[3]. La plupart de ces auteurs acceptent donc la version présentée par les professionnels du contre-espionnage, sans se soucier ni du véritable sens politique de cette activité antialle-mande, ni même de la véracité de leurs sources. Ce texte va donc essayer de remettre ce contre-espionnage dans son contexte ori-ginal en examinant notamment les rapports entre l'activité des services de contre-espionnage et le gouvernement de l'époque. Géographiquement, l'essentiel de l'analyse concerne les « terri-toires non occupés », c'est-à-dire la zone libre et les colonies (en fait l'Afrique du Nord), puisque c'est surtout dans ce cadre qu'ont eu lieu les arrestations d'espions allemands par les autorités de Vichy. Temporellement, c'est surtout la période de juin 1940 à novembre 1942 qui sera traitée, parce que ces arrestations s'interrompent brusquement après l'occupation totale.

À première vue, le titre de ce livre, *Vichy et la chasse aux espions nazis*, peut paraître surprenant et même un peu provocateur. Malgré les tentatives de quelques apologistes du régime de faire croire aux desseins résistants de ses dirigeants, l'image que l'on retient du gouvernement des années noires est celle d'un gouvernement sincèrement collaborateur. Il est établi que ce régime a organisé l'arrestation et parfois l'exécution de résistants. Il en a livré d'autres aux nazis. Il a aidé au transfert de travailleurs français en Allemagne. Pis encore, il s'est transformé en complice actif et volontaire du projet de meurtre systématique des Juifs d'Europe. Non seulement il est reconnu que ce régime a collaboré, mais, depuis les travaux d'Eberhardt Jäckel et de Robert Paxton, l'historiographie a largement entériné l'idée que ce n'est pas l'Allemagne, mais plutôt Vichy, qui recherchait le plus activement la collaboration[4]. Paxton souligne que cette collaboration était voulue en partie pour laisser au régime la liberté d'appliquer son programme de réforme politique, la Révolution nationale. Ce programme ressemblait peut-être à certains égards à celui des nazis, mais l'historien américain insiste sur les origines autochtones des mesures vichystes d'exclusion et de réforme. Au cœur donc du travail de Paxton se trouve le paradoxe d'un gouvernement collaborant en partie pour sauvegarder son indépendance.

Le même jeu complexe de collaboration et de souveraineté est mis en évidence dans les chapitres qui suivent. Ce n'est pas l'histoire d'un Vichy résistant, mais plutôt celle d'un gouvernement tiraillé entre le désir de maintenir son indépendance et celui de ne pas compromettre une politique de collaboration sincèrement engagée. Ce qui ressort est un Vichy parfois hésitant, parfois résolu. L'étude du contre-espionnage de Vichy, comme d'ailleurs celle de l'espionnage allemand, permet de revenir sur l'état des rapports franco-allemands pendant les années noires. Quels étaient les mécanismes employés par les Allemands pour contrôler la France ? Comment faire pour protéger la souveraineté d'un pays partiellement occupé ? Jusqu'où pouvait-on ou voulait-on aller pour contrecarrer cette activité allemande ?

Ce livre n'est pas seulement l'étude d'un gouvernement, mais aussi celle des méthodes et de l'organisation du contre-espionnage, ainsi que du comportement des services spéciaux eux-mêmes. Une attention particulière est portée aux difficultés de la chasse aux espions dans le contexte de Vichy. Comment empêcher les Allemands d'avoir libre accès aux secrets d'État dans un pays en partie occupé et avec la complication supplémentaire que l'État collaborait avec l'occupant ? Quel équilibre établir entre la répression de l'espionnage allemand et celui des Alliés ?

Le troisième volet de l'analyse apparaît également dans le titre du livre : après Vichy et la « chasse », on en vient aux « espions » eux-mêmes. Qui étaient-ils ? Comment étaient-ils recrutés ? Et, question généralement absente des études sur le contre-espionnage, que devenaient-ils après leur arrestation ? L'analyse de leurs motivations et du sort qui les attendait permet de réexaminer les rapports entre Vichy et la population française, en clarifiant les contours de la collaboration individuelle permise par l'État.

Répondre à toutes ces interrogations nécessitait des sources de la meilleure qualité. Le plus simple aurait été de nous appuyer essentiellement sur les nombreux Mémoires que d'anciens membres des services secrets ont publiés depuis la guerre. Le problème est que les intentions de ces auteurs ne sont pas toujours innocentes. Ils cherchent parfois à se couvrir de gloire, à se justifier, à régler des comptes ou à faire l'hagiographie de leur institution. Dans notre hiérarchie des sources, nous avons donc cherché, quand cela était possible, à avoir recours à la documentation de l'époque, qui n'est pas le résultat du même processus de reconstruction. C'est pour cette raison également que nous avons décidé de ne pas recourir aux témoignages oraux, à l'exception d'un entretien avec Paul Paillole. Cette aversion pour les témoignages oraux ne provient pas d'une allergie instinctive à ce type de source. Nous en avons utilisé dans d'autres contextes, mais, pour ce travail, nous avons décidé qu'il valait mieux nous concentrer sur les nombreuses archives disponibles.

La principale source utilisée ici est ce qu'on appelle le « fonds de Moscou ». En 1943, les Allemands se sont emparés de trois tonnes d'archives des services de contre-espionnage français. Ils ont envoyé ces archives en Allemagne pour qu'elles soient exploitées par leurs propres services spéciaux. À la défaite de l'Allemagne, ces archives sont tombées entre les mains des services spéciaux soviétiques. Ce n'est que vers la fin des années 1990 que ces papiers ont été récupérés par les Français. Mille quatre cents cartons de ces archives sont maintenant disponibles au Service historique de l'armée de terre (SHAT), au château de Vincennes[5].

Dans le fonds de Moscou, on trouve des dossiers individuels sur les affaires traitées ainsi que des analyses de la situation politique et du rôle que les services spéciaux devaient tenir. Ce fonds contient également les comptes rendus des conférences tenues par les chefs des services spéciaux français pendant la guerre pour former les nouvelles recrues des services. Chacune de ces réunions traite d'un thème précis (le « gaullisme », l'« espionnage allemand », l'« Intelligence Service », etc.) et nous donne des indications sur l'orientation des services spéciaux. Qu'il existe des versions écrites de telles conférences peut surprendre. Mais il faut tenir compte du souhait des services spéciaux d'être pris au sérieux en tant qu'administration. Le signe le plus évident du professionnalisme d'une administration est sans doute la bureaucratie. Les services spéciaux au XXe siècle font preuve d'une véritable manie de garder une trace écrite de leurs activités.

Évidemment, ce fonds de Moscou n'est pas parfait. On peut supposer que des documents en ont été retirés par les nazis puis les Soviétiques. Mais le grand avantage du fonds de Moscou, du point de vue historique, est qu'il n'a pas été « préparé » par les services spéciaux français. Pour leur part, les collections privées des archives d'anciens membres des services spéciaux essaient de présenter le mieux possible les services en question. Pour ne citer que l'exemple le plus évident : comment se fait-il que, dans le « fonds Paillole », se trouvent rapportées les conférences tenues sur le contre-espionnage antiallemand, mais pas celles qui concernaient la défense contre les menées gaullistes ou alliées ? Cela ne veut pas dire que ces collections privées soient sans intérêt – au contraire, elles m'ont aidé dans la préparation de ce livre –, mais qu'il faut tenir compte des intentions du « collecteur ».

Puisque l'un des objectifs de cet ouvrage est de remettre ce contre-espionnage dans son contexte politique, il était nécessaire de trouver des archives fiables sur cet aspect. Des références au contre-espionnage dans les procès des anciens ministres de Vichy qui se sont tenus devant la Haute Cour de justice après la Libération[6]. Ces questions sont également traitées dans les correspondances entre différents ministres de Vichy, documents conservés dans les archives du chef de l'État, de la présidence du Conseil et du ministère de l'Intérieur[7]. Les répercussions diplomatiques sont particulièrement mises en évidence dans les documents provenant de la commission d'armistice, qui représentent une véritable mine d'or de documentation sur le contre-espionnage antiallemand[8].

Enfin, nous avons voulu considérer le sort des espions eux-mêmes, et pour cela il nous fallait avoir accès aux dossiers individuels. Malheureusement, la justice militaire n'a pas souhaité nous ouvrir ses archives, centralisées au Blanc (36). Néanmoins, de très nombreux documents du même type sont disponibles dans les Archives nationales, ce qui nous a permis de combler cette lacune. Particulièrement importants à cet égard sont les dossiers des commissions de grâces, présentés soit auprès du chef de l'État[9], soit auprès du ministère de la Justice[10]. Ils contiennent les rapports établis par les tribunaux militaires pour éclairer ces commissions sur les inculpés d'espionnage pro-allemand. En consultant cette documentation, ainsi que les documents préparés par les officiers français de liaison auprès de la commission d'armistice[11], nous avons pu avoir accès à de nombreuses correspondances envoyées par les espions allemands eux-mêmes de leurs cellules dans les prisons militaires de Vichy. Ces correspondances sont soit des plaidoiries auprès de hautes personnalités vichystes, soit des lettres adressées aux Allemands mais interceptées par les autorités françaises. Elles reviennent sur les conditions de l'arrestation et de l'internement.

Le lecteur sera sans doute étonné de savoir que la principale difficulté des archives sur le contre-espionnage antiallemand ne tient pas à leur rareté, mais à leur abondance. Pour cette raison, cette étude ne peut qu'offrir une première approche du sujet. Les archives disponibles présentent également l'immense avantage d'être de nature très diverse, permettant ainsi les recoupements sur la plupart des questions. Évidemment, des lacunes subsistent, et il n'est pas possible encore de répondre à toutes les interrogations que l'on peut avoir sur ces questions. Dans les cas où la documentation ne permet pas une conclusion informée sur un point précis, cela sera indiqué dans le texte. Sans doute d'autres études viendront-elles compléter, parfois peut-être contredire, les thèses avancées ici. Le but de ce livre est d'ouvrir un débat sur une histoire compliquée et souvent très surprenante.

CHAPITRE 1
ORGANISER L'ESPIONNAGE ALLEMAND EN FRANCE

Le système nazi dans les pays occupés est fondé sur une multiplicité de pouvoirs. Des rivalités opposent des administrations d'origine diverse. En France, leur système administratif est encore plus hétérogène que dans les autres pays occupés. Cela tient à la division du pays en plusieurs zones administratives et à l'existence d'un gouvernement français semi-autonome. L'historique de l'organisation des services spéciaux allemands en France est similaire à celle de l'implantation administrative nazie dans son ensemble. Elle suit le même schéma, avec la prédominance des militaires au début, suivie par la montée rapide d'organismes issus du parti nazi. Les structures et les activités de renseignements s'adaptent au ton des relations franco-allemandes, aux priorités du moment, au rythme de la guerre et aux intrigues politiques de l'État nazi[1].

Du côté militaire, le renseignement est organisé essentiellement par l'Abwehr (« défense »). Cet organisme est attaché à l'état-major de la Wehrmacht et, depuis 1935, dirigé par l'amiral Wilhelm Canaris. Outre une section administrative, il se divise en trois sous-sections. Abteilung I est le service de renseignements (SR) proprement dit : il travaille à la fois pour le compte des trois armes (terre, marine et air) et fait également de l'espionnage économique. Lui sont rattachés les services techniques des faux documents, de la photographie, des transmissions, etc. L'Abteilung II se concentre sur l'organisation des « cinquièmes colonnes » par le sabotage et les activités subversives. Il doit profiter des tendances dissidentes dans le pays et exciter les minorités ethniques et culturelles (en France, les nationalistes nord-africains, bretons et alsaciens). L'Abteilung II propage également les fausses nouvelles. L'Abteilung III est chargé du contre-espionnage (CE) et de la sécurité militaire. Au sein de ce bureau existe une section spécialisée dans le noyautage des réseaux ennemis et leur intoxication. Cette organisation témoigne des changements organisationnels qui ont eu lieu dans le monde du renseignement depuis la fin du XIXᵉ siècle. Dans sa conception moderne, l'espionnage est devenu de plus en plus bureaucratique. Les archives sont essentielles, d'où l'importance d'avoir une section administrative. L'équipement technique a aussi augmenté de façon considérable pour bénéficier des avancées technologiques dans la photographie et la communication. Enfin, autre élément moderne, on ne considère plus l'ennemi uniquement sous l'angle militaire. Les enquêtes sont donc élargies pour comprendre des études de l'opinion et de l'économie et pour miner les capacités par le sabotage.

Avant 1940, trois postes (Ast) de l'Abwehr basés à Münster, Wiesbaden et Stuttgart surveillent le territoire français suivant une répartition géographique. Deux autres, à Berlin et Hambourg, sont spécialisés dans les questions aéronautiques, maritimes et coloniales françaises. Après l'occupation de juin 1940, les postes de Münster, Stuttgart et Hambourg poussent leurs antennes en zone occupée. Le chef de l'Ast de Münster, le colonel Friedrich Rudolf, s'installe à Paris à l'hôtel *Lutetia*, boulevard Raspail, un lieu qui paradoxalement a servi de base aux émigrés allemands antinazis dans les années 1930[2]. En 1941, son poste devient le coordinateur et le centralisateur de toute l'activité de l'Abwehr en France ; le lieutenant-colonel Oskar Reile, chef de l'Abwehr III-F (Abteilung III – section française) à Paris, dirige la section de contre-espionnage. Désormais, des postes importants existent aussi à Angers, Biarritz et Dijon.

L'occupation de la zone Sud en novembre 1942 provoque un glissement de postes et d'antennes du nord vers le sud et un allégement du réseau de l'Abwehr dans la zone Nord. Une *Abwehrstelle* est établie à Lyon, et de plus petits *Nebenstelle* sont implantés à Limoges, Marseille, Nice, Perpignan, Toulon et Toulouse. Mais l'Abwehr n'attend pas cette occupation totale pour travailler dans le Sud et de manière plus importante encore en Afrique du Nord (AFN). Dès la signature de l'armistice, elle essaie de pénétrer massivement dans les territoires non occupés. Pendant toute cette période, qui va de l'armistice à l'occupation totale, les effectifs sont renforcés de façon spectaculaire.

Deux éléments clés sont donc à retenir : l'expansion des activités de renseignement contre la France *après* l'armistice ainsi que l'intrusion dans les territoires non occupés. Ces deux aspects proviennent d'une méfiance à l'égard des Français à laquelle s'ajoutent des besoins de service et des questions de politique interne. La perspective d'une guerre courte avec une défaite de la Grande-Bretagne encourage l'Abwehr à profiter des circonstances pour implanter des réseaux pour l'après-guerre quand les armées allemandes seront parties. Au niveau politique interne se manifeste la volonté de l'Abwehr de déjouer ses rivaux au sein de l'appareil nazi.

La méfiance à l'égard de la France s'explique facilement. D'une part, trois guerres franco-allemandes en l'espace de soixante-dix ans assurent à ce pays le statut d'ennemi héréditaire. Difficile d'imaginer que la France va, tout d'un coup, abandonner sa politique de grande puissance. D'autre part, des événements comme le renvoi de Pierre Laval, le 13 décembre 1940, et son arrestation par des forces vichystes ne rassurent pas les nazis sur les intentions françaises. On sait qu'en réalité la décision de se débarrasser du vice-président du Conseil n'a rien d'un acte de résistance. Il ne s'agit pas d'une volte-face des alliances diplomatiques, mais simplement de l'élimination d'un individu dont l'impopularité porte discrédit sur tout le gouvernement. Néanmoins, l'image de Pétain en sort renforcée dans le pays. Plus que jamais on croit – à tort – qu'il joue un « double jeu ». Si la carte de la collaboration n'apparaît pas d'emblée toujours clairement même aux résistants, on comprend aisément certaines interrogations du côté allemand. Que des journaux résistants, comme ceux d'Henri Frenay, continuent à citer en référence le nom du Maréchal n'encourage pas la confiance outre-Rhin[3]. Peut-être la raison la plus profonde de la méfiance des nazis se trouve-t-elle dans leur propre mémoire. Ils sont très conscients qu'il est tout à fait possible de s'affranchir du carcan imposé par des accords diplomatiques, car ils n'ont pas oublié leur propre expérience après la Première Guerre mondiale, lorsqu'ils se sont servis de moyens similaires. Ils tiennent donc à ligoter solidement les vaincus.

Cette dernière considération vaut particulièrement pour l'Abwehr, dont les origines influencent son comportement à l'égard des pays occupés. Pour comprendre cela, il faut remonter au traité de Versailles de 1919, qui interdit toute activité allemande dans le domaine du renseignement. Le service de renseignements militaire se trouve donc officiellement supprimé. En réalité, il va se dissimuler clandestinement au sein du haut commandement militaire sous le titre anodin de Statistiche Abteilung (« section statistique ») avant de réapparaître, en 1925, sous la dénomination de l'Abwehr, qui regroupe un service de renseignements et de contre-espionnage. Il se renforce progressivement et devient, à partir de 1935, une vaste et puissante organisation. Ses origines clandestines influencent sa perception de la France de Vichy et augmentent une méfiance instinctive à l'égard de ce pays : si les Allemands ont pu recréer clandestinement leurs services spéciaux, pourquoi ces Français, si peu fiables, ne feraient-ils pas de même ?

L'autre élément expliquant l'activité massive de l'Abwehr en France se trouve dans les rivalités au sein de l'appareil nazi. En Allemagne, la lutte d'influence entre l'armée et les organismes nazis s'annonce déjà perdue au bénéfice de ces derniers. Mais les pays occupés représentent des « terres vierges » où les jeux de pouvoir peuvent recommencer à zéro. Les militaires souhaitent profiter de cette situation pour assurer une redistribution des pouvoirs en leur faveur. Or, à la suite de l'invasion, ils se trouvent en position de force. Ils jouissent de la gloire d'une victoire spectaculaire dont la rapidité est plutôt inattendue. D'ailleurs, en 1940, la France représente avant tout un intérêt stratégique et militaire : le pays doit servir de rampe de lancement à l'opération *Otarie* (l'invasion de la Grande-Bretagne). En outre, à ce moment-là, les militaires détiennent officiellement en France occupée tous les pouvoirs de police du côté allemand et dans le domaine de l'espionnage. Ils veulent donc en tirer rapidement bénéfice.

La domination militaire sur le renseignement ne va pas durer. Elle doit s'incliner devant les organismes qui remplissent des tâches semblables pour le compte du parti nazi. Le processus de réorganisation, de centralisation et de politisation de la police en Allemagne nazie culmine avec la création du Reichssicherheitshauptamt (RSHA) en 1938 sous les ordres de Reinhard Heydrich, adversaire obstiné de Canaris. Cette structure policière obtient les attributs d'un véritable ministère, avec comme missions l'application de la volonté du Führer et la protection de l'État nazi, notamment contre les ennemis politiques ou raciaux. Les SS et les membres du parti nazi dominent cette structure centrale ainsi que son émanation sur le terrain : le Sipo-SD. Cette dernière est souvent connue, à tort, sous le nom de Gestapo, qui n'est en réalité qu'un de ses bureaux.

L'implantation de ces organismes en France se fait discrètement. La domination des militaires en 1940 est telle que les SS ne sont pas censés opérer dans le pays. C'est donc clandestinement

qu'ils font leur première apparition. Le jeune ambitieux carrié-
riste Helmut Knochen est le premier, accompagné d'un Sonder-
kommando d'une vingtaine de ss. Ce docteur ès lettres de trente
ans, protégé de Reinhard Heydrich, sera l'éminence grise de la
police allemande en France jusqu'en 1944. Deux autres Sonder-
kommandos arrivent avant la fin de juillet. Pour justifier cette
installation, Heydrich profite des mesures de sécurité prises lors
de la visite de Hitler à Paris. Les militaires restent jaloux de leurs
prérogatives mais acceptent néanmoins, en 1940, un accord proposé par Knochen. Un statut d'auxiliaire chargé de la surveillance
des ennemis idéologiques est confié à Knochen. Les militaires
acceptent ce compromis à cause du surmenage permanent de
leurs propres services dans le domaine politique – domaine où
justement les ss excellent[4].

On voit donc que l'implantation des ss doit beaucoup à leurs
manœuvres tactiques. Leur expansion à partir du milieu de 1941
reflète l'influence grandissante des ss dans le reste du Reich. Cela
tient en grande partie à la place de plus en plus centrale que
prennent les questions idéologiques – leur terrain de chasse privilégié –, c'est-à-dire à l'accélération de la frénésie anticommuniste et antisémite au sein de l'État nazi. Deux événements sont
à la fois les symboles et les catalyseurs de cela : l'opération *Barbarossa* (invasion de l'Union soviétique) du 22 juin 1941 et la
conférence de Wannsee du 20 janvier 1942, où il est décidé de
l'anéantissement des Juifs d'Europe.

Les ss profitent de la méfiance de Hitler à l'égard des militaires. Le Führer considère la Wehrmacht comme trop tiède dans
la lutte idéologique et trop conservatrice sur le plan social et
militaire. À partir de juin 1942, l'Abwehr perd progressivement
son autorité au bénéfice du Sipo-SD. La loyauté de l'Abwehr est
mise en doute. Les deux services coexistent jusqu'en 1944, mais
l'Abwehr fini par être absorbé par son rival.

Deux services des ss sont particulièrement intéressants : les
quatrième et sixième bureaux du Sipo-SD.

Le quatrième bureau du Sipo-SD est aussi connu officiellement sous le nom de « Gestapo », et son siège est installé avenue Foch à Paris. Les fonctionnaires de la Gestapo sont en principe recrutés au sein du parti nazi et des SS. En réalité, elle accueille également beaucoup d'anciens fonctionnaires et de policiers. Elle est chargée des questions politiques et du contre-espionnage, doit défendre le Reich et le parti national-socialiste contre les activités antiallemandes ou antinazies et veille sur les SR étrangers. La Gestapo débarque à Paris initialement sous le prétexte d'assurer la sécurité d'un défilé militaire qui devait avoir lieu au mois de septembre 1940, mais qui sera finalement annulé. Elle est d'abord dirigée par le Sturmbannführer Schmitz, rapidement remplacé par Bömelburg, qui arrive de Prague[5]. Dès l'automne 1940, la Gestapo installe un autre bureau à Vichy. Cette délégation dépend de l'Amt IV Berlin et du SS Oberführer Dr Thomas à Paris. Installé au 6, rue Chomel, le bureau vichyssois de la Gestapo est dirigé par le SS Hauptsturmbannführer (capitaine) Hugo Geissler. Physiquement, cet homme d'environ trente-sept ans n'a rien de remarquable : taille d'un mètre soixante-dix environ, visage ovale, nez normal pointu, yeux très bleus et cheveux blonds légèrement ondulés. Geissler, qui a été interprète au casino de Nice avant la guerre, parle assez bien le français et se fait passer pour alsacien. Assisté par cinq subordonnés allemands, il recrute dans les milieux français pour pouvoir lancer des missions de renseignements en France non occupée. Le but essentiel de ces missions est de se tenir informé sur la situation des adversaires du Reich réfugiés en France. Ainsi Geissler intervient-il auprès de Vichy en février 1941 pour obtenir l'extradition des sociaux-démocrates Rudolf Breitscheid et Rudolf Hilferding au titre de l'article 19 de la convention d'armistice[6].

Le sixième bureau du Sipo-SD, le Sicherheitsdienst (« bureau de sécurité »), est le véritable service de renseignements du parti. Il est chargé de recueillir des renseignements politiques et militaires. Ses sièges parisiens sont le boulevard Flandrin et l'avenue Hoche. Son personnel allemand est recruté exclusivement parmi les ss, généralement sans expérience policière. Jusqu'en 1942, ses effectifs en province sont assez réduits par rapport au personnel parisien. Mais il travaille en territoire non occupé de plus en plus. Un service clandestin est établi à Vichy, dirigé par le Dʳ Reiche, un jeune ss Untersturmführer qui opère sous une couverture de diplomate. Jusqu'en 1942, le SD parisien s'intéresse peu à l'Afrique du Nord. Son annexe de Bordeaux a quelques relations avec ces colonies par des informateurs français qui s'y trouvent pour raisons commerciales. Reiche y a fait une visite de quelques semaines. Le journaliste Richard de Grand-maison (agent « AG 311 ») y est envoyé une fois. Quelques agents sont également dépêchés du poste de SD de Berlin, mais avant 1942 il n'existe pas de service spécialisé dans les affaires nord-africaines au sein du SD[7]. Donc, c'est surtout à partir du printemps 1942 qu'il connaît une expansion importante au Sud.

On a noté les rivalités entre militaires et policiers. Il faut savoir qu'au sein du Sipo-SD il y a également des rivalités. Rivalités professionnelles comme les empiétements de missions entre les quatrième et sixième bureaux, mais aussi rivalités personnelles. Le chef de la Gestapo Bömelburg est un vieux policier comptant de nombreuses années d'expérience, y compris en France. Son supérieur, Knochen, du Sicherheitsdienst, n'a aucune expérience dans le domaine policier, comme la plupart des membres du SD. Aussi Bömelburg préfère-t-il souvent ne pas tenir compte de la voie hiérarchique et envoie-t-il ses rapports directement à Berlin sans passer par Knochen[8].

Les rivalités sont importantes pour l'évolution des structures. Mais il faut les remettre dans leur contexte pour constater la limite des bénéfices que les Français vont pouvoir en tirer. Si les ss sont sans doute plus impliqués dans la lutte idéologique que la Wehrmacht, il ne faut pas perdre de vue que les idées racistes, antisémites et antilibérales ont déjà libre cours au sein de l'armée allemande[9]. L'opposition des militaires aux ss se fait moins sur les principes que sur l'application pratique. Ils craignent les méthodes et l'ambition des ss. Il est à noter cependant que, malgré leur opposition tardive au régime nazi, les militaires de l'Abwehr souhaitent une victoire allemande et veulent affaiblir la France. Dans ce cadre, ils vont parfois travailler la main dans la main avec leurs rivaux institutionnels des ss. Cette collaboration va parfois jusqu'à l'exploitation des mêmes agents et des échanges pratiques de renseignements. En fin de compte, les rivalités stimulent souvent le zèle d'administrations désireuses de prendre de l'avance sur un rival.

Les espions de l'Axe opérant en territoire non occupé doivent se servir d'une couverture institutionnelle ou individuelle parce que leur travail est illégal. Ce sont les missions diplomatiques qui fournissent la meilleure couverture institutionnelle. Si l'on peut se faire attribuer un titre officiel, on se trouve d'office avec la protection de l'extraterritorialité. Dans les principales villes de la zone Sud et en Afrique du Nord sont implantées des délégations de la commission d'armistice. L'historien Robert Paxton a insisté sur le rôle limité de ces commissions dans la politique diplomatique entre la France et l'Allemagne. Il a raison en ce sens que les négociations les plus importantes ont lieu à travers d'autres organismes : le Militärbefehlshaber in Frankreich (MBF – « commandement militaire en France »), l'ambassade ou les bureaux du Sipo-SD. Mais les commissions jouent un rôle fondamental dans la politique nazie en France. Si l'on tient compte des colonies, il faut noter qu'en réalité les territoires non occupés représentent la majeure partie du territoire français. Avant novembre 1942, les Allemands occupent directement moins de 10 % de ce territoire. Les commissions d'armistice vont leur servir d'yeux et d'oreilles dans le reste. Ces commissions sont chargées de missions officielles de surveillance à travers des diplomates accrédités, mais elles recrutent aussi des agents officieux pour des activités extraconventionnelles : marché noir, propagande et espionnage. L'importance que revêtent ces commissions est démontrée par les luttes franco-allemandes et franco-italiennes à propos de leur rôle et de leurs effectifs. D'autres missions diplomatiques s'ajoutent à cette surveillance, officiellement mais aussi clandestinement. Le Commissariat national à l'Intérieur (CNI), structure de la France libre, n'a pas tort d'insister sur le fait que les bureaux de la Croix-Rouge allemande, au 72, avenue de Saxe à Lyon, sont une officine d'un SR allemand[10]. Les nazis violent délibérément la neutralité de leurs délégations de la Croix-Rouge. Les délégués sont censés organiser une œuvre d'assistance aux colonies allemandes en France, mais en fait sont souvent utilisés à des fins d'espionnage. Il faut également insister sur l'espionnage organisé par les consulats. Il n'est pas surprenant que Theodore Auer, consul général d'Allemagne au Maroc, soit également le chef de la Gestapo dans le protectorat.

En 1942, l'espionnage économique devient de plus en plus important à cause des besoins croissants de l'économie de guerre nazie. Pour ce genre d'espionnage, les firmes industrielles ou commerciales allemandes avec succursales en France ou en Afrique du Nord sont souvent les auxiliaires des services de renseignements, comme par exemple les entreprises Renschauseen, Lobischlek, Mawick et Boland au Maroc[11]. L'espionnage utilise également certaines maisons qui ravitaillent en produits alimentaires l'armée de Rommel pour infiltrer l'Afrique du Nord.

La surveillance française des missions diplomatiques encourage l'Axe à faire de plus en plus appel à des agents opérant sans contacts directs avec les institutions diplomatiques. C'est ce qu'on peut appeler les « indépendants ». Même sans couverture institutionnelle, il est relativement facile d'implanter des agents dans les mois suivant la défaite. Pour éviter les soupçons, il est important que les espions puissent justifier de leur présence dans un lieu dont ils ne sont pas originaires, ce qui se fera sans peine : tant de réfugiés cherchent un nouveau domicile à la suite de l'exode de plus de six millions de Français et de Belges devant l'avancée des armées allemandes en 1940, aux expulsions de milliers d'Alsaciens, lors de l'annexion de leur région en juillet, ou de milliers de Juifs de Bade-Saarpfalz au mois d'octobre. Certains espions se font dès lors passer pour des réfugiés. Ce danger est souligné par le CNI qui note au mois de mars 1942 : « Souvent les agents du contre-espionnage allemand se font passer pour des étrangers réfugiés, profitent savamment des moments d'émotion de ceux qui les écoutent pour soutirer des renseignements divers[12]. » Le rapport du CNI cite le cas d'une personne qui opère sous le nom de Regina Reisch, citoyenne autrichienne, et « se fait passer pour une juive victime du régime hitlérien[13] ». Profiter des circonstances est un outil fondamental pour l'espion.

Les espions cherchent également très souvent à se faire passer pour des résistants, généralement gaullistes. Se mettre dans la peau d'un opposant au régime nazi est le meilleur moyen de soutirer des renseignements à une population, marquée pour la plupart par une haine envers l'Allemagne. C'est également la meilleure façon de se faire recruter par des organisations de Résistance qu'on veut pénétrer. Même après leur arrestation, ces individus essaient souvent dans un premier temps de faire croire qu'ils travaillent pour les Anglais ou les gaullistes avant d'avouer la vérité[14]. Edouard Buch fait la confession suivante lors de son arrestation : « Je ne devais en aucun cas divulguer la mission dont j'étais chargé, et en cas d'interrogatoire de la part de la police française je devais essayer de la convaincre que ma présence en zone libre était uniquement motivée par mon désir de ne plus vivre avec les Allemands[15]. »

Certaines professions permettent également de couvrir les activités de l'espion. Traditionnellement, le journalisme est associé à l'espionnage. Les deux professions ne sont pas si éloignées : dans les deux cas, il faut chercher des renseignements et la fin justifie les moyens. Des journalistes allemands ou français circulent à Vichy, et leur intégrité n'est pas toujours au-dessus de tout soupçon. La profession de représentant de commerce, vraie ou fausse, offre également une couverture idéale, du fait des déplacements qu'elle induit.

Pour les espions opérant sous une couverture diplomatique comme pour les agents envoyés directement par les postes de l'Abwehr ou du Sicherheitsdienst/Gestapo, des moyens de liaison se révèlent nécessaires pour que le travail aboutisse. Il ne sert à rien de collecter des renseignements si l'on n'arrive pas à les transmettre. Là encore, on a recours à des moyens institutionnels ou individuels. Les missions diplomatiques disposent de réseaux de radio officiels et clandestins. Les renseignements envoyés des territoires non occupés par cette méthode sont centralisés à Bourges et à Wiesbaden. On peut également utiliser la valise diplomatique pour déjouer la surveillance française. Les « indé-pendants » possèdent aussi leurs réseaux de TSF. Une minorité d'agents reçoivent une formation radio organisée dans les centres de Paris, Dijon, Angers, Besançon, Stuttgart ou Barcelone[16]. On procède en outre par contacts directs pour échanger des renseignements. Les 13 et 14 août 1942 a lieu à Alger une réunion des principaux agents allemands de l'espionnage en Afrique du Nord[17]. Les « indépendants » retournent souvent auprès de leurs employeurs en zone occupée pour donner leurs renseignements et recevoir d'autres missions. Le problème avec ces allers-retours perpétuels est qu'ils risquent d'attirer l'attention du contre-espionnage français. Pour remédier à cela, les services de renseignements établissent des « boîtes aux lettres » dans les territoires non occupés, c'est-à-dire des adresses où les agents peuvent déposer leurs renseignements. Ces « boîtes » présentent l'avantage de permettre aux agents d'étendre leur mission en territoire non occupé en évitant trop de va-et-vient suspects. L'inconvénient est que, si une boîte aux lettres est découverte, tout agent entrant en contact avec elle sera repéré[18].

C'est donc massivement et furtivement que les sr de l'Axe travaillent en France. L'espionnage n'est pas nécessairement le signe d'une hostilité entre deux pays. Il existe en temps de paix, et cela même entre pays amis. Cependant, l'espionnage en France, par sa nature et son ampleur, correspond beaucoup plus à celui des nazis en pays ennemi qu'en pays neutre ou ami. Avec l'armistice, on pourrait s'attendre à une réduction de l'activité de l'espionnage allemand en France. Il n'en est rien. Profitant des facilités offertes par l'occupation partielle du pays, l'espionnage allemand s'étend davantage encore. Le nombre de postes et d'antennes travaillant contre la France double entre juin 1940 et juillet 1941 et continue de croître par la suite, surtout en Afrique du Nord[19]. Ce qui témoigne des tensions existant entre Français et Allemands malgré la volonté conciliante du gouvernement de Vichy.

CHAPITRE 2
LES OBJECTIFS ALLEMANDS

Avant de s'intéresser aux objectifs poursuivis par les services d'espionnage dans les territoires non occupés, il faut examiner brièvement le cadre général de la politique nazie en France[1].

Dans son célèbre *Mein Kampf*, écrit au milieu des années 1920, Adolf Hitler explique ainsi sa position à propos de la France : « Toute puissance est aujourd'hui notre alliée naturelle qui considère avec nous comme insupportable la passion d'hégémonie de la France sur le continent. Aucune démarche vis-à-vis d'une de ces puissances ne doit nous paraître impossible si nous avons finalement la possibilité d'abattre l'ennemi qui nous hait rageusement. »

Les nazis veulent laver l'affront de 1918. Une revanche est à prendre sur l'attitude de la France à Versailles et sur son intransigeance pendant la période de l'entre-deux-guerres. Dans ces conditions, on pourrait s'étonner de la relative modération des Allemands au lendemain de leur victoire. Les chefs militaires invitent leurs soldats à un comportement « correct ». À certains égards, l'armistice signé le 22 juin 1940 est mesuré. Les clauses militaires sont classiques. Pas de revendications territoriales ; l'intégrité de l'empire est respectée ; une partie de la

France est laissée à un gouvernement souverain ; pas de confiscation de la flotte.

Cette relative modération est bien évidemment une tactique. En 1940, les nazis ont d'autres préoccupations. Ils veulent éliminer le « bulldog britannique » pour pouvoir s'attaquer tranquillement à l'« ours russe ». Pour cela, il est nécessaire de neutraliser la France dès que possible et de s'assurer que les autorités légales du pays ne quittent pas l'Hexagone. Aucun encouragement ne doit être donné à la flotte française de se joindre aux Britanniques. Un calcul plus diplomatique entre également en jeu. Il ne faut pas effrayer les Anglais par un armistice trop brutal. En effet, Hitler veut les convaincre de signer un document similaire plutôt que de continuer inutilement une bataille qui s'annonce perdue d'avance. Au cas où ce plan échouerait, il espère utiliser la France comme une rampe de lancement de l'opération *Otarie* (l'invasion de la Grande-Bretagne). Et, pour cela, il faut une France pacifiée où des difficultés de maintien de l'ordre ne soient pas source d'irritation.

Malgré cette tactique délibérée de modération, les nazis résistent mal au plaisir de rabaisser leur ennemi héréditaire. Les premières humiliations sont d'ordre symbolique. En passant par l'Arc de Triomphe et les Champs-Élysées, le défilé de la victoire suit le même parcours que le défilé français après la Première Guerre mondiale. L'armistice est signé dans le même wagon qui avait reçu les plénipotentiaires allemands en 1918. La commission d'armistice siégera à Wiesbaden, symbole de l'occupation française de cette région en 1923.

Apparaissent déjà les premiers éléments d'une politique conçue pour affaiblir durablement la France et la réduire à un statut de « Suisse agrandie ». Le démembrement du pays en plusieurs zones a pour but d'encourager les divisions. Zone occupée et zone libre sont les principales, mais il existe également une zone réservée, une zone interdite, une zone rattachée, et l'Alsace-Moselle est purement et simplement annexée.

Mais, dans l'esprit nazi, il ne suffit pas d'affaiblir et de diviser la France. Il faut également l'exploiter. À peine arrivés en zone occupée, les services nazis font un inventaire des œuvres d'art. Ce sont l'Einsatzstab d'Alfred Rosenberg et l'ambassade d'Otto Abetz qui organisent l'essentiel de ce pillage. Plus de vingt mille objets d'art sont pillés en France, appartenant surtout à des collections privées juives[2]. Les nazis vont de plus massivement exploiter l'économie française pour renforcer l'effort de guerre allemand. Des frais d'occupation variant entre 300 millions et 500 millions de francs sont payés chaque jour par le gouvernement. En outre, le Deutschmark est surévalué par rapport au franc. L'occupant procède aussi par prélèvements dans l'industrie et l'agriculture.

Évidemment, les nazis poursuivent en outre des buts idéologiques en France, comme dans tous les pays occupés. En 1940, leur politique antisémite consiste à expulser les Juifs vers la zone libre, mais, à partir de 1942, ils entrent dans une phase plus radicale avec la mise en œuvre de la déportation vers les camps d'extermination. Une politique brutale contre tout opposant est également appliquée, aucune opposition n'étant tolérée, même si, autant que possible, les nazis veulent se servir des administrations françaises et de la bonne volonté de Vichy. Le paradoxe est évident. Les nazis cherchent à affaiblir durablement le pays, mais ils ont malgré tout besoin d'un État français suffisamment fort pour parer à toute menace à l'ordre public, et éventuellement pour résister à toute tentative d'invasion alliée. Afin de minimiser l'utilisation de leurs propres ressources, les dirigeants nazis laissent officiellement à Vichy un certain degré de souveraineté en zone Sud et dans les colonies.

L'espionnage est une atteinte flagrante à cette souveraineté. Mais il représente le moyen de vérifier si Vichy mérite cette autonomie relative. Le premier objectif de cet espionnage est donc de surveiller les Français.

Joseph Barthélemy, le garde des Sceaux, se plaint dans ses

Mémoires que « les Allemands ont toujours su, quelques minutes après chaque séance du conseil des ministres, ce qui s'y était dit et fait[3] ». Il tient Pierre Pucheu responsable de telles fuites, mais beaucoup d'autres agents gravitent autour du gouvernement français. Le double de la correspondance de Laval aurait été communiqué aux autorités occupantes par l'amant de sa secrétaire particulière[4]. Auprès de chacun des trois personnages principaux de l'État, c'est-à-dire Pétain, Laval et Darlan, les Allemands placent un espion parmi les policiers chargés de leur protection. La sœur de l'inspecteur « protégeant » Darlan est la maîtresse de Hugo Geissler, chef de la délégation de la Gestapo à Vichy[5] ! C'est par elle et son frère que tout ce noyautage s'organise. Une autre méthode consiste à employer des personnes ayant des relations personnelles au sein du gouvernement. René Bigot est arrêté par les Allemands sur la ligne de démarcation en 1940. Sachant que son oncle est un ami de Marcel Peyrouton, ex-ministre de l'Intérieur, le service de renseignements allemand (SRA) décide de profiter de ses entrées pour se renseigner sur l'univers vichyste. Dans ce cas, l'intrigue ne fonctionne pas longtemps. Bigot, rapidement pris de remords, se confie à un prêtre qui le met en contact avec le deuxième bureau de l'état-major français. Il est arrêté par la police française[6]. Mais la tentative met en évidence que même un gouvernement collaborateur a besoin d'être surveillé.

Pour se renseigner sur une éventuelle mobilisation secrète du côté français, il est nécessaire d'introduire des agents dans les organismes susceptibles de servir à une telle mobilisation clandestine. La police, les chantiers de jeunesse, l'armée et les formations paramilitaires doivent être noyautés. Des femmes sont utilisées pour séduire des personnalités françaises. La police marseillaise se voit obligée de muter un de ses commissaires parce qu'il couche avec une femme agente du SRA[7].

Le vainqueur n'a pas le droit de baisser sa garde. Il doit surveiller de près les possibilités de revanche et se renseigner sur un relèvement éventuel. C'est pour cette raison que les espions consacrent autant d'énergie à évaluer les capacités militaires du vaincu. Ils observent l'ordre de bataille des forces militaires françaises. Ils notent le stationnement et les mouvements des unités ainsi que le transport d'armes. Ils tiennent un inventaire des équipements, des dépôts d'essences et des munitions. On leur demande de se renseigner sur l'attitude, la valeur et l'allure générale des officiers. D'autres renseignements sont également notés : la valeur combative des unités, leur mode de recrutement, le montant de la solde des militaires. Toute velléité de résistance de l'armée doit être éliminée. Pour cette raison, une attention particulière est portée aux questionnaires sur la poursuite des activités du service de renseignements français, ce qui représenterait une entrave à l'article 10 de l'armistice.

Évidemment, il ne s'agit pas seulement de surveiller le gouvernement et l'armée, mais aussi la population. Reile de l'Abwehr le dit : « Il nous fallait, dans tout le pays, des gens nous permettant de tâter en permanence le pouls des Français[8]. » Les SRA veulent connaître l'attitude de la population à l'égard du gouvernement Pétain. Ces renseignements permettent aux Allemands de savoir s'ils ont fait le bon choix politique en tablant sur ce gouvernement. Les risques d'une révolution sont également calculés. Les nazis sont très conscients de l'importance des mouvements d'opinion. Ils tiennent de tels mouvements responsables de la défaite allemande de 1918. De plus, ils se souviennent des mouvements insurrectionnels engendrés par l'arrivée au pouvoir de leurs principaux ennemis : les Soviétiques. Au niveau politique, certaines catégories font l'objet d'une attention particulière de la part des services d'espionnage : les Alsaciens antiallemands et les Juifs. C'est pour cette raison que les départs clandestins et les passages clandestins de la ligne de démarcation les préoccupent.

À en croire le témoignage d'anciens résistants, peu nombreux sont ceux qui s'opposent au régime de Vichy et/ou aux

Allemands à la fin de 1940. Mais ces derniers sont conscients du fait que la docilité initiale de la population risque de ne pas durer. Pour les nazis, comme pour les pétainistes d'ailleurs, le développement des mouvements de résistance est déjà bien trop rapide. Tout individu soupçonné de propagande antiallemande est à surveiller. Les questionnaires des espions leur demandent de noter la réaction des autorités françaises devant la distribution de tracts gaullistes[9]. Lieux de réunion et bureaux clandestins de recrutement sont également à repérer. Les services de renseignements allemands emploient des agents provocateurs pour noyauter les mouvements et réseaux travaillant contre l'Allemagne[10].

Les services spéciaux assurent en outre le service de sécurité des administrations allemandes. Les SRA donnent parfois comme mission d'enquêter en territoire non occupé sur ceux qui postulent pour des services allemands en zone occupée. C'est un moyen de contre-espionnage destiné à éviter le noyautage de leurs propres services par des agents alliés ou gaullistes. Il est de plus nécessaire de retrouver les agents qui ne sont pas revenus de missions précédentes, et ce pour deux raisons. Cela permet d'intervenir auprès de Vichy dans le cas où la personne aurait été arrêtée. C'est un fait que certains agents, après avoir reçu une avance sur leurs rémunérations, ont du mal à résister à la tentation de disparaître sans fournir les renseignements demandés. Afin de les punir, il faut les retrouver.

Un des objectifs allemands en France est d'exploiter le pays et d'assurer son pillage. Ce sont les SR qui préparent ce pillage dans les territoires non occupés. Leurs agents permettent de repérer le butin de guerre. Inventorier les œuvres d'art se trouvant en zone non occupée figure parmi les missions d'au moins trois agents arrêtés[11].

Mais le pillage n'est pas seulement culturel, il est également économique. Les espions s'intéressent à la qualité des récoltes, à l'état de l'industrie et du trafic maritime, aux stocks de nourriture, de carburants, de dépôts de charbon et de matières premières, et ce dans un triple objectif. Se renseigner sur la situation du ravitaillement en territoire non occupé aide à prévoir les risques éventuels de soulèvement de la population. Dans le même temps, cela permet d'étudier les possibilités commerciales et industrielles pour les firmes allemandes dans ces territoires. Peuvent-elles trouver des partenaires ou des débouchés économiques dans ces régions ? Peuvent-elles s'y installer elles-mêmes ? Mais, avant tout, le travail de renseignement permet de recenser les richesses afin d'exploiter le pays au maximum [12]. Les Allemands ont massivement recours au marché noir. En mars 1942, un rapport de l'état-major de l'armée estime à plus de 100 millions de francs par jour la valeur des marchandises passant de la zone libre en zone occupée clandestinement pour les Allemands [13]. De 1940 à 1944, les occupants dépenseront un total de presque 127 milliards de francs de cette façon [14]. Ce marché parallèle permet aux Allemands de dépenser le surplus de liquidités qu'ils n'arrivent pas à dépenser sur le marché officiel. Il leur donne la possibilité d'acheter des matières premières en France sans avoir à passer par les procédures normales, c'est-à-dire par les lourdeurs bureaucratiques. Les services de renseignements sont importants dans ce processus. Le lien entre marché noir et SR est particulièrement évident dans le cas de l'Abwehr. Dès le début, cette structure est intimement associée avec la centrale d'achat allemande la plus importante : les « bureaux Otto ». S'associer avec le SR militaire offre à ces bureaux l'aide d'un organisme expérimenté dans le camouflage, ce qui se révèle nécessaire lorsqu'on veut travailler illégalement dans les territoires non occupés. Quant au SR, cette association lui apporte des fonds importants qui facilitent son indépendance administrative.

Il convient de mentionner ici la place tenue par l'Afrique du Nord dans les objectifs des services de renseignements allemands [15]. D'emblée, l'intérêt allemand peut paraître moindre. L'armistice n'en parle qu'implicitement, et la colonisation immédiate de la région n'est sans doute pas une priorité de Hitler.

Mais il faut se rappeler que les territoires africains sont convoités par certains pays européens depuis longtemps. Les Allemands ont eu des possessions coloniales en Afrique qu'ils ont perdues après la Première Guerre mondiale. Ils n'ont pas entièrement abandonné leurs visées coloniales en Afrique, qui restent un objectif à long terme : pour l'après-guerre. Parmi les territoires français en Afrique du Nord, c'est surtout le Maroc qui les inté-resse. Ils y ont de vieilles attaches, et quelques firmes allemandes y sont installées depuis de nombreuses années. Le protectorat français offre également une « chambre avec vue » sur l'Atlan-tique, dont l'intérêt stratégique n'échappe à personne. À cette époque, si les desseins territoriaux des Allemands portent essen-tiellement sur l'Europe de l'Est, le SRA n'oublie pas d'organiser une propagande antifrançaise dans le protectorat afin de pré-parer l'avenir[16].

Les Allemands ne sont pas les seuls à avoir un intérêt dans la région. Ils repoussent à plus tard les revendications coloniales de leur allié italien et de leur associé virtuel, l'Espagne. Reste que l'Afrique du Nord est un enjeu très important pour la France et les Alliés. Dans un rapport de mars 1941 du service Travaux ruraux (TR) du contre-espionnage français, il est noté : « Depuis la tension des mois de décembre 1940 et janvier 1941, les recherches et l'articulation du SR allemand prouvent qu'il entend désormais porter son effort principal dans le bassin méditerra-néen, et spécialement sur l'AFN[17]. »

Le développement des activités des services spéciaux allemands pendant cette période est dû en partie au renvoi de Pierre Laval, le 13 décembre 1940. Il semble que le SRA souhaite punir le gouvernement français lorsque le besoin s'en fait sentir. On a déjà vu que le renvoi de Laval avait irrité les Allemands, qui le considèrent, à tort, comme une manifestation du change-ment de cap diplomatique de Vichy. Hitler croit qu'il est inspiré par Weygand[18]. Il n'est donc pas étonnant de voir le fief de Weygand, l'Afrique du Nord, investi par des colonnes de plus en plus nombreuses d'agents allemands à la suite de l'affaire Laval. Ils cherchent à se renseigner sur l'activité de Weygand, mais aussi à le punir.

Il se peut que l'Abteilung II de l'Abwehr ait fomenté une mutinerie dans le 5ᵉ régiment de tirailleurs algériens. Le samedi 25 janvier 1941, les troupes de ce régiment massacrent leurs officiers et s'emparent des armes. Ils avancent sur la ville d'Alger où ils ouvrent le feu sur la population européenne. Les enquêtes menées en vue d'établir les responsabilités révèlent l'inégalité de traitement entre soldats indigènes et soldats français. Mais elles mentionnent aussi que la mutinerie n'est pas spontanée. Les soldats auraient été contactés par des membres du Parti populaire algérien travaillant pour le compte du SRA [19]. Le fait n'est pas confirmé par les archives allemandes. S'agit-il simplement de la paranoïa de Weygand et de son commandement ? Il faut noter trois choses à cet égard. D'abord, une telle action ne serait pas contraire aux habitudes de l'Abwehr. Ensuite, étant donné que cette action contrarie les nécessités du maintien de l'ordre, elle révélerait l'autre aspect de la politique des nazis qui consiste à affaiblir la France et à profiter de toutes les occasions pour la diviser. Enfin, dans le courant de 1941, plusieurs rapports mentionnent que les Allemands essaient d'instrumentaliser le nationalisme arabe contre la France [20].

Quel que soit le rôle de l'Abwehr dans la « mutinerie de la Maison-Carrée », il est certain que les Allemands se méfient de Weygand. Cela n'est pas nouveau. Protégé de Foch, il est associé dans l'esprit allemand à la signature de l'armistice en 1918. D'ailleurs, les propos antiallemands de ce général depuis la défaite sont bien connus de l'autre côté du Rhin. Pour les Allemands, sa nomination en AFN accroît le risque d'une entrée en dissidence de la région à un moment où, justement, les premières colonies se rallient à de Gaulle. On verra par la suite qu'en réalité il n'en est rien. Mais, pour l'instant, restons sur l'impression allemande. L'amiral Canaris est de ceux qui pensent que les

Français vont profiter de l'Afrique du Nord pour reconstruire clandestinement leurs forces. Il pense même que Hitler fait erreur en ne l'occupant pas dès 1940. L'Abwehr cherche donc à compenser cette carence.

Les SRA souhaitent vérifier l'application de l'armistice. Jusqu'au début de 1941, l'AFN est exclusivement sous contrôle italien. Puis, dans le courant de 1941, les commissions d'armistice allemandes s'installent peu à peu. Ces commissions offrent un moyen « légal » pour exercer le contrôle. Mais ce genre de contrôle manque de spontanéité. Les inspections officielles des commissions doivent être annoncées d'avance, ce qui donne à celui qui est contrôlé la possibilité de camoufler toute activité répréhensible. En revanche, les espions découvrent certaines infractions, tels les dépôts clandestins d'armes organisés par Weygand. Ainsi, un agent nommé Albert Reymann dénonce l'existence de caches d'armes dans le quartier des Roches-Noires de Casablanca au milieu de 1941[21]. La découverte de tels stocks d'armes permet aux Allemands d'éliminer toute menace de mobilisation clandestine du côté français. Un autre moyen d'exercer une surveillance est de placer des agents de renseignements au sein des délégations françaises auprès des commissions d'armistice. Au printemps 1941, Bourras Mohamed ben Lakhadar se fait embaucher par la commission d'armistice en Algérie. De ce poste, il lui est facile de se procurer des documents à caractère secret et de les faire parvenir aux SRA[22].

Si l'Afrique du Nord est très chère aux Français, elle a également son importance pour les Alliés et, par là, pour les SRA. Les Anglais utilisent le passage à travers la Méditerranée pour assurer les liaisons avec leurs colonies. Gibraltar et le canal de Suez sont des intérêts vitaux pour eux. Les campagnes en Égypte et en Libye sont leurs plus importants théâtres d'opérations à ce moment de la guerre. Les Américains prennent également conscience de l'intérêt que présente l'Afrique du Nord. Alors qu'ils n'entrent dans la guerre qu'au mois de décembre 1941, six mois plus tôt, ils envoient des chargés d'affaires au Maroc, dans le cadre des accords Murphy-Weygand de février 1941, qui assurent une aide américaine dans le ravitaillement français[23]. Les Allemands craignent que leurs activités ne dépassent ce cadre[24].

Pour l'espionnage allemand, donc, l'AFN offre une possibilité de contrôler les Alliés. Les antennes des services de renseignements allemands en territoire français observent les territoires appartenant aux Anglais ou occupés par eux. Ainsi, les SRA au Maroc organisent le contrôle du trafic aérien et maritime dans la région de Gibraltar, territoire britannique[25]. Des missions d'espionnage dans les colonies françaises dissidentes sont également lancées depuis les antennes des SRA en AFN, et à partir du printemps 1941 les activités des chargés d'affaires américains sont surveillées. Le spectre d'un débarquement allié en AFN se précise avec l'entrée en guerre des États-Unis et devient de plus en plus réel tout au long de 1942. Dès la mi-octobre, les services spéciaux de l'Axe se dépensent sans compter en AFN et en zone libre afin de préparer une occupation totale du territoire et une réponse à une invasion alliée[26]. Il faut croire que l'opération *Torch*, le débarquement anglo-américain en AFN, n'est pas totalement une surprise. Les SRA semblent avoir au moins partiellement prévu ce débarquement. Mais l'armée allemande n'est plus capable d'intervenir efficacement. Cela tient au fait que, si l'AFN représente un enjeu essentiel pour les services spéciaux allemands en France, toutes ces considérations sont secondaires pour le haut commandement nazi à Berlin par rapport à la lutte opposant la majeure partie des forces allemandes aux Russes en Union soviétique.

Les missions du service de renseignements allemand sont donc multiples. La surveillance des Français n'est pas le seul objectif du SRA. Il lui faut également préparer les campagnes militaires futures, protéger les administrations allemandes et organiser l'exploitation de la France. Résumant en avril 1942 les objectifs de l'espionnage allemand depuis l'armistice, Paul Paillole, du service TR de contre-espionnage, déclare : « Ainsi, qu'espionne-t-on ? Qu'est-ce que recherche chez nous l'ennemi ? Tout[27]. » L'activité du SRA témoigne des contradictions de la politique nazie en France. Parfois, il se renseigne pour éviter les mouvements insurrectionnels. À d'autres moments, il semble que sa priorité soit justement de créer des incidents ou, tout au moins, de rendre la vie difficile aux autorités françaises. En fin de compte, il cherche avant tout à neutraliser la France.

CHAPITRE 3
DEVENIR ESPION

Qu'en est-il des individus qui espionnent pour le compte de l'Allemagne dans les territoires non occupés durant la période 1940 à 1942 ? Quelles sont leurs motivations ? Comment sont-ils recrutés ? Un début de réponse à ces questions nous est donné par les interrogations d'agents arrêtés, par les lettres écrites par les inculpés depuis leur cellule, ainsi que par la documentation de source gouvernementale issue de la justice militaire et des services spéciaux.

Au mois de juin 1942, le capitaine Bernard du service TR de contre-espionnage porte le jugement suivant :

> Contrairement à ce que pourraient laisser croire les romans sur l'espionnage, l'agent de renseignements ne se présente pas en général sous la forme d'une sorte de héros supérieurement musclé, extrêmement intelligent, bénéficiant d'un prestige physique particulier, évoluant avec grâce dans un cadre de palaces et de sleepings et héros d'un tas d'aventures extraordinaires. De tout temps, l'agent de renseignements a été recruté parmi les gens d'apparence insignifiante et qui appartiennent à tous les milieux sociaux. Cela est encore plus vrai dans l'époque troublée où nous vivons, où de nombreux individus sont en butte soit à un désarroi moral, soit à des

difficultés matérielles qui les rendent particulièrement sensibles aux offres des sr étrangers[1].

Il s'agit donc de gens ordinaires qui peuvent de ce fait passer inaperçus. Ils sont d'autant plus ordinaires que la plupart sont de nationalité française. En mai 1941, un rapport du ministère de l'Intérieur souligne que 80 % des agents de l'Allemagne arrêtés depuis l'armistice sont français[2]. Employer des Français n'offre pratiquement que des avantages. Ils ont des relations sur place et sont moins suspects aux yeux de la population du pays qu'un étranger parlant avec un accent. S'il y a moins de suspicion à leur égard, il se peut qu'il y ait plus d'indiscrétions en leur présence. Se servir de Français permet également aux Allemands de moins intervenir directement, car ils ont besoin de leurs ressortissants pour d'autres théâtres d'opérations. Occuper avec le minimum de coût est un objectif fondamental de tout colonisateur. Enfin, si les Allemands ont le désir de diviser durablement la France, quel meilleur moyen que d'encourager les Français à travailler contre eux-mêmes ?

On pourrait s'étonner qu'autant de Français travaillent pour les services allemands. Après tout, les rapports d'opinion montrent que très tôt les Français sont généralement favorables aux Alliés et hostiles au Reich[3]. En fait, la documentation consultée permet de classer les agents de renseignements allemands en plusieurs catégories selon leur motivation principale : les « patriotes », les « idéologues », les « profiteurs », les « sentimentaux », les « aventuriers », les « fragiles » et les « malgré-nous ».

Certains agents travaillent par patriotisme. Ils se divisent en deux groupes. On trouve d'abord un petit noyau de ressortissants allemands. En juin 1942, le capitaine Bernard décrit le rôle tenu par ceux-ci : « Ils sont généralement employés à des missions importantes ou au recrutement d'agents de moindre envergure. Il sera donc rare de les voir rôder autour des casernes ou des chantiers pour recueillir les multiples renseignements de détail[4]. » C'est ainsi que, lors de la découverte d'un important réseau d'espionnage dans la région de Marseille en 1941, ce n'est qu'après une trentaine d'arrestations qu'on met la main sur un ressortissant allemand, l'agent recruteur du groupe, Hasse Heyn[5].

Les nationalistes ou régionalistes forment la seconde catégorie des agents mus par des mobiles patriotiques. Le Parti national breton cherche à fonder un État autonome à l'ouest du pays. Pour y arriver, une collaboration assez poussée avec les autorités allemandes est jugée nécessaire par une fraction du parti[6]. Les liens entre le parti breton et les nazis sont relevés par l'interception du courrier venant des camps des prisonniers. Au mois d'octobre 1940, il est noté : « Quelques correspondants signalent que les Allemands se livrent, dans les camps de prisonniers comprenant des internés bretons, à une intense propagande séparatiste. Quelques internés auraient été libérés sous promesse de favoriser ce mouvement[7]. » Au début, de l'été à l'automne 1940[8], il s'agit avant tout d'encourager le développement du parti breton pour diviser les Français. Puis les Allemands profitent de la bonne volonté d'une fraction du mouvement nationaliste pour espionner. Il faut dire cependant que l'extension de ses activités dans les territoires non occupés semble assez restreinte et se limite à des cas isolés[9].

Alsaciens et Lorrains fourniront des recrues nombreuses pour la Résistance ; il n'en reste pas moins que certains proallemands parmi eux voient dans l'occupation une opportunité. Le capitaine Auguste Watrinet est de ceux-ci. Envisageant la création d'un État tampon en Lorraine qui lui permettrait d'échapper à l'annexion pure et simple tout en coupant ses liens avec la France, il n'hésite pas à écrire aux autorités d'occupation pour leur proposer ses services[10]. Les communautés alsacienne et lorraine réfugiées sont donc espionnées[11].

Le nationalisme nord-africain est également exploité par les SRA[12]. Des interrogatoires effectués par les autorités françaises auprès de Nord-Africains revenant dans les colonies après avoir été relâchés (ou s'être « échappés ») des camps de prisonniers de guerre allemands mettent en lumière les méthodes utilisées auprès de ces indigènes pour les convaincre de travailler contre la France. Le lieutenant allemand Rokka passe dans tous les camps de Nord-Africains pour y faire l'éloge des agitateurs anti-français et des partis d'opposition. Aux yeux des Algériens, on fait luire l'espoir de l'indépendance après la guerre[13]. Weygand souligne l'étendue de ce problème dans une lettre à Pétain datée du mois de mars 1941 :

> Il ressort aussi qu'une propagande à longue échéance a été menée par l'Allemagne auprès de nos prisonniers nord-africains ; choisis et réunis au nombre de trois mille dans un camp aux environs de Berlin, ils y auraient été fort bien traités (couscous, méchouis, fêtes indigènes, etc.). La propagande y aurait été menée à l'aide de représentations cinématographiques, de brochures et de causeries en arabe. Ils auraient été ensuite répartis entre différents camps et même relâchés pour regagner l'Afrique du Nord[14].

Il semblerait que beaucoup de ceux qui sont libérés ne le sont que sur promesse de travailler pour les Allemands. Rue de Châteaudun à Clermont-Ferrand, une officine spéciale d'espionnage des Kabyles est établie. Paillole, du contre-espionnage français, insiste sur l'essor de l'espionnage en milieu indigène : « Avant la guerre, on arrêtait en Afrique du Nord et dans l'empire au maximum une dizaine d'agents de SR étrangers. Depuis la guerre, et depuis l'armistice en particulier, ce chiffre se multiple par dix, et il croît sans cesse[15]. » La défaite montre aux nationa-listes la vulnérabilité de la France. Leur espoir de libération en sort grandi. La propagande allemande ne fait que mettre de l'huile sur le feu, d'autant plus qu'elle joue sur un antisémitisme qui trouve un écho dans les milieux arabes[16].

Ce qui différencie l'espionnage de la Seconde Guerre mon-diale de celui de la Première est surtout la dimension idéologique.

La montée des idéologies est un fait essentiel dans la période de l'entre-deux-guerres. Le SRA reprend une méthode de recrutement qui lui a réussi depuis l'avènement au pouvoir de Hitler en 1933. Il fait appel à la collaboration idéologique des germanophiles[17]. Attirés par le fascisme, ces « traîtres sincères » souhaitent une victoire allemande. Ils sont également inquiets de l'influence grandissante de la Résistance, surtout communiste. C'est l'exaltation des passions politiques qui les conduit à la trahison. Certains continuent, même après leur arrestation, à faire le salut nazi et à crier « *Heil Hitler* » dans leurs cellules[18]. Selon une note de l'inspecteur général de la Surveillance du territoire (ST) datant du printemps 1941, l'idéologie constitue une explication importante de l'espionnage. Il souligne que la « plupart ont été recrutés sous le couvert de la collaboration », amorçage qui les a menés progressivement à la trahison[19]. En revanche, dans un mémorandum datant de juin 1942, le capitaine Bernard, des services militaires du CE, considère que ces espions idéologiques sont relativement rares dans les rangs du SRA[20].

Un exemple intéressant de ce type d'espion est fourni par Suzanne Desseigne, membre du Parti populaire français (PPF), arrêtée en mars 1941. Selon sa mère, Suzanne s'intéresse à la politique depuis son adolescence : « [C'est] une petite Française qui depuis l'âge de quinze ans, alors que ses compagnes jouaient encore insouciantes, avait senti le danger du bolchevisme instrument de la conjuration judaïque et n'a cessé depuis de lutter de toutes ses forces et par tous les moyens contre ces fléaux de notre patrie et de notre civilisation[21]. »

Dans ses aveux, Suzanne souligne son engagement politique et religieux : « Et c'est en parfaite union avec mes convictions religieuses très sincères que j'ai continué à militer dans les rangs des mouvements antidémocratiques ; j'estimais en effet que l'athéisme notoire des dirigeants d'alors était une entrave à toute œuvre d'apostolat. Car, depuis ce moment-là jusqu'à mon arrestation, je n'ai pas cessé d'œuvrer en faveur de l'Action catholique. »

Elle avoue sa fascination pour le modèle fasciste : « Comment, dès lors, ne pas sentir la nécessité, pour notre pays, d'un régime intérieur tout semblable aux grands souffles de vie honnête, saine, ordonnée qui nous venaient de toutes nos frontières : de l'Italie, inspiratrice du monde neuf, de l'Allemagne qui boutait la juiverie et la maçonnerie hors de l'Europe, et de la fière et catholique Espagne, luttant de toutes ses forces vives contre la barbarie rouge, contre l'horreur de la révolte communiste[22] ? »

Après l'invasion, elle se retrouve en zone occupée où elle reprend contact avec les milieux allemands de Bordeaux qu'elle a déjà côtoyés à la fin des années 1930. Elle devient la maîtresse d'un militaire allemand. Celui-ci la recrute pour le SR. Elle effectue des missions d'espionnage politique et militaire dans le Midi et en AFN, trahissant avec enthousiasme et même sans rémunération. Lors de son arrestation, elle proclame avec force être enchantée du travail accompli et se déclare toute disposée à recommencer. Dans la prison militaire où elle est enfermée, elle frappe ses codétenues qui ne partagent pas ses opinions politiques[23].

Les « idéologues » sont fréquemment recrutés par le biais des partis politiques. C'est le PPF de Doriot qui fournit la majeure partie de ces « traîtres sincères ». Ce n'est probablement pas une coïncidence si c'est au mois de février 1941 que les services de contre-espionnage constatent une recrudescence des contacts entre les services spéciaux nazis et le PPF. Au lendemain de la défaite, Doriot se déclare « l'homme du Maréchal ». Mais le renvoi de Laval le fait douter de l'orientation du régime de Vichy. À partir du début 1941, le PPF s'engage de plus en plus dans le camp allemand. Au mois de mai, Doriot préconise l'alliance militaire avec l'Allemagne dans son discours au congrès du PPF à Paris. En zone Sud, son bras droit Sabiani, chef du PPF à Marseille, est signalé à plusieurs reprises pour ses rapports suivis avec Geissler, délégué de la Gestapo à Vichy. À partir d'août, le nombre d'affaires impliquant le PPF augmente à nouveau de manière significative. Outre l'engagement idéologique, le PPF a un intérêt économique dans ces relations, des récompenses financières étant offertes au parti en contrepartie de ses activités d'espionnage[24].

Une double propagande encourage l'engagement idéologique. D'une part, la propagande des Allemands réussit parfois, selon le réseau TR de contre-espionnage, à « intoxiquer si adroitement l'opinion que certains Français oublient délibérément toute dignité et la définition du mot traître[25] ». D'autre part, la propagande vichyste pousse dans le sens de la collaboration. Beaucoup de ces « traîtres sincères » affirment agir selon les vœux du gouvernement. Le 2 octobre 1942, l'inculpé Henri Romain écrit à Pétain de la maison d'arrêt de Saint-Étienne. Il explique ainsi son engagement : « J'ai accepté cette collaboration, parce que je croyais être utile à mon pays blessé et meurtri après la guerre et soutenir votre politique, Monsieur le Maréchal[26]. »

Le 7 décembre 1943, de sa cellule de la prison militaire de Nontron (Dordogne), Jean Pézard adresse la même plaidoirie à Laval : « Ayant toujours souhaité une entente franco-allemande et guidé exclusivement en cela par des sentiments de patriotisme, je me ralliai immédiatement, sans aucune arrière-pensée, aux principes de la collaboration tels qu'ils furent formulés par le maréchal Pétain, au lendemain de Montoire[27]. »

On pourrait multiplier les exemples. On verra par la suite que, même si le gouvernement est sincère dans sa volonté de collaboration, de telles initiatives individuelles sont contraires à ses idées.

Les « patriotes » et les « idéologues » sont de précieux agents pour les services de renseignements allemands. Ils sont très motivés et prêts à souffrir, même parfois à mourir, pour leur cause. Le service employeur peut leur faire confiance. Le sort des personnes qu'ils dénoncent ou le bien-fondé à aider Hitler à gagner la guerre ne semblent pas leur poser de cas de conscience. La difficulté avec ce genre d'agent politisé est que leurs convictions politiques ou nationalistes risquent de miner l'objectivité de leurs renseignements. D'ailleurs, ils ont tendance à se focaliser sur leurs obsessions idéologiques. Roland Nosek, du sixième bureau du Sicherheitsdienst, se plaint que, lorsqu'il demande aux militants du PPF de lui apporter des informations sur le gouvernement de Vichy, ceux-ci préfèrent se concentrer dans leurs rapports sur les querelles internes du milieu des collaborationnistes[28].

Beaucoup d'espions ne sont pas aussi convaincus. Quelle que soit la période historique, l'appât du gain est sans doute la motivation essentielle pour l'espion. En France, après la défaite, le nombre d'individus prêts à s'engager pour de l'argent augmente à cause des conditions économiques. En octobre 1940, le pays compte plus d'un million de chômeurs. Une fois le chômage initial résorbé, c'est l'inflation qui frappe la population. Il n'est donc pas étonnant que certains soient prêts à accepter tout travail bien rémunéré. Le rapport sur l'activité d'André Bernard décrit ses mobiles de la façon suivante : « Démobilisé en juin 1940, il rejoignait Paris où, faute d'emploi, sa situation était voisine de la misère. Ayant appris que les Allemands "payaient bien", il s'était sur les conseils d'un camarade présenté à un nommé Braun[29]. »

Les démobilisés sont particulièrement vulnérables quand ils se retrouvent sans emploi et en situation difficile. Ils intéressent les services de renseignements allemands à plus d'un titre. Ils ont une expérience récente de l'armée française, que le SRA veut surveiller, ainsi que des connaissances techniques et des relations au sein des unités, toutes choses qui faciliteraient un travail de renseignement. Ayant servi sous les drapeaux, ils ne sont pas d'office suspects du point de vue national. Comme d'autres, ils peuvent trouver auprès des Allemands l'argent qui leur fait défaut. Tous ne résistent pas à la tentation.

L'Allemagne victorieuse est particulièrement bien placée pour offrir des récompenses pécuniaires. Elle s'est considérablement enrichie au détriment de la France et arrive à peine à dépenser toute sa trésorerie. Les moyens financiers des services spéciaux allemands sont pratiquement illimités[30]. Le contre-espionnage français estime qu'« officiers, fonctionnaires et agents du SR allemand dépensent sans compter et s'enrichissent sans scrupule[31] ». Des primes importantes attendent les agents attitrés, même ceux d'envergure moyenne. Philippe Aziz a retrouvé le compte rendu d'une réunion de l'automne 1940 du Reichssicherheitshauptamt (RSHA). Il y est question des barèmes de récompenses : « Une dénonciation de Juifs : 1 000 francs ; celle d'un gaulliste ou d'un communiste : 3 000 francs ; un renseignement amenant la découverte d'un dépôt d'armes : de 5 000 à 30 000 francs, suivant l'importance d'un dépôt[32]. » Les SRA disposent d'autres ressources que l'argent. L'occupant exerçant un contrôle sur le mouvement des personnes, le célèbre *Ausweis* – laissez-passer – est mieux qu'une prime, car il permet de rendre visite à des parents ou à des amis dans l'autre zone[33]. D'autres récompenses peuvent prendre la forme d'une libération d'un proche prisonnier de guerre ou de possibilités de ravitaillement. Certains agents s'assurent également un complément de rémunération par des trafics sur le marché noir[34]. Au mois de mars 1941, le contre-espionnage français note que des agents de renseignements, « profitant des facilités qui leur sont octroyées, trafiquent et font du marché noir ». L'exemple d'un marginal nommé Combatti est cité. Avant et pendant la guerre, il a été obligé de se réfugier dans des asiles. Depuis l'armistice, il a amassé une fortune de plus de 3 millions de francs[35].

L'argent facilite le recrutement des gens du milieu. Le plus connu est probablement Henri Lafont. Au début de 1941, opérant pour l'Abwehr, celui-ci réussit le noyautage d'un réseau de résistance belge en zone Sud. Le succès phénoménal de cette mission encourage l'Abwehr à lui donner carte blanche dans l'organisation d'une police officieuse. Il est rapidement récupéré par le quatrième bureau du Sipo-SD, et sa « Gestapo française » devient tristement célèbre. Lafont est basé à Paris, d'où il lance des agents partout dans le pays. Les gangsters sont prêts à toutes les intrigues pour gagner de l'argent. D'autant qu'ils espèrent que la présence allemande les protégera contre la police française. Lafont obtient de ses employeurs la libération de repris de justice à condition qu'ils travaillent pour les Allemands[36].

Recruter des « profiteurs » est chose facile. À un agent double placé auprès de lui par le CE français, Auer, de la Gestapo marocaine, fait des confidences : « Mon SR fonctionne tellement vite et c'est naturel, car les Français se bousculent pour nous donner des "renseignements". Pour un peu d'argent, on peut acheter n'importe quel personnage au Maroc. Sans même être obligé d'aller chercher ces informateurs. Ils s'offrent eux-mêmes[37]. » Les « profiteurs » prennent souvent l'initiative dans leurs contacts avec les SRA. À cet égard, il faut noter l'existence d'une sous-catégorie de « profiteurs » : les « accidentels », qui sont recrutés par le biais d'annonces de journaux du genre : « On recherche voyageurs et représentants sérieux. » Le contact initial avec les Allemands se fait de façon innocente, au moment où les personnes postulent à un emploi commercial. Une agence de police privée, par exemple l'agence Constant, rue Vivienne à Paris, entreprend alors une enquête sur elles pour le compte des Allemands. Elles sont ensuite contactées directement, mais ce n'est que progressivement qu'on leur parle d'un travail d'espion, après leur avoir fait miroiter la possibilité de gagner des sommes importantes[38].

Un autre exemple de recrutement progressif est celui de Christian Roux. Quelques jours après sa démobilisation, il se trouve au café de la Paix à Montpellier. À une table voisine, des soldats allemands appartenant à une commission d'armistice. Roux profite de l'occasion pour leur demander la façon de correspondre avec des amis prisonniers en Allemagne. On lui dit de s'adresser à l'hôtel du Midi, siège de la commission. Il est pris dans l'engrenage. Dans cet hôtel, il fait la connaissance d'officiers allemands qui l'invitent à revenir. Au cours de ces conversations, il expose sa situation précaire : aucun travail et un jeune enfant. Deux officiers allemands lui rendent visite à sa maison et déposent une enveloppe de 300 francs sur le berceau de son fils « pour acheter du lait ». On lui fait d'autres petits cadeaux avant de lui proposer un poste de correcteur au journal allemand *Signal* – un travail stable et bien rémunéré, sans complications. Mais cet avenir doré a une condition : il doit fournir des renseignements militaires et politiques. L'offre est acceptée. Cinq jours plus tard, son nouveau travail d'agent de renseignements connaît une interruption brutale : il est arrêté par la police française[39].

La moralité des « profiteurs » laisse beaucoup à désirer. Au début de 1942, un nommé Rizzi reçoit la visite de son futur beau-père, Barrier, qui vient lui apporter des nouvelles de sa fiancée. Au cours de leur conversation, Barrier interroge Rizzi sur sa vie de chef d'atelier dans un chantier de jeunesse. Barrier étant un homme d'aspect honorable, Rizzi ne voit aucun inconvénient à lui donner les renseignements demandés. Il lui recommande pourtant de n'en parler à personne, car ces renseignements sont secrets. Or, quelques jours après, Barrier est arrêté par la police française pour espionnage militaire, et on trouve sur lui, à côté de renseignements sur des hommes politiques, sur l'armée et sur le trafic militaire, la copie des renseignements que lui a fournis son futur gendre. Barrier est depuis plusieurs mois au service d'un SRA[40].

Le rapport de la justice militaire sur Gabriel Le Guenne affirme : « Sollicité en octobre 1940 par un agent de l'Allemagne, Le Guenne répond que peu lui importe de travailler pour les uns ou pour les autres pourvu qu'il touche de l'argent[41]. » Mais la manipulation d'individus sans scrupule est délicate. On imagine bien que, si un autre service de renseignements est prêt à payer plus, l'agent trahira. Reile, chef du contre-espionnage de l'Abwehr en France, souligne l'inconvénient de recruter ces « profiteurs » : « Tous ces personnages, naturellement, n'étaient pas sûrs... Il fallait les utiliser avec beaucoup de prudence[42]. »

Si les « profiteurs » manquent de moralité et de sens patriotique, leur engagement a un sens rationnel. D'autres agents sont recrutés pour des motifs moins rationnels : les « sentimentaux », les « aventuriers » et les « fragiles ».

Le mobile des « sentimentaux » est un désir de vengeance ou un attachement affectif. En général, la vengeance personnelle est plus le fait d'un dénonciateur occasionnel que d'un agent attitré. Ainsi, Georges Besançon dénonce un « passeur » parce que celui-ci refuse de l'aider à traverser la ligne de démarcation[43]. Mais ces dénonciations isolées peuvent parfois déboucher sur un travail d'agent attitré. La vengeance semble ainsi être à l'origine de l'engagement de l'agent attitré Bourras, le noyauteur de la délégation française auprès de la commission d'armistice à Alger. C'est ce qu'explique le secrétariat d'État à la Guerre dans son rapport sur Bourras : « Fort irrité d'être licencié par l'amirauté française, il avait saisi cette occasion de se venger[44]. »

La plupart des maîtresses d'officiers allemands ne sont pas des agents de renseignements, même si des liaisons amoureuses peuvent être à l'origine d'un recrutement. Des personnes qui ont des relations intimes, généralement hétérosexuelles, avec des Allemands sont peu à peu encouragées à donner des renseignements. De ces petits renseignements du début, elles passent à un recrutement plus permanent. C'est le cas de Rachel Galy, tombée amoureuse de l'agent recruteur Robert Link. Elle quitte son mari et s'engage dans l'espionnage allemand[45]. L'engagement de Lucienne Delorme se situe au carrefour de la vengeance et de l'amour. Les débuts de sa collaboration sont marqués par sa liaison avec le sergent-interprète Walter Dedeck et son désir de se venger du secrétaire de police Binet, responsable de sa condamnation pour recel. Elle dénoncera celui-ci à son amant allemand, et beaucoup d'autres ensuite[46].

Il existe un lien entre espionnage et aventure[47]. Le développement du genre en littérature et au cinéma date de l'entre-deux-guerres[48]. Les romans de Pierre Nord et de Robert Dumas, par exemple, sont très populaires – ces deux auteurs travaillent par ailleurs pour les services spéciaux français. Le travail de l'espion semble empreint de romantisme et offre une alternative à la routine de l'usine. Dans la documentation consultée, l'aventure est rarement invoquée explicitement comme mobile. Cependant, il est difficile de croire que l'explosion de ce genre littéraire et cinématographique n'ait eu aucune influence sur l'image de l'espionnage et donc sur les possibilités de recrutement.

Sans être « fous », beaucoup d'espions sont atteints de désordres psychologiques. Une étude récente du gouvernement américain a découvert qu'ils souffrent particulièrement de deux sortes de troubles psychologiques : d'abord, un désordre de comportement antisocial qui encourage le rejet des règles normales de la société ainsi que l'absence de remords ; ensuite, le narcissisme, qui favorise la surévaluation de ses propres capacités ou de sa propre importance, ce qui amène à des déceptions et au sentiment de ne pas être apprécié à sa juste valeur. Le travail d'espion permet donc de réaffirmer son importance et de retrouver son amour-propre[49]. Le lien entre désordres psychologiques et espionnage est déjà reconnu en France dans les années 1940. Les espions arrêtés font parfois l'objet d'une analyse neuropsychiatrique suivie[50]. Le passé sanitaire, notamment la santé mentale, des agents est fréquemment cité comme explication de leur engagement. Un rapport écrit par Henri Rollin, du ministère de l'Intérieur, pour Darlan en mai 1941 insiste sur l'importance du phénomène. Ce rapport concerne essentiellement l'activité proallemande et, à un moindre degré, proalliée. Rollin note : « De nombreuses affaires montrent le rôle politique que veulent jouer actuellement un certain nombre de névrosés [...]. Dans le domaine de l'espionnage également, on constate que l'exaltation des passions politiques peut conduire à la trahison la plus vulgaire, comme cela est le cas de Suzanne Desseigne. Ici comme pour le terrorisme, une surveillance quasi médicale s'impose pour déceler et paralyser des exaltés susceptibles de devenir dangereux[51]. »

Les « malgré-nous » de l'espionnage sont ceux qui affirment que leur recrutement s'est fait sous la contrainte, parce qu'ils ont quelque chose à se faire pardonner aux yeux de l'occupant. Ainsi, on pourrait penser que les espions de nationalité allemande agissent essentiellement par patriotisme ou ferveur pronazie. Or, parfois, leur activité s'explique par le besoin de se racheter. Dans les années 1930, Hans Goepel pousse son antifascisme jusqu'à un engagement aux côtés des républicains espagnols, suivi d'une année dans la Légion étrangère en France[52]. Lorsque ses compatriotes envahissent le pays, il offre ses services pour retrouver une place auprès d'eux. D'autres Allemands réfractaires à l'idéologie nazie cherchent leur réhabilitation auprès des maîtres de l'heure. Parmi eux figurent nombre d'anciens légionnaires.

Après leur arrestation, certains agents alliés ou français acceptent de travailler contre leur ancien employeur. Le cas de Robert Alesch nous fournit des indications sur le processus qui pousse un individu d'une position de recruté sous la contrainte à celle d'espion fiable pour un SRA. Cet aumônier accomplit un travail humanitaire pour le réseau « interallié » avant d'être intercepté par l'Abwehr. Son entrée dans l'espionnage se fait donc par la contrainte : afin d'échapper à une punition pour son activité proalliée, il accepte de renseigner les Allemands. Mais rapidement il y prend goût, comme il l'expliquera plus tard : « N'ayant eu aucune expérience du domaine de l'espionnage, j'avais espéré me libérer après quelque temps et retourner à mon idée primordiale. Mais je dus m'apercevoir bientôt que j'étais pris dans un engrenage qui ne me lâcherait plus. De plus, les Allemands me flattaient de leurs appréciations, certainement méritées, soulignaient mes connaissances de langues, ma finesse psychologique et un certain sens inné d'aventures. Moi-même, je sentais que cette nouvelle occupation me prenait à un point faible inconnu dans mon âme jusqu'à ce moment et finissait par me plaire[53]. »

En général, les « malgré-nous » sont contactés directement par les services de renseignements allemands. C'est le cas, par exemple, de l'Autrichien Josef Beitelberger. Celui-ci a deux choses à se faire pardonner : il a servi dans la Légion étrangère, puis, essayant de rentrer à Vienne pour régler une affaire de succession, il a passé en fraude la ligne de démarcation. Arrêté, c'est dans sa cellule allemande qu'il est contacté par le recruteur Lauer, du SRA. Un accord est proposé : sa libération contre des informations[54]. Dans d'autres cas, ceux qui cherchent à se réhabiliter sont persuadés par des amis d'entrer en contact avec les Allemands. Dans les années 1930, Oskar Rohr est l'avant-centre prolifique de l'équipe de football du Racing de Strasbourg. Avec ses cent dix-huit buts marqués, il est toujours le meilleur buteur de l'histoire du club. En 1939, Rohr s'engage dans la Légion étrangère. De nationalité allemande, il se trouve donc en situation difficile lors de l'invasion du pays par ses compatriotes. Il demande conseil à son ex-entraîneur Rumbold, réfugié comme lui en zone Sud. Celui-ci le recrute pour le SRA. En effet, Rumbold s'est retrouvé à Perpignan sans ressources et, par le biais du milieu alsacien de la région, est entré quelques mois auparavant dans le SRA comme « boîte aux lettres »[55].

L'avantage d'utiliser ces « malgré-nous » est qu'ils ont déjà des contacts au sein du mouvement à surveiller. L'inconvénient – et il est de taille – est qu'ils doivent être surveillés de près. Ils ont déjà trahi leur communauté d'origine ou leur premier employeur, pourquoi ne le feraient-ils pas à nouveau ? Il faut donc trouver un moyen de les « tenir ». On a vu, dans le cas d'Alesch, que dans certaines circonstances ils continuent de travailler pour les Allemands parce qu'ils y prennent goût. Mais en attendant qu'ils acquièrent une telle vocation, les SRA menacent de représailles les individus eux-mêmes ou leur famille dans le cas de non-exécution des instructions[56]. Il est vraisemblable que l'obéissance des « malgré-nous » aux services de renseignements nazis soit due à une bonne dose de lâcheté.

Si différents mobiles sont clairement identifiables, il n'est guère possible de classer précisément les espions dans telle ou telle catégorie. Comme le cas d'Alesch l'illustre, un mobile peut en cacher un autre. Parmi toutes les motivations, l'argent facile est sans doute au centre de la plupart des recrutements.

À côté des nouvelles recrues du monde du renseignement, certains agents travaillent depuis longtemps pour des organismes de renseignements. On les appelle les « chevaux de retour ». C'est le cas de Robert Bellette, qui espionne en France depuis les années 1920. Pour ces professionnels de l'espionnage, celui-ci est devenu un mode de vie et leur principale source de revenu. Pour d'autres, comme Georges Paillusseau, leurs débuts dans le renseignement se sont faits dans des organismes policiers. Avant de devenir espion, Paillusseau a été employé officieusement par la section des Renseignements généraux au sein de la préfecture de police à Paris. Depuis le milieu des années 1930, il l'informe sur les mouvements d'extrême droite, et notamment le Rassemblement national populaire (RNP). Ce milieu lui permet d'entrer en contact avec un service de renseignements allemand, au service duquel il se met sans en référer à la préfecture de police. Des individus comme Paillusseau profitent de leur expérience dans le domaine de l'espionnage pour améliorer leurs émoluments par un travail plus payant. Tel est aussi le cas des détectives privés qui offrent leurs services au SRA[57].

Les nouvelles recrues doivent faire leurs preuves. Le recrutement est généralement suivi par une période de mise à l'épreuve dans des missions faciles. Les premières missions consistent à faire de l'espionnage politique. Elles ne sont pas dirigées ouvertement « contre la France », mais souvent contre les activités gaullistes ou alliées. Elles sont donc présentées comme une aide au gouvernement français. Une fois ces missions accomplies, on fait connaître à la nouvelle recrue qu'elle est trop engagée pour pouvoir reculer et que toute hésitation entraînerait des représailles. On lui demande de signer un engagement promettant de servir fidèlement et d'obéir aux ordres du SRA.

Les agents dont le rendement s'annonce prometteur sont équipés d'un matériel technique et envoyés dans des stages de formation. Des écoles d'espionnage existent à Besançon, à Stuttgart, à Paris et à Fribourg-en-Brisgau. On y apprend le maniement d'appareils émetteurs clandestins, l'utilisation de l'encre sympathique, le chiffrement et le déchiffrement.

Ainsi, les SRA réussissent à créer un réseau impressionnant d'espions opérant partout en France, y compris dans les territoires non occupés. Le 8 juillet 1941, le journal résistant *Les Petites Ailes de France* note de façon pessimiste l'étendue de ces réseaux :

> La Gestapo tisse, même en zone libre, sa toile qui enserre et contrôle chaque jour davantage notre administration et d'une façon générale toutes nos activités. Un fonctionnaire allemand chargé de la surveillance des réfugiés politiques réside à Vichy. Dans le sud-est de la France, le réseau nazi est particulièrement dense. À Aix-en-Provence sont stationnées deux brigades de la Gestapo sous les ordres d'un membre de la Croix-Rouge allemande. À Marseille, les effectifs policiers du Reich ont été renforcés et s'occupent particulièrement de la recherche des réfugiés et des menées gaullistes au moyen d'agents provocateurs[58].

CHAPITRE 4
ORGANISER LE CONTRE-ESPIONNAGE FRANÇAIS

Avant de se lancer dans une étude du dispositif de contre-espionnage, il faut insister sur deux choses. D'abord, *toutes* les structures
décrites ici travaillent à la fois contre l'Axe et contre les Alliés.
Cela est vrai aussi pour les structures clandestines. Ce dispositif
est établi en vue de lutter contre tous les espions quels qu'ils
soient. Des mesures prises contre un service de renseignements
étranger seront effectives contre tous les SR étrangers. Second
point : le CE, même contre les Allemands, n'est pas entièrement
indépendant du gouvernement de Vichy, sujet qui sera traité
plus en détail ultérieurement[1].

Lorsqu'on se réfère aux services secrets français, le terme
de « deuxième bureau » vient tout de suite à l'esprit. Une image
romantique s'est attachée à cette institution, comme en
témoigne la fréquence de cette expression dans les titres de
roman (*Ceux du deuxième bureau*, etc.). Cependant, il faut éviter
toute simplification à cet égard. Nous avons déjà vu que le
profane désigne fréquemment les services spéciaux allemands
sous le titre générique de « Gestapo ». En ce qui concerne les
services spéciaux français, il existe un processus similaire de
simplification. L'expression « deuxième bureau » est souvent
employée pour signifier tout le dispositif d'espionnage et de

contre-espionnage. Même certains spécialistes abusent de l'expression. Pour les mécanismes de CE qui nous intéressent ici, cette simplicité est parfois trompeuse.

Le deuxième bureau est un organisme attaché à l'état-major des grandes armes (terre, marine et air), aussi bien au niveau national qu'au niveau du commandement des unités. Son rôle est de recueillir, d'étudier et de présenter les renseignements nécessaires à la préparation des décisions de commandement. Pour ce faire, le deuxième bureau synthétise les informations provenant d'autres sources, notamment des services de renseignements. Son rôle est donc généralement plus administratif que l'imagerie populaire le laisse supposer. Il s'agit avant tout d'un bureau de direction, de coordination et de synthèse. Après l'invasion, le deuxième bureau opère clandestinement à partir de Vichy (hôtel *International*) et de Lyon sous la direction du lieutenant-colonel Louis Baril[2]. Pour camoufler ses activités, il constitue une société, Technica, au 36, quai Saint-Vincent à Lyon, société régulièrement déclarée et censée vendre des matériaux de construction[3].

Cependant, pour notre étude, le travail du deuxième bureau est moins important que celui du cinquième bureau, établi en 1940 sous la direction du colonel Louis Rivet. Si le travail du deuxième bureau est essentiellement un travail d'analyse, le cinquième bureau est chargé des recherches plus actives. Cet organisme est divisé en deux parties : le service de renseignements et la section de centralisation du renseignement (SCR). Le SR, service d'espionnage, est institutionnellement indépendant du deuxième bureau depuis 1918. Après la défaite de 1940, il renaît clandestinement sous le nom du réseau Kléber. Les agents du SR sont officiellement radiés des cadres de l'armée, mais, pour assurer le paiement de leurs soldes, « une disposition légale secrète les maintient en activité en surnombre[4] ». Le SCR est le dispositif du CE militaire proprement dit. C'est au mois de juin que Rivet présente un projet de réorganisation de cette partie du cinquième bureau[5]. Le 21 juin, il note dans son journal qu'il a donné « l'instruction pour la dissolution du cinquième bureau, officiers, troupe et personnel civil, avec désignation d'un personnel réduit susceptible de reprendre une activité camouflée[6] ». Les premières mesures de renvoi du personnel sont prises le 27 juin. Hormis cet allégement, la réorganisation repose surtout sur une division des services de l'ancien SCR en deux organismes : le réseau « Travaux ruraux » et le bureau des menées antinationales (BMA). La coordination des deux organismes est du ressort de Rivet.

Le chef du TR, Paul Paillole, est sans doute le personnage le plus connu du CE français pendant la guerre. Paillole est né à Rennes en 1905. Après la mort de son père, tué au combat en 1918, sa mère déménage à Marseille comme institutrice sur l'île de Frioul. Grand sportif, Paillole joue au football pour l'Olympique de Marseille. Il est champion de France scolaire d'escrime à quinze ans et remporte le championnat national militaire d'épée entre 1925 et 1928. Ses talents sportifs l'aident beaucoup dans son intégration à Saint-Cyr, où il accomplit sa formation militaire. En 1935, il est désigné pour un poste dans les services secrets. Cette nomination se fait plutôt contre son gré. Paillole pense que le travail sera trop sédentaire, il souhaite quelque chose de plus actif. D'ailleurs, ses seules connaissances du métier sont tirées des romans de Pierre Nord. Mais, assez rapidement, il s'en satisfait[7]. Ses qualités professionnelles sont reconnues un peu partout. Les Mémoires de Robert Terres sont intéressants à cet égard. Agent de TR, Terres sera radié de ce service après une évasion suspecte à la suite de son arrestation par les services secrets allemands. Désormais, ses rapports avec ce réseau sont plutôt froids. Malgré cela, il décrit Paillole comme « dynamique, intelligent, compétent », ajoutant qu'[il] « savai[t] qu'il ferait un bon chef du CE[8] ». Jacques Soustelle, qui sera le rival institutionnel de Paillole en 1943-1944, le considère « doué d'une grande capacité de travail, d'un réel talent d'organisation et de qualités de commandement incontestables[9] ». C'est cet homme qui sera le chef des TR entre 1940 et 1944.

Les lettres « TR » signifient « Travaux ruraux », car c'est sous la couverture d'une société agricole que se cache le service du contre-espionnage offensif. Excellente couverture dans la France de Vichy qui prône le « retour à la terre ». Sa centrale, connue sous le nom de « Cambronne », s'installe à la villa Eole, 23, promenade de la Plage, à Marseille. Installer la centrale dans la cité phocéenne répond à plusieurs considérations. Paillole connaît bien cette ville, ayant passé une partie de sa jeunesse ici. Il y compte de nombreux amis. Les frères Recordier, qui vont devenir célèbres pour leur activité gaulliste, sont ses plus proches amis d'enfance : ils étaient des camarades de classe au lycée Saint-Charles. Jean Oswald est une connaissance professionnelle qui vient d'être nommé commissaire central de cette ville. La mutation de la Brigade de surveillance du territoire (BST) de Lille dans cette ville du Midi permet à Paillole de retrouver son ami le commissaire Robert Blémant. La facilité d'accès de la ville influe également sur la décision. Son statut de premier port de France permet d'envisager la possibilité d'embarquer pour l'Afrique du Nord en cas de besoin. Outre le service central, des postes TR sont établis dans des villes importantes de la zone Sud (Limoges, Clermont, Lyon, Marseille et Toulouse) et de l'AFN (Alger, Rabat-Casablanca, Tunis – ces deux derniers étant ouverts au début de 1941). En zone Nord, des annexes opèrent à Paris et à Annemasse.

En juillet 1941, le service TR prépare un bilan de sa première année d'activité pour le commandement de l'armée. D'après ce document, le service de Paillole n'a aucun problème financier, une difficulté qui mine l'activité d'autres services spéciaux pendant les années noires[10]. Les dépenses du TR s'élèvent à 1 384 000 francs jusqu'à juillet 1941, contre des recettes de 2 634 000 francs, c'est-à-dire que le service fait un bénéfice net de 1 250 000 francs. Cet argent est essentiellement récupéré auprès des SR étrangers contre lesquels il opère. Le TR connaît une croissance rapide. De 19 employés permanents en juillet 1940, il passe à 27 en juillet 1941. Outre ces employés, le nombre des agents augmente considérablement : en juillet 1940, ils sont 60 ; en juillet 1941, 429. Mais ce recrutement est jugé totalement inadéquat par l'auteur du bilan. Le service n'a pas suffisamment réussi à étendre ses moyens d'investigation aux autres pays d'Europe, et les moyens techniques restent insuffisants.

Il y a aussi des carences.

> Trop de postes sacrifient délibérément la méthode à l'activité, sans arriver à un équilibre rationnel :
> – cahier de bord, non ou mal tenu ;
> – renseignements transmis trop lentement, avec de mauvaises indications de sources, et parfois dans un style peu clair ;
> – agents [...] mal guidés, non suivis, payés parfois sans cohérence ;
> – mauvaise liaison entre les postes, et notamment avec l'AFN ;
> – manque de ponctualité dans les réponses aux demandes, et notamment dans la transmission de la comptabilité.

Malgré toutes les faiblesses notées, le rapport présente un bilan globalement positif :

> En dépit des difficultés de toutes sortes, TR « a surmonté la défaite » et possède la confiance du commandement. (Il n'est pas sans intérêt de rappeler que les postes se sont créés de toutes pièces, avec un personnel réduit, jeune, neuf, dans des régions le plus souvent mal connues ; qu'ils ont été contraints de vaincre le scepticisme, l'indifférence et parfois l'hostilité de certains. Quant à la direction, éloignée de ses chefs, aux prises avec des difficultés matérielles sans nombre [transports d'archives, etc.], elle a dû faire face, avec un personnel squelettique, à une tâche sans cesse croissante, et qui d'ailleurs est tout à l'éloge du dynamisme des postes.) Ses diverses études (résumées ci-après) sur les activités des SR étrangers, les menées

antinationales, l'état d'esprit, etc. démontrent l'immensité de la tâche qui reste à accomplir [11].

L'autre organisme militaire de CE, le BMA, est créé le 25 août 1940, mais ce n'est vraiment qu'en novembre qu'il devient opérationnel. À sa tête est placé le lieutenant-colonel Guy d'Alès, qui a accompli l'essentiel de sa carrière comme officier de cavalerie. Il est pratiquement ignorant en matière de CE. La décision de donner un service aussi important à un néophyte s'explique sans doute par le fait qu'il est inconnu des Allemands. Cela a son importance, une partie du travail du BMA se faisant au grand jour. En effet, le BMA est initialement toléré par les Allemands parce que son rôle officiel est la répression des menées communistes, gaullistes ou alliées. Son activité antiallemande se fait clandestinement. Il ne faut pas effrayer les Allemands en mettant à la tête de ces bureaux quelqu'un de trop connu pour son attitude antiallemande.

Des bureaux des menées antinationales sont institués dans chaque division militaire, mais seulement dans les territoires non occupés. Chaque BMA dispose de trois ou quatre officiers et d'autant de sous-officiers au chef-lieu de la division militaire. L'ossature du personnel de ces bureaux provient du service de contre-espionnage dissous. Des agents de ce service MA sont aussi officiellement mandatés dans chaque unité militaire. Ils doivent faire connaître leur statut d'officier MA au personnel de ces unités afin de permettre à ceux-ci de les informer de toute tentative de subversion, de sabotage ou d'espionnage. Les officiers des régiments sont désignés par les commandants des divisions militaires sur proposition des chefs de corps.

Une instruction ministérielle de novembre 1940 clarifie les missions des BMA [12]. C'est aux BMA qu'il appartient de centraliser et de coordonner les recherches pour orienter et documenter les enquêtes de la police. Ils doivent démasquer les suspects d'actes d'espionnage ou de sabotage, ceux qui travaillent pour l'Axe comme ceux qui travaillent pour les Alliés. On leur demande de neutraliser et de réprimer les propagandes étrangères au sein de l'armée. Parallèlement, ils doivent lutter contre les activités communistes dans les formations militaires ou marines et dans les camps de jeunesse et établissements travaillant pour la Défense nationale. De façon plus générale, ils sont censés surveiller, de concert avec la Sûreté nationale à la surveillance des frontières, la ligne de démarcation et les points sensibles. D'Alès leur rappelle qu'ils doivent aussi s'intéresser de près aux activités économiques de l'Axe en territoire français. Extrait de son instruction de février 1942 : « Les renseignements et comptes rendus sur les activités commerciales allemandes et italiennes en France (achat de salles de cinéma, organisation Todt, etc.) et sur les procédés employés par les organisations chargées de ces tractations retiennent d'une façon particulière l'attention des autorités françaises, qui semblent devoir à nouveau étudier la question dans son ensemble. Les BMA et TR sont en conséquence priés de continuer à recueillir ces informations tant dans la métropole qu'en Afrique[13]. »

Pendant l'été 1942, les Allemands font pression sur Vichy pour supprimer les BMA, dont l'activité antiallemande leur est connue. Le 19 août, Darlan, commandant en chef des forces militaires, présente des propositions de réforme de leurs structures à Laval. Le journal intime du général Bridoux, ministre de la Défense proallemand, note avec regret que ces propositions « reviennent à rétablir exactement ce qu'on avait voulu supprimer[14] ». Le nouveau service entre en existence clandestinement le 24 août, sous le nom de « service de sécurité militaire » (SSM). Ses missions vont dans le même sens que celles des BMA, et il récupère une grande partie de leur personnel[15]. Le commandement de cette nouvelle structure est confié à Paillole.

L'armée n'est pas la seule arme active dans le CE. La marine a également ses propres services de renseignements et de contre-espionnage[16]. Le deuxième bureau de la marine, dirigé par le capitaine de vaisseau Sanson, travaille de la même façon que celui de l'armée, c'est-à-dire qu'il centralise et synthétise les renseignements de provenances diverses. En ce qui concerne le CE, des centres de renseignements de la marine (CRM), prévus par une loi de 1932, sont mis en place à partir de 1939, auxquels s'ajoutent, après la défaite, les sections de surveillance et de documentation (SSD). Installés dans les ports, ces organismes contribuent à la surveillance des frontières maritimes et à la police de navigation. Ils effectuent également des recherches sur les infiltrations étrangères et l'espionnage économique. C'est dire qu'il y a un chevauchement entre leurs missions et celles d'autres services militaires et civils. La marine a également sa propre police pour le CE sous la forme de la Sûreté navale.

À l'exception des rares arrestations effectuées par la Sûreté navale, c'est la police et non les militaires qui appréhende les espions. C'est là le résultat direct de l'affaire Dreyfus, qui a mené à une dualité de compétences en matière de contre-espionnage entre les services militaires et policiers. Le CE militaire a fait preuve d'un antisémitisme incontestable lors de l'Affaire. Cela a convaincu les républicains qu'ils ne pouvaient lui faire entièrement confiance. Désormais, les militaires se limiteront à un travail de renseignements, et la répression sera confiée à la police. Au sein de la police est donc constitué un organisme spécialisé sous le nom de la Surveillance du territoire. Mais les débuts de la ST sont plutôt hésitants. Les militaires sont réticents à l'idée de perdre leur influence dans ce domaine, et la Première Guerre mondiale encourage le gouvernement à avoir recours aux services ayant la plus longue expérience en la matière.

C'est seulement dans les années 1930 que la Surveillance du territoire recommence à fonctionner. Les émeutes de l'extrême droite à Paris en février 1934 et la montée du nazisme témoignent des menaces qui pèsent sur la France. On crée donc un poste de contrôleur général de la ST au sein de la Sûreté générale. Mais les menaces ne sont toujours pas suffisamment prises au sérieux. La preuve en est que ce contrôleur doit attendre 1937 avant de disposer de son propre personnel subordonné spécialisé dans le CE. Entre-temps, ce sont des commissaires de la police spéciale qui sont chargés du travail sur le terrain. Ceux-ci sont débordés par les tâches d'ordre politique que leur confient les préfets. Le décret de mars 1937 crée des brigades territoriales de ST, avec, d'abord, des effectifs restreints. La ST obtient donc sa liberté administrative. Les effectifs sont renforcés, mais les cent vingt-huit fonctionnaires qu'elle compte en 1938 sont sans doute insuffisants devant le péril fasciste.

La défaite aura forcément des répercussions sur le service. Depuis l'armistice, il n'y a plus de ST en zone occupée, tout le personnel ayant déménagé au sud du pays. Même dans le Sud, le travail de contre-espionnage de la ST est interrompu, suivant en cela les instructions de Didkowski, directeur général de la Sûreté nationale[17]. Le colonel Rivet, chef de l'ancien cinquième bureau, note : « Les CST sont, pour des raisons de camouflage, détournés depuis le 29 juillet de leur mission de contre-espionnage et invités à se mettre à la disposition des préfets pour exercer uniquement le contrôle des étrangers circulant en zone libre. Seuls quelques commissaires au tempérament ardent et qui consentent à y consacrer le temps libre font du contre-espionnage[18]. »

Sur intervention de Weygand, le ministre de l'Intérieur, Peyrouton, fait muter Didkowski à un poste de préfet de l'Isère. Son remplaçant, Henri Chavin, demande à la ST de reprendre son travail habituel. Au mois de septembre, après une réorganisation, les commissariats de surveillance du territoire (CST) répriment à nouveau les espions. Désormais, neuf brigades sont implantées en zone Sud, juxtaposée aux divisions militaires (Agen, Bourg-en-Bresse, Châteauroux, Clermont-Ferrand, Limoges, Lyon, Marseille, Montpellier, Toulouse)[19]. On en trouve aussi dans les principales villes de l'Afrique du Nord. Une augmentation importante de leurs effectifs en AFN est demandée et obtenue dans les premiers mois de 1941 par Weygand, délégué général de Vichy dans la région. Évidemment, le but n'est pas uniquement de se prémunir contre la menace allemande – la ST travaille également contre les gaullistes et les Britanniques. Néanmoins, il est proposé de faire venir une partie de ce nouveau personnel des milieux alsaciens[20]. Plusieurs raisons à cela : des fonctionnaires alsaciens se trouvent en disponibilité dans les territoires non occupés à la suite de leur exode, ils sont étrangers aux coteries locales qui minent l'efficacité des éléments déjà en place, et, par ailleurs, leurs origines pourraient les encourager à être fermes en cas d'espionnage allemand[21]. La loi du 4 octobre 1942 réorganise la ST. Désormais, elle sera attachée à la police de sûreté[22]. Cela ne constitue qu'un déménagement administratif, les missions et le personnel restant quasiment inchangés. Après l'invasion de la zone Sud, la ST sera dissoute sur ordre allemand.

À la suite de la défaite de 1940, tous les services de contre-espionnage déménagent leurs QG dans le sud du pays, ce qui pose le problème des archives. Le développement des services secrets au XXe siècle a considérablement accru le travail bureaucratique. La constitution d'un fichier de dossiers est devenue un élément indispensable au fonctionnement de tous les services. La nouvelle situation consécutive à l'occupation d'une partie du territoire nécessite la destruction d'une partie des documents qu'on ne peut pas déplacer ou cacher sans difficulté. Le 22 juin 1940, Paillole donne des instructions à cet effet à Paul Gérard-Dubot, agent du cinquième bureau. Dans son journal, Gérard-Dubot note avec tristesse : « Pour le BCR = huit mois de travail partent en fumée » ; « Tous papiers SR = des années de travail acharné représentant bien des nuits sans sommeil, des vacances et de l'argent sacrifiés ![23] ». On essaie de conserver les documents les plus essentiels. Le colonel Rivet note dans son journal de marche le 30 juin que ceux-ci sont déposés en lieu sûr[24].

Malgré les dispositions prises, des archives de la police et des services spéciaux tombent entre les mains des Allemands dès l'été 1940. Les archives de la Sûreté nationale sont saisies dans les bureaux du 11, rue des Saussaies. Reile, chef de l'Abwehr IIIF à Paris, signale que celles-ci sont particulièrement intéressantes pour son service. Elles permettent de trouver des agents français travaillant dans le Reich et aident à la constitution d'un réseau d'hommes de confiance pour l'Abwehr[25]. Les archives du cinquième bureau de la marine sont également trouvées à la même époque. Celles-ci contiennent une liste nominative des agents de ce service avec leurs coordonnées, ce qui compromet sérieusement leur position[26].

D'autres archives sont saisies après l'invasion de la zone Sud. Le 3 mars 1943, vraisemblablement à la suite d'une dénonciation par un commissaire de police, la Gestapo met la main, à Lyon, sur trois tonnes d'archives du deuxième bureau. Deux jours plus tard, cette documentation est envoyée en Allemagne pour y être dépouillée[27]. Des archives du TR/BMA sont également découvertes. Celles du poste TR de Clermont, insuffisamment détruites et camouflées, sont trouvées par l'Abwehr en juin 1943. Le mois suivant, une dénonciation amène la découverte du gros des archives centrales du TR dans une propriété près de Nîmes. Une autre partie, cachée chez le Dr Recordier dans les Bouches-du-Rhône, est conservée intacte jusqu'à la Libération[28].

Les saisies et les destructions ont des conséquences certaines sur l'efficacité des services. Détenir un fichier bien organisé permet de retrouver rapidement les dossiers faisant la moindre référence à un personnage particulier[29]. On essaie de reconstituer ce fichier dans les nouvelles conditions, mais l'absence de certains dossiers se fait sentir dans des cas de CE. Par exemple, dans une correspondance sur un individu nommé Arno Donner, on peut lire : « Malheureusement, en raison des destructions de documents consécutives aux faits de guerre, le dossier concernant Donner est très incomplet[30]. »

Il ne faut pas perdre de vue que les organismes de CE ne travaillent pas de façon totalement isolée. La coopération de beaucoup d'autres administrations leur est nécessaire. C'est sur quoi le Conseil supérieur de la Défense nationale insiste, le 6 juillet 1940, : « La mise sur pied de cette vaste organisation de recherche et d'exploitation de renseignements sur l'action allemande dépasse le cadre des deuxième et cinquième bureaux de l'état-major de l'armée, car elle intéresse l'ensemble des départements ministériels. Il en est de même de l'action qui en découle, dont les modalités et le champ d'application relèvent de toutes les administrations ou services publics ainsi que des organisations privées[31]. » Ainsi, les préfets et la police envoient aux BMA des rapports sur les activités suspectes, y compris celles d'agents allemands. Le contrôle technique intercepte les correspondances suspectes. La justice militaire ainsi que la justice civile organisent l'internement des éléments suspects. Mais, dans le climat confus de Vichy, cette coopération ne sera pas systématique.

Prenons l'exemple des rapports avec la police régulière. Le CE doit pouvoir compter sur le concours de celle-ci, et dans de nombreux cas cette aide est accordée. Mais pas toujours. Parfois, l'arrestation des agents des services spéciaux eux-mêmes résulte des différends entre police et services secrets. Le réseau TR est très conscient du problème dès le début, puisqu'il prend des mesures pour protéger sa centrale contre la police. Au début de novembre 1940, d'Alès, du BMA, rend visite à l'intendant de police marseillais Maurice Anne-Marie de Rodellec Du Porzic pour l'informer que le TR opère dans sa circonscription[32]. Rodellec est un vichyste bon teint, très antisémite, extrêmement hostile aux francs-maçons et à la gauche. L'informer de la présence et de l'activité du TR est pourtant une nécessité afin d'empêcher des descentes de la police.

Mais, pour des raisons de sécurité d'un autre ordre, il n'est pas possible de tenir la police au courant de toute l'activité des services spéciaux. Des agents du TR et du deuxième bureau qui doivent opérer en zone Nord sont parfois victimes de sinistres desseins. Il existe au moins un cas, sans doute plus, d'un agent dénoncé aux Allemands par un policier français[33]. Paillole donne aux nouvelles recrues le conseil suivant : « Il y a des fonctionnaires de la police qui sont magnifiques et d'autres qui sont, malheureusement, lamentables. Quand vous n'êtes pas sûrs de la police, même de la police française, vous devez considérer qu'il faut vous en méfier[34]. » Même en zone Sud, certains auxiliaires sont menacés par la police. Cela concerne particulièrement les Juifs allemands recrutés pour travailler contre les nazis – les services spéciaux essaient de profiter de leur haine antinazie et de leur connaissance de la langue allemande. Pendant l'été 1942, la situation devient problématique. Vichy s'est transformé en complice zélé de la politique d'extermination instaurée après la conférence de Wannsee de janvier 1942, politique que les historiens continuent maladroitement de nommer par l'euphémisme nazi de « solution finale ». La police française arrête les Juifs en grand nombre. Parmi ceux-ci se trouvent des agents des services spéciaux français, dont Leopold Hermann. À la fin de juillet 1942, celui-ci est pris dans une rafle à La Ciotat. Le capitaine Kessler intervient pour faire libérer cet agent du deuxième bureau à la fin de septembre. Trop tard, il a déjà été déporté vers une « destination inconnue »[35].

Le vaste réseau de contre-espionnage nécessite une coordination entre les différentes agences. Très tôt, des difficultés se manifestent à cet égard. C'est un problème qui est particulièrement délicat, puisqu'il risque de permettre à l'Axe de découvrir l'activité clandestine des services spéciaux français. Weygand souligne cet état de fait dans une lettre à Pétain datée du 7 décembre 1940. Le délégué général en AFN y attire l'attention sur une opération de CE antiallemand en cours au Maroc : « Cette affaire est essentiellement délicate en ce qu'elle risque, si elle n'est pas conduite avec un tact tout particulier, de compromettre vis-à-vis des commissions d'armistice italienne et allemande le SR guerre officiellement supprimé. »

L'opération montre très bien la nature du problème, puisque chaque administration entend la mener à sa façon et pour ses propres besoins. « Il est de toute évidence qu'elle relève du bureau des menées antinationales du commandement supérieur des troupes du Maroc, puisqu'elle met en cause surtout des officiers de l'armée de terre et des personnalités civiles en relations avec ces officiers. Or, prétextant du fait que cette affaire a eu son origine à Agadir et que le premier inculpé, Pécheral, est un marin, la marine pratiquait un "droit de suite" qui l'amenait à l'intervenir dans l'instruction[36]. »

Dans ce cas particulier, Weygand intervient pour limiter le rôle de la marine. Mais il cherche une solution plus permanente, qui serait une centralisation de tous les services de CE sous l'égide du BMA. « Je suis convaincu, pour ma part, qu'une seule solution s'impose : confier, dans chaque partie de l'Afrique, la lutte contre les menées antinationales à un organisme unique – le bureau des menées antinationales dans lequel seraient incorporés un représentant de la marine et un représentant de l'aviation, actionnant directement une police de surveillance du territoire, renforcée, spécialisée, épurée et débarrassée de tout autre rôle – et interdire à tout autre organisme d'intervenir dans ce domaine autrement qu'en adressant des renseignements au bureau des menées antinationales ou à la Surveillance du territoire, à l'exclusion de toute autre autorité[37]. »

Au nom de la présidence du Conseil, Baudoin partage entièrement la manière de voir de Weygand et envoie une copie de sa correspondance aux autres ministères concernés pour commentaire[38]. Pour l'Intérieur, Marcel Peyrouton n'y voit « que des avantages[39] ». Le secrétaire d'État à l'Aviation souligne que « cette organisation a toujours été préconisée » par le ministère de l'Air, qui n'a cessé de travailler en étroite collaboration avec ses camarades du ministère de la Guerre[40]. Le général Huntziger, secrétaire d'État à la Guerre, se déclare entièrement d'accord avec Weygand, mais il souligne que le projet doit aussi être appliqué dans la France métropolitaine, « notamment dans les ports de guerre tels que Toulon[41] ». Harmonie complète ? Il reste le cas de la marine. Darlan donne sa réponse le 26 décembre 1940. Acceptant la nécessité d'une collaboration plus proche entre services, il envoie des instructions aux SSD pour qu'elles établissent leurs bureaux dans les locaux des BMA ou, si cela n'est pas possible, pour qu'elles affectent un officier de liaison auprès de ces organismes. Mais il résiste à la subordination structurelle des services de contre-espionnage de la marine, prétextant que leurs missions dépassent le seul cadre du CE et doivent donc de ce fait rester sous le contrôle de son ministère[42].

Les BMA vont quand même essayer de centraliser autant que possible le CE. Des représentants de la marine et de l'aviation sont placés auprès des BMA pour minimiser les conflits. L'importance que représente le port de Marseille fait qu'il y a un détaché de la marine au sein du BMA 15 : le lieutenant Gardiès. Dans les régions où se trouvent des bases aériennes, il y a des détachés de l'armée de l'air : par exemple, le lieutenant Henry à Clermont ou le capitaine Pierrefeu au Maroc, etc.[43]. Néanmoins, malgré des tentatives répétées pour trouver une formule de centralisation, des conflits et rivalités persistent, et pas seulement entre les différentes armes. Il y en a aussi avec la police.

Les rapports entre la Surveillance du territoire et les services militaires ne sont pas toujours conflictuels. Dans leurs Mémoires, les anciens des services militaires font référence à des opérations réussies sans heurts et à des amitiés au sein de services policiers. Sans doute ne faut-il donc pas généraliser ces difficultés. Mais la ST reçoit souvent des instructions provenant de différentes administrations : préfets, armée, marine, etc. Les demandes sont parfois conflictuelles, et, en raison de ses effectifs limités, elle est obligée de faire le tri entre ces différentes demandes. Elle a néanmoins des contacts fréquents avec les services militaires de contre-espionnage, et, de ce fait, les conflits peuvent être résolus de façon directe. Les contacts avec les autres services de police sont moins réguliers, et les rapports plus distants. D'ailleurs, la mission de ces services est plus vaste que la simple perspective de CE. Leurs intrusions dans le domaine du CE se font parfois pour des raisons qui leur sont propres.

Prenons l'exemple de l'arrestation de Marcel Jaminais. Celui-ci est sous la surveillance de la ST, qui attend le bon moment pour l'appréhender afin de tirer le maximum de bénéfice de l'affaire. Entre-temps, la Sûreté urbaine l'arrête parce que son comportement général est suspect. Selon un rapport du réseau TR : « Cette arrestation ne devait se faire que lorsque Jaminais serait en possession de son poste émetteur. C'est la police locale de Toulon, qui, au cours d'un examen de situation (contrôle d'hôtels) à la suite d'une fiche d'observation, a découvert des papiers suspects sur l'intéressé et a procédé à son arrestation sans consulter le CST[44]. »

De telles difficultés de coordination ne disparaissent pas à l'approche de l'occupation totale du pays. Elles sont soulignées dans une lettre adressée à la Direction des services de l'armistice (DSA) par Paillole, qui est, à ce moment-là, le chef du service de sécurité militaire.

> En faisant connaître à la Direction des services de l'armistice l'arrestation du nommé Dreesen, le SSM a l'honneur d'attirer son attention sur le fait que la police, ayant procédé le 25 juillet à l'arrestation de l'intéressé, n'en a averti le SSM de Lyon que le 22 août 1942. Le SSM ne possédant pas de pouvoirs de police, semblable fait se produit assez fréquemment. Par exemple, l'arrestation du nommé Barna (arrêté à Cusset et détenu à Clermont) a été effectuée le 4 janvier 1942. L'autorité militaire n'en a été avisée officiellement que le 24 juillet, ce qui a provoqué un léger incident avec la commission de contrôle[45].

Le premier cas est particulièrement délicat, Dreesen étant une connaissance personnelle d'Adolf Hitler.

Le dispositif des services spéciaux connaît donc maintes difficultés dans son travail de CE antiallemand. Aux difficultés techniques – de moyens, d'effectifs, problèmes de coordination – s'ajoutent les pressions politiques. Autant d'éléments qui sapent son efficacité. Mais l'attitude des services spéciaux eux-mêmes n'est pas dénuée de toute ambiguïté, ce qui a comme effet de miner encore un peu plus ses moyens.

CHAPITRE 5
LES AMBIGUÏTÉS DES SERVICES SPÉCIAUX

Plusieurs services de renseignements étrangers, du côté allié comme du côté de l'Axe, travaillent en France contre celle-ci pendant les années noires. Les Mémoires des anciens membres des services spéciaux, ainsi que le bulletin de leur association corporative, donnent leur version de l'attitude adoptée face à ces différentes menaces. Plusieurs thèmes dominent. Le premier est la difficulté des rapports entre les services spéciaux et Vichy, Weygand et Pétain exceptés. Le deuxième, qui est lié d'ailleurs au premier, est que l'activité des services spéciaux se définit dès le début comme une « résistance ». Cela mène au troisième point, celui de la nature réelle des liens entre les services spéciaux de Vichy et les Alliés. À en croire les anciens de ces services, une certaine harmonie existe, peut-être pas avec les gaullistes, mais au moins avec les Britanniques et les Américains. En raison de ces rapports amicaux, la répression contre les SR alliés ou gaullistes est limitée au strict minimum. Paillole, en particulier, passe sous silence cette répression. Le dernier élément de cette version repose sur l'idée que c'est l'antigermanisme qui guide le comportement des services spéciaux dès le début.

Même si les différents Mémoires varient sur quelques détails, globalement ils se rejoignent sur ces points principaux.

À une exception près. Les Mémoires de Robert Terres, du réseau Travaux ruraux, sont beaucoup plus critiques envers sa propre activité et surtout celle de son réseau[1]. Cela tient-il à des rapports tendus avec son ancien réseau, comme le prétend Paillole, ou y a-t-il une part de vérité dans les propos de Terres[2]? Seule une analyse des documents de l'époque permet de confronter des Mémoires rédigés après la guerre avec la réalité de la période – il faut se souvenir qu'il existait parfois des différences importantes entre les régions et les individus. À noter que l'étude de cette documentation concerne essentiellement les services spéciaux militaires. Faute d'archives, nous ne pouvons pas nous prononcer sur les services spéciaux navals.

Le plus simple est de commencer par examiner l'attitude des services spéciaux à l'égard des SR allemands, parce que ces rapports sont les moins compliqués. La principale ambiguïté à cet égard est que les services spéciaux éprouvent parfois de l'admiration pour leurs confrères allemands. Dans son journal, à la date du 2 mars 1941, Jacques Britsch, du deuxième bureau, fait la remarque suivante : « On ne peut s'empêcher d'admirer la méthode des Boches[3]. » On peut aussi noter que, parmi les nouveaux services spéciaux créés pendant la guerre, deux portent des sigles qui ne sont pas sans rappeler des formations nazies. Il s'agit des SSD (sections de surveillance et de documentation) de la marine et des SSM (services de sécurité militaire) de l'armée. Coïncidence ? Peut-être. Mais, lorsqu'on lit le rapport de la conférence que Paul Paillole donne à ses subordonnés au mois de juin 1942, on est en droit d'en douter. Comparant les services secrets britanniques et allemands, Paillole déclare alors : « Vous pourrez peut-être vous étonner que nous étudiions le légendaire IS (Intelligence Service) avec moins de minutie que les SR allemand ou italien. Mais nous avions des leçons à prendre avec le SR allemand, et l'étude du CE italien nous a permis de tirer de précieux enseignements. En revanche, il n'y a vraiment pas grand-chose à retenir des services spéciaux militaires anglais[4]. » Lorsque

Paillole décrit, dans cette même conférence, la sévérité des méthodes employées par les Allemands contre ceux qu'ils arrêtent pour espionnage, un auditeur l'interrompt avec la question suivante : « Qu'est-ce qu'on attend pour en faire autant ? »

L'autre ambiguïté des services secrets français à l'égard des Allemands est liée à l'anticommunisme présent dans ce milieu ultraconservateur. Parfois même s'exprime une préférence pour une victoire allemande contre l'Union soviétique. Le journal de Jacques Britsch, du deuxième bureau, est résolument antiallemand. Pourtant, à la date du 1er janvier 1941, on peut lire ceci : « La caractéristique de cette époque est que l'on oscille entre le danger soviétique et le danger allemand : faut-il craindre davantage l'un que l'autre ? Ce matin je me pose la question. Si l'Allemagne et la Russie entraient en guerre l'une contre l'autre, vers qui iraient mes sympathies ? Je crois vers l'Allemagne, car elle seule peut délivrer l'Europe du Komintern. » Le 6 octobre suivant, Britsch infléchit cependant sa position, au moins par rapport aux communistes français. Après l'exécution d'otages, il écrit ceci : « Les communistes fusillés à Châteaubriant n'ont pas poussé un cri. Ils sont partis en chantant *La Marseillaise*. La France est sous le joug allemand et nous sommes dans le même bain que tous ceux qui sont opprimés par cet ennemi majeur[5]. » Dans le cas de Britsch, l'héroïsme des résistants communistes semble apaiser son anticommunisme.

Ces deux ambiguïtés ne sont pourtant pas synonymes de sympathie envers les Allemands. On peut même affirmer, sans risque de contradiction, que toute étude fondée sur le dépouillement des archives des services spéciaux militaires de Vichy aboutira forcément à la conclusion que c'est l'espionnage allemand qui est leur principale cible, et de loin.

L'antigermanisme des services spéciaux s'explique d'abord par des traditions professionnelles[6]. Depuis 1871, les services spéciaux ont cessé de voir en l'Angleterre un pays ennemi au même titre que l'Allemagne. À partir de cette date, l'essentiel de leur activité est concentrée sur l'ennemi d'outre-Rhin. Les cours d'histoire dispensés pendant leur instruction militaire jouent aussi un rôle. Dans ses Mémoires, Pierre Nord affirme : « [Les membres des services secrets] avaient un sens expérimental, une connaissance vivante et vécue de l'histoire beaucoup plus juste que celle de nos dirigeants. Cela avait suffi à les convaincre, le 25 juin 1940, que le dernier mot n'était pas dit[7]. » L'omniprésence des références historiques dans la documentation de l'époque confirme cette dimension de l'hostilité manifestée envers les Allemands.

L'autre raison de l'antigermanisme de ces milieux est leur méfiance vis-à-vis des intentions allemandes. Dans son journal, Jacques Britsch note le 2 décembre 1940 : « La victoire de l'Allemagne nous réduirait à l'état de l'Espagne. » Trois jours plus tard, il ajoute : « Je suis hanté par cette question : "Pour qui défendons-nous l'empire ?" Pour l'Allemagne et l'Italie, si elles gagnent. C'est fou d'espérer qu'elles nous laisseraient quelque chose d'autre que l'Algérie dans cette éventualité. » À la suite du discours du 22 juin 1942 de Laval, où celui-ci souhaitait la victoire de l'Allemagne, Britsch inscrit dans son journal : « La victoire de l'Axe est notre démembrement certain[8]. » Un rapport adressé au haut commandement de l'armée en janvier 1942 par Louis Baril, chef du deuxième bureau, contient ce jugement sur les intentions allemandes : « Malheureusement pour Hitler, la valeur de ses promesses est connue. [...] L'Allemagne triomphante tiendra pour nuls et non avenus ses engagements. Ainsi le veut la mentalité allemande[9]. »

L'antigermanisme des services spéciaux français est critiqué aussi bien par les Allemands que par les collaborationnistes[10]. Dans son journal, le ministre de la Défense, le général Eugène Bridoux, craint que l'exécution de l'espion allemand Henri Devillers ne soit interprétée outre-Rhin comme la confirmation d'un antigermanisme : « Abetz y voit la marque de l'esprit anti-allemand de l'armée et il le regrette[11]. » Il semble qu'il s'agit bien là de l'interprétation que font les Allemands, puisque, deux mois plus tard, ils réclament la suppression des bureaux des menées antinationales, invoquant leur attitude antiallemande. Deux rapports allemands de 1943, qui font suite au dépouillement des archives des services spéciaux français saisies, invoquent rétrospectivement cet antigermanisme. En juillet 1943, un rapport du Sicherheitsdienst (SD) prétend que, « en réalité, le BMA s'était donné presque exclusivement pour tâche de neutraliser les agents travaillant pour l'Allemagne[12] ». Un autre rapport rétrospectif du SD conclut que, depuis l'armistice, les services français continuent « dans le même esprit antiallemand[13] ».

L'attitude antiallemande des services spéciaux est également violemment critiquée par les collaborationnistes parisiens. Il faut tenir compte du fait que ces ultras veulent discréditer le gouvernement de Vichy dans son ensemble. À tort, ils attribuent à Vichy des desseins résistants. Les services spéciaux, représentants du gouvernement, sont particulièrement visés, car les agents qu'ils arrêtent sont souvent issus des partis collaborationnistes. Tout en gardant ces réserves à l'esprit, on ne peut qu'être choqué par la violence paranoïaque de la campagne de presse menée contre les services secrets. Le plus souvent, ces services sont, comme c'est la coutume, désignés sous le titre ramasse-tout de « deuxième bureau », mais il semble que c'est le dispositif dans son ensemble qui est visé. Le 26 août 1942, deux jours après la dissolution des bureaux des menées antinationales, *Nouveaux temps* mène le bal. Un compte rendu du livre *Les Décombres* de Lucien Rebatet applaudit aux critiques du cinquième bureau contenues dans ce best-seller. Les articles deviennent encore plus agressifs après le débarquement américain en Afrique du Nord, attribué à un complot des services spéciaux[14].

Cette campagne de la presse collaborationniste, qui met l'accent autant sur leur antigermanisme que sur leur incompétence, irrite tellement les services spéciaux que le SSM, successeur du BMA, discute avec la justice militaire de la possibilité de poursuivre en justice le journal *Le Petit Parisien* pour un article de Marius intitulé « Voyage autour de ma source », publié le 25 septembre 1942. Dans cet article, Larique s'en prend violemment aux « officiers du deuxième bureau » et aux vichystes, pour qui « la question unique est la défaite allemande ». Pour la justice militaire, quatre motifs peuvent justifier des poursuites. Premièrement, le journaliste pourrait être accusé de diffamation à l'égard de l'armée au nom de la loi du 29 juillet 1881 sur la liberté de la presse. Ensuite, il contreviendrait au décret du 1er septembre 1939 et à son complément du 20 janvier 1940, qui punissent une information « de nature à favoriser les entreprises d'une puissance étrangère contre la France ou à exercer une influence fâcheuse sur l'esprit de l'armée et des populations ». Enfin, selon l'article 76 du Code pénal, le journal pourrait être poursuivi pour « trahison », et, selon l'article 83, pour un acte sciemment accompli de nature à nuire à la Défense nationale. Mais le souhait de ne pas donner de publicité supplémentaire à l'article et, surtout, la volonté de ne pas créer d'incidents avec les Allemands prennent le dessus. Finalement, aucune poursuite ne sera engagée[15].

Les collaborationnistes prétendent que ce qu'ils appellent la « mollesse » de Vichy est inspirée par les pronostics des services spéciaux sur l'issue de la guerre, et que ces pronostics proviennent d'un antigermanisme instinctif. Il est vrai que, à partir de l'opération *Barbarossa*, l'attaque allemande contre l'Union soviétique, le deuxième bureau insiste sur l'impossibilité pour les Allemands de gagner la guerre. Pour Baril, chef du deuxième bureau, les nazis ont fait la même erreur que Napoléon, telle est son analyse le 27 juin 1941 : « On pensait que Hitler, fort de l'exemple de son illustre prédécesseur, saurait éviter de retomber dans l'erreur qui fut fatale à Napoléon. » Dans un premier temps, il prévoit des avancées des Allemands : « Des succès initiaux considérables ne sauraient être mis en doute. Mais Napoléon lui aussi est allé à Moscou. La conquête même de l'espace russe porte en germe des causes de faiblesse. Les victoires ne seront pas achetées sans une usure appréciable de l'appareil militaire allemand. » L'effet d'usure de la Wehrmacht fait que, même en cas de victoire, la situation resterait dramatique : « L'Armée rouge refoulée ou vaincue, le problème reste entier car l'Angleterre n'est pas abattue, et derrière l'Angleterre l'Amérique avance à grands pas sur le chemin de la guerre. » Cette victoire même entraînerait des difficultés : « Victorieuse de l'URSS, l'Allemagne voit s'étendre l'immensité des espaces à occuper. Ses forces se dispersent et se diluent. Non seulement il ne lui est plus possible d'alléger son appareil militaire, mais il lui faut trouver des cadres administratifs nouveaux, alors qu'elle est déjà à bout de moyens[16]. » En janvier 1942, un mois après l'attaque japonaise contre Pearl Harbor, Baril écrit un autre rapport sur la guerre en cours et sur les chances des belligérants. Ses conclusions confirment à peu près son analyse de juin 1941 : « Lorsque l'année 1941 s'est ouverte, il était encore permis de penser que l'issue du conflit pourrait être favorable à l'Allemagne. En 1942, des trois solutions qui peuvent mettre fin à la guerre : victoire de l'Axe, paix de compromis, victoire anglo-saxonne, la première peut être résolument écartée. Le conflit peut traîner en longueur ; le bloc anglo-saxon ne peut plus être battu[17]. » On note qu'à Vichy l'impartialité de ces rapports est mise en cause par des ministres – ce qui expliquerait pourquoi on ne les prend pas davantage en compte lors de la formulation de la politique étrangère. Bridoux, ministre de la Défense de Laval, prétend que l'antigermanisme de ces services les rend aveugles à la réalité de la guerre[18]. Il semble plutôt que c'est sa propre attitude proallemande qui l'empêche de voir l'issue probable de la guerre.

L'antigermanisme est également présent lorsqu'il s'agit de se préparer à d'éventuels conflits. Au mois de mars 1942, un document du deuxième bureau porte sur le dilemme auquel doit faire face l'armée française. D'une part, il y a nécessité de préserver le secret, et, selon une instruction de septembre 1941, les archives de campagne des deuxièmes bureaux « ne devront être, sous aucun prétexte, communiquées à quelque organe que ce soit » si elles entrent dans la catégorie « secret ». D'autre part, il faut former les troupes dans l'éventualité d'un conflit. Dans ce cas de figure, on doit les préparer à affronter des armes spécifiques et donc des ennemis dénommés : « À l'expérience, il est apparu qu'il y avait intérêt à ce que les états-majors, les subordonnés et les corps de troupe eussent communication, à des fins d'instruction, de certaines études ou de certains renseignements, portant en particulier sur l'organisation des unités, la tactique et les procédés de combat en vigueur dans les armées étrangères. » On préfère un compromis : la divulgation d'informations sous réserve que des garanties seront prises afin d'éviter toute indiscrétion. Pour être tout à fait explicite : « Les documents ainsi distribués devront être conservés à l'abri des investigations des commissions de contrôle étrangères. » Et pour cause ! Le document suggère douze armes spécifiques contre lesquelles il faut préparer la troupe. Parmi celles-ci, une appartient à l'armée britannique, une autre à l'armée américaine et dix à l'armée allemande. Il faut croire que l'esprit de revanche hante toujours les couloirs de l'état-major [19].

L'hostilité aux Allemands joue même un rôle dans l'attitude des services de contre-espionnage envers les Alliés et les gaullistes. Cela peut paraître paradoxal, mais dans quelques cas il semble que l'arrestation d'agents gaullistes ou britanniques s'explique en partie par l'antigermanisme. En effet, les services spéciaux croient, à tort ou à raison, que ces mouvements et réseaux sont noyautés par les Allemands. Ils soulignent la fréquence d'actes de provocation commis par des agents allemands qui font semblant d'être des gaullistes. En juin 1942, le capitaine Bernard, du TR, insiste sur le fait que « beaucoup d'agents allemands qui veulent se renseigner sur les sentiments de la troupe se donnent comme des recruteurs gaullistes pour entrer en relation avec les militaires ». Voilà une raison supplémentaire de réprimer la propagande gaulliste : « Très souvent – quelquefois tout au moins – le propagandiste est un provocateur du SR allemand. Cela encore doit nous inciter à lutter énergiquement contre cette propagande[20]. » Dans une synthèse au sujet des services spéciaux alliés, le BMA invoque le cas de la branche belge du SR interallié. Il déclare qu'elle est « profondément noyautée par des provocateurs allemands qui s'introduisent en zone libre où ils travaillent non seulement sur les milieux gaullistes, mais également sur les organismes officiels français ». Il est explicitement noté que c'est ce noyautage allemand qui est la cause de la répression contre la branche belge : « Cette situation a conduit le service MA à faire procéder à un examen approfondi de son activité par la police[21]. » Dans un rapport du TR de janvier 1942, on peut lire ceci : « Dans le dernier trimestre 1941, TR a été en mesure de situer l'action de la police dans les diverses branches du SR interallié et de l'IS : l'affaire Fuchs, Mouzillat, Potoki, Jeckiel, etc., était incompréhensible pour le policier sans l'exposé préalable du cadre général dans lequel évoluaient ces individus[22]. » Au premier abord cela pourrait conduire à la conclusion que, dans cette affaire, le TR encourage le zèle antiallié des policiers. Cependant, Paillole explique dans sa conférence de juin que le cadre général de cette affaire est celui d'agents doubles travaillant pour les Allemands au sein du réseau allié[23].

Il arrive même que des agents allemands essaient de profiter de cet antigermanisme des services spéciaux vichystes. C'est le cas de l'agent allemand Asoka Chand, recruté avant guerre par le SRA dans les milieux nationalistes, donc antibritanniques, aux Indes. Devenu un agent important, et après une vingtaine de missions en zone Sud, il est arrêté le 17 octobre 1941 à La Tour-du-Pin (Isère) et interrogé par la Surveillance du territoire lyonnaise. Le 14 mars 1943, de sa cellule de la prison de Nontron, il envoie une lettre à la délégation allemande de Lyon lui demandant d'intervenir en sa faveur. Dans cette correspondance, qui est interceptée par les autorités françaises, il revient sur l'interrogatoire que lui a fait subir le commissaire Louis Triffe dans les bureaux de la ST au 165, rue de l'Hôtel-de-Ville. Il explique que Triffe a essayé de le retourner contre les Allemands et qu'il a fait semblant d'accepter la proposition : « Je l'ai informé que dans mon opinion les personnes les plus dangereuses pour les Français seront les Anglais, Américains et autres étrangers qui passent pour agents de l'Intelligence Service ou gaullistes – ils étaient en réalité "doubles", fournissant les plus importants renseignements aux autorités occupantes. Le commissaire, très impressionné, me demande de lui fournir les noms de telles personnes – c'est par ces moyens que je fais arrêter Garrow alias Georges, Maurice et d'autres personnes attachées à IS [...] pour jeter le maximum de désordre parmi l'organisation de l'IS[24]. » En l'occurrence, sa fausse dénonciation n'est pas à l'origine de l'arrestation du capitaine écossais Ian Garrow, chef de l'IS à Marseille, qui d'ailleurs n'a rien d'un agent double allemand. Il a été arrêté quelques jours avant Chand. Le noyautage de son réseau par les Allemands est du reste connu depuis le printemps. Dans un rapport du TR de mai 1941, il est spécifié : « Garrow est un recruteur de l'IS. Il est sous le coup d'un mandat d'arrêt et les Allemands, grâce à un provocateur qu'ils lui ont glissé entre les pattes, ont connaissance de son activité – quelle pagaille ![25] » Si on peut donc douter de l'efficacité de Chand dans cette affaire, il est fort probable qu'il ait effectivement essayé de jeter le désordre dans l'IS en dénonçant Garrow de cette façon.

Une autre forme d'antigermanisme est manifeste dans la lutte contre les Alliés. Ainsi, ce qui est déterminant est de savoir si les activités des SR alliés ou gaullistes sont vraiment « antifrançaises » (lire anti-Vichy) ou simplement dirigées contre les Allemands. Les résultats d'une enquête de l'Inspection générale des services administratifs (IGSA) du mois d'octobre 1942 illustre très bien ce propos. Elle concerne les rapports entre la police, le BMA et le SR belge de Toulouse. En décembre 1941, comme on l'a déjà vu, le BMA demande à la police de procéder à un examen approfondi des réseaux belges pour détecter tout noyautage allemand en leur sein. Les principaux dirigeants du SR belge dans le Sud-Ouest sont donc arrêtés par la ST de Montpellier. Après vérification de leurs situations, le général commandant la 16e division militaire ne veut pas poursuivre ces Belges pour leur activité proalliée et signe donc un refus d'informer : « L'examen approfondi de cette procédure ne m'a permis de découvrir aucune charge contre ces Belges. Au contraire, il est établi qu'ils ont toujours travaillé avec les services français et au projet de la France. Je souligne, en outre, que certains d'entre eux ont combattu vaillamment dans les rangs de l'armée française pendant la guerre 1939-1940. J'émets, en conséquence, le vœu que ces Belges, après leur mise en liberté, ne soient l'objet d'aucune mesure d'ordre administratif[26]. » Cette décision repose sur une interprétation restrictive de l'article 80 du décret-loi du 29 juillet 1939 qui déclare coupable d'atteinte à la sûreté extérieure de l'État tout Français ou tout étranger qui entretiendra avec les agents d'une puissance étrangère des intelligences ayant pour objet ou ayant pour effet de nuire à la situation militaire ou diplomatique de la France. Le SR belge n'opère pas contre la France mais contre l'Allemagne et n'est donc pas coupable.

La suite de cette affaire illustre encore plus clairement l'indifférence dont font preuve les services spéciaux et d'autres administrations françaises envers l'activité des Alliés à condition que celle-ci soit discrète et dirigée uniquement contre les Allemands et non contre Vichy. L'IGSA découvre qu'en décembre 1941, après la libération des chefs du SR belge dans la région, un accord est intervenu prévoyant que ce SR envoie certains documents au gouvernement belge de Londres. Auparavant, le SR belge remet les documents au commissaire Philippe, de la police toulousaine, qui les fait parvenir pour censure au BMA. Il s'agit essentiellement de rapports sur la situation en Allemagne et en Belgique, ainsi que de renseignements sur des installations allemandes. L'IGSA explique la censure exercée par les autorités militaires comme suit : « Le rôle du BMA consistait à examiner ce qui, dans ce courrier, était contraire aux intérêts de la France. Toute information ayant trait à notre pays était "coupée". Les coupures furent, en fait, assez rares. » Le BMA rend les documents vingt-quatre heures plus tard au SR belge par l'intermédiaire du commissaire Philippe. Il est noté qu'il était connu que le SR belge les achemine par la suite vers l'Angleterre. Dans cette affaire, le commissaire Philippe n'agit nullement contre la volonté de sa hiérarchie. Avant de servir d'intermédiaire, Philippe a demandé conseil à l'intendant Danglade, chef régional de la police, qui a donné son aval. Et, loin d'être puni, il s'en trouve félicité. L'IGSA note : « Il reste à ajouter que, pour le rôle qu'il a tenu dans toute cette affaire, le commissaire Philippe a été officiellement récompensé. À la date du 28 mars 1942, il recevait de l'amiral de la flotte, ministre de la Défense nationale, ministre secrétaire d'État à la Guerre par intérim, un témoignage de satisfaction pour "services rendus à la défense nationale"[27]. »

Comment expliquer les félicitations de Darlan et de la hiérarchie de Philippe ? D'abord, pour des raisons de Défense nationale, l'état-major est satisfait de recevoir des renseignements de bonne qualité au sujet des Allemands – se tenir informé est important pour tout gouvernement. Question de fatalisme, ensuite : les autorités policières de la région sont convaincues que de toute façon le SR belge va trouver un moyen de transmettre ces renseignements à leur destinataire. Intercepter le courrier du SR belge représente donc un moyen de le contrôler, on peut ainsi éliminer des références antifrançaises. Le SR belge accepte l'accord pour deux raisons. D'une part, agir avec l'accord de la police facilite la transmission de l'essentiel des renseignements. D'autre part, à ce moment, le SR belge fait encore confiance à l'armée de l'armistice : « Van Buylaere, chef du SR belge, n'ignorait pas la destination que le commissaire Philippe donnait à ces documents. Il pensait que l'état-major français pourrait être intéressé par eux et il considérait comme un devoir de lui rendre ainsi service[28]. » Le 9 août 1942, le capitaine Delmas, du BMA, informe le commissaire Philippe qu'il a reçu l'ordre de stopper ces transmissions, qui s'arrêtent effectivement à partir de cette date, c'est-à-dire neuf mois après leur commencement.

Dans le rapport qu'elle écrit pour Pierre Laval en octobre 1942, l'IGSA se prononce contre des sanctions à l'égard du commissaire Philippe ou contre le BMA. Elle justifie sa décision comme suit : « Dans l'espèce, les renseignements étaient recueillis en Belgique, non sur le territoire français, et ils étaient destinés, non à une puissance étrangère, mais au gouvernement belge de Londres. Celui-ci paraît en droit d'être renseigné par ses ressortissants sur ce qui se passe en territoire belge. » On doit cependant noter que l'enquêteur de l'IGSA joue volontairement le naïf dans cette conclusion, puisqu'il a déjà indiqué la nature militaire d'une partie des renseignements transmis :

> À côté de quelques notes concernant la situation générale de l'Allemagne, la situation financière de la Belgique, de copies ou coupures de journaux belges, de tracts de propagande, se trouvent des renseignements militaires. Je citerai à titre d'exemple : plans d'objectifs, plan d'abris de munitions, plan et notice d'un dépôt de bombes, croquis explicatifs de défense côtière, croquis et notices relatifs à des installations pétrolifères, photographies de terrains d'atterrissage, rapports sur le trafic de certaines gares, ordonnances prises par les autorités d'occupation, documents subtilisés à des officiers allemands, désignations d'objectifs avec leurs coordonnées (rampes de chargement des gares de Charleroi), plans d'usines de la région de Charleroi, plan de lignes de transport des centrales électriques de Belgique, emplacement des usines travaillant pour les Allemands dans la région de Louvain, etc[29].

On imagine facilement que certains de ces renseignements vont aider les avions alliés à trouver leur cible. Il faut croire que, pour cet enquêteur de l'IGSA, le fait de transmettre en Angleterre des renseignements contre les Allemands n'a rien de répréhensible, pourvu que ces renseignements ne contiennent aucune référence contre Vichy. On ne connaît pas la suite que Laval donna à cette affaire.

Jusqu'à présent, nous avons présenté une vision des services secrets où l'antigermanisme est le seul élément déterminant de leur travail. Mais ces services travaillent également contre les Alliés et les gaullistes. Ils cherchent à informer le commandement de l'armée vichyste sur l'organisation et les activités de l'Intelligence Service. Ainsi, par exemple, un document du TR sur l'utilisation des agents W (agents doubles) donne l'information suivante : « Le 4 août 1940, TR a signalé les essais de contact du SR anglais avec le SR russe et le 12 janvier 1941 a fait connaître que la collusion entre les deux SR était totale[30]. » Un bilan d'un an d'activité du TR, rédigé en juillet 1941, nous apprend que le réseau TR est financé par la récupération d'argent sur les SR « ennemis » (« allemands, italiens, anglais, russes, etc.[31] ») contre lesquels il travaille et que les Anglais figurent dans cette liste. Selon Paillole, cent soixante-dix-sept agents alliés ou gaullistes ont été arrêtés en 1941 par les services spéciaux[32]. En ce qui concerne l'activité antialliée des services spéciaux, les Mémoires de Robert Terres, membre du TR à Toulouse, semblent crédibles : « En 1940, [...] nous nous contentions, confiants dans le patriotisme de nos chefs, d'appliquer les directives, sans réaliser au début leur aspect contradictoire. Je me suis mis à recruter des "W" sur les Anglais et, plus tard, sur les Américains. Non que je les aie vraiment considérés en ennemis, mais mon métier était de les contrôler et de passer des renseignements à mes chefs. Après, ils en faisaient ce qu'ils voulaient, j'avais confiance. Je ne suis pas sûr d'avoir eu raison[33]. »

Il serait donc extrêmement naïf de croire que toutes les actions des services spéciaux français contre les Alliés s'expliquent par leur antigermanisme. D'autres considérations sont à prendre en compte : les instructions de Vichy, le risque d'incidents diplomatiques et des ambiguïtés dans l'attitude des services secrets eux-mêmes.

Dans ses Mémoires, Robert Terres rappelle : « Selon les ordres de Weygand, nous devions lutter non seulement contre les infiltrations allemandes, espagnoles ou italiennes, mais contre toutes les ingérences étrangères. Ce qui impliquait tout aussi bien les Anglais (avec l'Intelligence Service), les services américains, mais aussi plus tard le BCRA gaulliste[34]. » Le régime de Vichy n'éprouve aucune sympathie pour les Anglais et voit dans le gaullisme une dissidence qui complique sa politique. Ses instructions soulignent qu'il faut réprimer les agissements de ces organisations[35]. Ainsi, le 4 avril 1941, pour stimuler la répression contre les gaullistes, le général Huntziger, secrétaire général à la Guerre, insiste sur le fait que « l'exaltation du sentiment national si nécessaire dans les circonstances présentes au maintien de l'unité de l'empire, le loyalisme absolu à l'égard du gouverne-ment doivent se traduire par une répression impitoyable de toutes les menées antifrançaises, sous quelque forme qu'elles se présentent[36] ». En effet, la justification que Vichy offre aux Allemands pour la création des services de contre-espionnage comme le BMA est qu'ils vont opérer contre les Alliés. Cela devient donc leur mission officielle, et la non-exécution de cette mission risque de créer des incidents diplomatiques.

Dans un témoignage fait après la guerre, Paillole prétend que les seuls agents alliés ou gaullistes arrêtés étaient ceux dont l'activité était connue des Allemands[37]. Il est certain que le risque d'incidents diplomatiques encourage l'arrestation d'individus dont l'activité est trop voyante. Le rapport du SD de novembre 1943, établi après analyse des archives des services spéciaux français saisies, revient sur l'activité de ces services dans la période qui a précédé l'occupation totale. Sur les relations entre eux et les SR gaullistes et interalliés, il souligne ceci : « Les autres SR soumis à l'obédience française, tels que les SR belge, polonais, gaulliste et en son temps le SR interallié, furent observés avec la plus grande méfiance par le SR français et rendus par lui impuissants lorsqu'il ne pouvait en récolter un profit immédiat. On craignait que l'activité de ces organismes non contrôlés n'attire l'attention des services allemands sur ces SR, ce qui aurait eu pour conséquence de mettre en danger le SR français[38]. »

Si la répression antialliée et antigaulliste peut s'expliquer par des pressions venues d'en haut, il faut aussi noter l'ambiguïté des services secrets eux-mêmes[39]. On doit écarter l'idée manichéenne qu'être antiallemand veut forcément dire être proallié sans réserve. Si l'attitude de ces services à l'égard des Allemands est assez simple, leur position vis-à-vis des Alliés et des gaullistes est extrêmement complexe. Un rapport des services secrets britanniques datant d'octobre 1942 détaille l'attitude à l'égard des Alliés de personnalités résidant en AFN. Parmi celles-ci, il y a vingt-cinq agents de sécurité ou membres des services spéciaux français, dont douze sont placés dans la catégorie des proalliés : quatre appartiennent au deuxième bureau de l'armée, un au BMA et sept à la police (dont un à la ST). Les onze antialliés sont deux membres du deuxième bureau, un agent du BMA, quatre fonctionnaires de police (dont un de la ST décrit comme membre actif du PPF) et quatre membres du deuxième bureau de la marine. La position du chef de la police de Taroudant et d'un membre du deuxième bureau de l'armée de l'air n'est pas connue. L'échantillon est trop petit pour que les résultats puissent être généralisés, mais ceux-ci témoignent de divergences d'opinion parmi le personnel des services spéciaux. À noter que les membres des services spéciaux de la marine sont tous considérés comme antialliés[40]. Bien entendu, les antialliés ne sont pas forcément proallemands, mais ce rapport nous rappelle qu'on ne doit pas perdre de vue que certains, parmi le personnel des services spéciaux, ne sont pas entièrement gagnés à la cause alliée.

Dans ses Mémoires, Robert Terres prétend que les cadres des services spéciaux étaient plus anglophobes que leurs subordonnés :

« Nous ne songeons pas une seconde, comme dans certains milieux ultra-vichystes, représentés chez nous il faut le dire par certains officiers des BMA ou même de notre central de Royat, à voir dans l'Intelligence Service un service ennemi[41]. » Un résumé de la position de la direction des services spéciaux de Vichy est donné par Paul Paillole. Dans sa conférence de juin 1942, il déclare que « l'Allemagne est le danger numéro un », mais ajoute que « l'Angleterre est le danger numéro deux ». Il en tire la conclusion suivante : « Tout le monde travaille sur nous. La France est seule[42]. » L'anglophobie est également présente dans des documents du deuxième bureau. Dans le rapport précité de Baril où il explique les raisons pour lesquelles une victoire allemande est désormais impossible, il accompagne ses conclusions de commentaires témoignant d'une hostilité à l'égard des gaullistes et des Anglais : « L'incompréhension du gouvernement britannique, soumis à l'influence néfaste de Français égarés dans l'erreur, nous a peu à peu amenés à des actes d'hostilité contre les troupes britanniques et impériales. C'est là un fait contre lequel nous ne pouvons rien. Le mal n'est pas grave et notre résistance nous vaudra l'estime des Anglais eux-mêmes[43]. » Donc, pas de concessions devant les Anglo-gaullistes.

Il existe plusieurs motifs d'hostilité à l'égard des services spéciaux alliés ou gaullistes. En premier lieu, les capacités professionnelles des SR britanniques et gaullistes sont jugées défaillantes. Dans une conférence d'orientation pour ses subordonnés, Paillole insiste sur le manque de professionnalisme qui caractérise les services spéciaux britanniques. À l'en croire, avant la guerre, l'Intelligence Service s'est distingué par sa discrétion, due au fait qu'il ne faisait rien (« jusqu'à présent, la protection primait sur le rendement »). Mais, depuis l'armistice, ce sont les erreurs de jeunesse qui l'emportent, puisque tout d'un coup ces services sont devenus très actifs, trop actifs. La multiplicité des tâches qu'ils accomplissent leur crée des problèmes de sécurité. Le commandant Paillole assure : « Combien ai-je vu d'agents de l'IS bien placés se faire prendre parce qu'ils avaient reçu l'ordre de faire passer clandestinement des Anglais prisonniers qui s'étaient évadés[44] ? »

À ses yeux, les différentes tentatives en vue d'organiser des liaisons avec la France sont particulièrement caractéristiques de l'amateurisme de l'IS. La complicité entre États fascistes rendant difficile le passage d'agents britanniques par l'Espagne, certains d'entre eux sont déposés sur les côtes françaises alors que d'autres sont parachutés. Mais, avec leur lourd bagage de TSF et de consignes, ils ne vont pas loin et sont rapidement arrêtés par les Français ou les Allemands. Au début de 1942, les services spéciaux anglais trouvent une solution radicale au problème de liaison. Au lieu de larguer des hommes, ce sont des pigeons voyageurs qui sont parachutés en très grand nombre. Les oiseaux sont porteurs de questionnaires que les Français doivent remplir avant de relancer ces espions volants dans la direction de l'Angleterre. Une telle méthode laisse le champ libre à l'intoxication par des SR ennemis qui peuvent remplir les questionnaires eux-mêmes à leur gré. Pour citer Paillole, les Allemands « répondent, et nous aussi[45] ».

Dans sa conférence de juin 1942, Paillole explique que le grand danger de l'activité britannique est que sa naïveté met en danger des Français : « Il est regrettable que l'IS ait exploité avec autant d'imprudence un terrain aussi généreux et favorable. Actuellement, les exécutions de bons Français, agents de l'IS recrutés dans des conditions navrantes de naïveté, sont impressionnantes. Elles se chiffrent par centaines[46]. » Selon un stéréotype très répandu, les Anglais seraient égoïstes en matière politique, ils exploiteraient les autres dans leur propre intérêt. C'est ce stéréotype qui explique le succès en 1940 du slogan : « Les Anglais vont se battre jusqu'au dernier Français. » On en trouve des échos dans cette citation de Paillole, et encore plus explicitement dans une conférence donnée par le capitaine Bernard du TR : « Les Anglais ne cherchent que leur intérêt à eux et se désintéressent complètement de ce qui pourra être l'avenir de la France[47]. »

L'absence de professionnalisme est encore plus reprochée aux gaullistes. Dans un cours d'orientation sur le gaullisme, le capitaine Bernard insiste : « Il n'y a eu aucun envoi de propagandistes de métier. Les gens font leur propagande comme ils peuvent et s'adressent à n'importe qui. Aussi, dans neuf cas sur dix, au bout de trois jours de propagande, le propagandiste était dénoncé à l'officier MA du corps de troupes. » En professionnel du contre-espionnage, il remarque avec condescendance : « Ce sont des amateurs. Ils n'ont donc pas pris les précautions qu'auraient prises des professionnels. » Il conclut : « Ce qui frappe lorsqu'on étudie ces questions, c'est le manque d'organisation des neuf dixièmes des sympathisants gaullistes. De temps en temps, on trouve une organisation bien montée de propagande ou une organisation de départs clandestins. Mais c'est extrêmement rare[48]. » Les services spéciaux exagèrent sans doute l'ampleur du noyautage des mouvements gaullistes par les Allemands, cependant le risque posé par les agents doubles est également reconnu par des sources gaullistes comme le journal *Liberté*[49]. De fait, les membres des SR gaullistes sont recrutés parmi des amateurs. Ils sont enthousiastes mais l'expérience leur fait défaut.

Dans la perception des services spéciaux vichystes, c'est justement l'amateurisme des gaullistes qui les rend vulnérables au noyautage allemand. Selon le capitaine Bernard : « Comme toujours quand on recrute à tour de bras et trop vite, sans avoir derrière soi un bon fichier de contre-espionnage, on se fait noyauter[50]. » Dans sa conférence du 3 juin 1942, Paillole revient sur ce thème : « Je vous disais l'autre jour que toutes les organisations anglaises, gaullistes, etc., étaient noyautées par l'Allemand : c'est vrai en zone occupée... et hélas en zone libre aussi[51] ! » Noyautées, ces organisations deviennent dangereuses. Des contacts avec un organisme contaminé peuvent aider les

Allemands à infiltrer les services spéciaux vichystes. Dans cette même conférence, Paillole donne l'instruction à ses subordonnés de se méfier de certaines organisations résistantes : « Méfiez-vous aussi comme de la peste des organisations qui sont toutes prêtes, où vous allez trouver des gens qui vous offriront des renseignements. "Moi, j'ai une organisation épatante, on travaille pour les communistes, les gaullistes, etc." Cela a bonne apparence et des moyens extraordinaires. Hélas, tout cela est le plus souvent entre les mains de provocateurs. Nous l'avons vu. Tous les groupements gaullistes qui ont fonctionné en zone occupée et qui avaient une certaine importance (vous avez entendu parler des mouvements "Libération nationale", Heurteaux, etc.) étaient entre les mains des boches[52]. »

Des raisons plus politiques expliquent la méfiance à l'égard des Alliés et des gaullistes[53]. Dans sa conférence de juin 1942 sur le gaullisme, le capitaine Bernard, du TR, énonce la critique suivante à propos des gaullistes : « Le mouvement a cessé d'être un mouvement militaire pour devenir un mouvement politique » et regrette « la mainmise des hommes politiques sur les gaullistes ». Et sur la presse gaulliste : « Actuellement dans certains journaux gaullistes, sur une vingtaine d'articles, il y en a bien dix-huit qui ne parlent plus du tout de l'Allemagne, des opérations militaires, etc., mais qui parlent de la charte du travail, de l'oppression faite par Vichy sur le peuple, de la tyrannie policière de Vichy, etc. Vous verrez, quand nous parlerons du mouvement dans l'armée française, l'influence de cet aspect politique sur l'attitude des militaires de carrière vis-à-vis du gaullisme[54]. » Cette critique revient fréquemment dans les Mémoires des anciens membres des services spéciaux. Pour Henri Navarre, du deuxième bureau, « rares étaient ceux que [...] n'inquiétait pas la présence auprès du général de Gaulle d'anciens politiciens de la Troisième[55] ». C'est dans les Mémoires de Michel Garder, ancien membre du TR, que cette critique prend tout son sens, puisque le contraste est implicite entre les services secrets gaullistes, dominés par des questions d'ordre politique, et les services spéciaux que Vichy hérite de la IIIe République : « Apolitiques, ils ne se préoccupent pas outre mesure du régime qui s'installe en France[56]. »

Les attaques anglaises ou gaullistes contre les possessions de l'État français sont rarement appréciées par les services spéciaux vichystes. Mers el-Kébir, Dakar, la Syrie occasionnent de vives critiques. C'est sans doute dans les milieux navals que la destruction d'une partie de la flotte française à Mers el-Kébir le 3 juillet 1940 est le plus vivement ressentie. Mais cela ne veut pas dire que cet événement ne provoque pas la colère ailleurs. Le lendemain de l'incident, Gérard-Dubot, agent du réseau TR, note dans son journal de marche : « Allons avoir de grosses difficultés, l'Angleterre va nous susciter mille "ennuis" – elle va animer communistes, socialistes et Juifs[57]. » Britsch, du deuxième bureau, se montre plus philosophe. Le 5 juillet 1940, il écrit : « Si le geste britannique est "inélégant", pour ne pas dire plus, il se comprend assez, du point de vue politique. » Le lendemain, il ajoute : « Nous sommes d'avis, malgré Mers el-Kébir, qu'il ne faut pas devenir les ennemis déclarés des Anglais. » Mais l'ampleur du ressentiment contre l'acte hostile de Mers el-Kébir est manifeste au vu des Mémoires rédigés longtemps après la guerre. Ainsi, dans les années 1970, Robert Terres du TR ne cache pas sa colère : « L'intolérable coup de pied au cul qu'ils nous infligèrent en détruisant notre flotte à Mers el-Kébir achève de rompre notre alliance[58]. »

À propos de Dakar, les critiques se portent à la fois sur les gaullistes et sur les Britanniques. Le 24 septembre 1940, Jacques Britsch note dans son journal : « Il est impossible d'approuver de Gaulle qui mène en personne l'attaque anglaise. Mais qui gagne dans cette affaire ? L'Allemagne et rien qu'elle[59]. » En juin 1942, le capitaine Bernard, du TR, revient rétrospectivement sur les effets de Dakar sur l'armée française : « Les militaires français ont commencé à se rendre compte que les Anglais ne se comportaient pas du tout en alliés et dépassaient très largement les nécessités de la lutte contre l'Allemagne[60]. » Dans ses Mémoires, Michel Garder indique que Rivet, le chef des services spéciaux, « n'approuve pas toutes les initiatives de la France libre ». Il le décrit comme particulièrement choqué par l'épisode de Dakar[61].

Pendant l'été 1941, Britsch fait plusieurs références aux incidents de Syrie. Le 10 juin, il remarque que « même les anglophiles trouvent cette attaque très impolitique ». Il craint que cela ne risque de porter un nouveau coup contre le prestige militaire de l'armée française. Malgré cela, il ajoute : « Nous souhaitons cependant que l'affaire soit vivement réglée et que la Syrie passe en dissidence. » Trois mois plus tard, il note : « L'épisode syrien n'a rien changé au problème crucial, celui de la domination allemande sur le territoire national[62]. » Il faut noter que les affaires de Dakar et de Syrie sont particulièrement mal vécues dans les milieux militaires parce qu'elles opposent les gaullistes et les Britanniques à l'armée de l'armistice dont sont issus les services spéciaux.

La réticence exprimée respectivement à l'égard des Anglais et des gaullistes varie selon les individus. Être hostile aux gaullistes « politisés » n'implique pas toujours d'être hostile aux Alliés. Le résistant Henri Frenay, qui travaille au deuxième bureau quelques mois en 1940, estime que les membres de celui-ci sont généralement favorables aux Britanniques, mais opposés aux gaullistes. Ses relations avec la section allemande du deuxième bureau sont brusquement interrompues au moment où l'on découvre qu'il travaille pour les gaullistes et non directement pour les Britanniques, « ce qui pour eux est inadmissible[63] ». Roger Wybot fait un commentaire semblable sur ses expériences au BMA de Marseille[64]. Le gaulliste Jacques Soustelle assure que, lorsqu'un agent du SR gaulliste est arrêté en février 1941 par la gendarmerie, les officiers du deuxième bureau qui l'interrogent lui sont favorables simplement par loyauté envers l'Intelligence Service : « Impotent, Saint-Jacques fut repéré aussitôt par la gendarmerie, puis interrogé par des officiers du deuxième bureau de Vichy. Les contes de fées dont il les régala n'auraient pas emporté la créance du policier le plus obtus – encore moins celle des spécialistes du SR. Ils feignirent de s'en contenter, sans doute parce que, comme la plupart des officiers des services secrets de Vichy, ils étaient antiallemands et ne voulaient pas se brouiller avec l'Intelligence[65]. » Mais dans certains cas, les membres des services secrets de Vichy font preuve de moins d'hostilité envers les gaullistes qu'envers les Britanniques. Citons le capitaine Bernard lors de sa conférence de juin 1942. Sans être favorable aux gaullistes, il les voit comme des patriotes qui se sont trompés d'amis : « Ceux qui sont gaullistes sont généralement gaullistes par patriotisme et ils sont aussi patriotes que les autres. Il faut donc leur montrer qu'il est contraire au patriotisme de faire le jeu d'une puissance qui ne nous est pas favorable[66]. »

Les critiques contre les nations alliées portent essentiellement sur l'Angleterre, alors que les Américains, à l'instar des Belges, font l'objet de considérations bienveillantes. Dans le rapport qu'il écrit pour le haut commandement en janvier 1942, Louis Baril, du deuxième bureau, donne l'avis suivant sur la politique à mener : « Il serait imprudent d'indisposer l'Amérique, sentimentale, par des mesures plus graves qui pourraient laisser supposer que la France s'est rangée délibérément dans le camp allemand. Au lendemain de la guerre, nous aurons besoin de l'appui américain pour relancer l'activité économique du pays vide de ses stocks et de ses machines. » Pour Baril, le proaméricanisme doit dicter la politique française : « Il faut savoir conserver l'amitié de l'Amérique. Ce doit être la grande ligne de notre politique. Hors de là, tout n'est que détail[67]. » Quant à Paillole, il considère l'Amérique et le SR américain d'un œil assez favorable. Dans sa conférence de juin 1942, il explique à ses subordonnés qu'il ne faut pas trop s'inquiéter de l'activité américaine en France : « Ils ne travaillent pas spécialement sur la France et l'empire. Le SR américain recherche essentiellement des renseignements sur l'Axe[68]. » Il a du mal à cacher son admiration devant l'énergie de ce SR et note aussi, facteur déterminant pour Paillole, son indépendance par rapport aux Britanniques : « Le SR américain qui est neuf, qui est jeune et dont nous ne percevons l'activité que depuis quelques mois, nous donne l'impression d'avoir énormément de volonté et de dynamisme et de vouloir aboutir en dehors de l'IS[69]. » Une des rares critiques émises à l'encontre des États-Unis ou du SR américain dans la documentation consultée figure dans le journal de Jacques Britsch. Le soir de Pearl Harbor, il note : « Le coup porté à Honolulu est rude. Nous en sommes plutôt contents », contents sans doute parce que ce coup va encourager les Américains à entrer dans la guerre. Contents également parce que Britsch le voit comme une sanction contre la « mollesse des Américains[70] », c'est-à-dire une punition de leur non-engagement jusque-là.

Même si l'on peut noter des ambiguïtés bien réelles à l'égard des Alliés et des gaullistes, il ne faut pas exagérer le phénomène. Peut-être que, dans les services spéciaux navals, l'hostilité envers les Anglais l'emporte parfois sur l'antigermanisme. Mais cela est rarement le cas dans les services spéciaux militaires ou policiers, où les ambiguïtés contre les Alliés ou gaullistes cèdent généralement la place à la haine contre les Allemands[71]. Par exemple, lors du cours d'orientation de juin 1942, le capitaine Bernard, du TR, après avoir expliqué aux nouvelles recrues que le danger des agents gaullistes est qu'ils encouragent la désunion entre Français, s'exprime ainsi sur le gaullisme : « Je lui reconnais une seule qualité, c'est qu'il a entretenu quand même, chez certaines personnes, le patriotisme, la flamme antiallemande et de cela, évidemment, il y a grand besoin [...]. Le gaullisme est resté antiallemand et nous [...] n'y [...] trouvons pas cette mentalité ignoble que l'on trouve chez les espions allemands, le type qui se vend pour 2 000 francs [...]. Quels que soient les dangers du gaullisme, de ce point de vue-là, il est très supérieur à l'excès de collaborationnisme poussé jusqu'à l'espionnage[72]. »

Nous n'avons trouvé aucune référence à des gestes de sympathie de la part des services spéciaux envers des agents allemands arrêtés. En revanche, les agents alliés ou gaullistes arrêtés bénéficient assez souvent d'une certaine bienveillance et parfois d'une aide[73]. Même l'antigaulliste Bernard n'est pas favorable à une incarcération systématique des gaullistes. Dans son cours d'orientation pour les nouvelles recrues, il déclare qu'il faut faire des efforts pour convaincre les gaullistes arrêtés des erreurs de leur engagement et que seuls les plus intransigeants devront être punis : « Si on s'aperçoit que, vraiment, c'est un fanatique, qu'on ne peut le convertir [...] il n'y a que la prison[74]. » Les services spéciaux semblent à l'origine de cas d'évasion de gaullistes ou d'agents alliés des prisons vichystes. Le 25 août 1942, le général Bridoux note dans son journal : « Cinq officiers et sous-officiers anglais, internés aux environs de Nice, se sont évadés. Il y a certainement des complicités françaises, probablement d'agents du SR[75]. » Le rapport sur l'évasion du gaulliste Pierre Fourcaud de l'hôpital militaire de Clermont-Ferrand démontre qu'il a profité de la négligence et de la complicité active de plusieurs membres de la police, et en particulier de celle du commissaire Roland Sicard, de la ST. Que Sicard soit chargé de la surveillance d'un gaulliste aussi important est en soi assez révélateur, car, au moment où la responsabilité de ce prisonnier lui échoit, il est déjà soupçonné de complicité dans l'évasion en novembre 1941 d'un autre gaulliste à Clermont[76]. L'agent anglais Bob Sheppard témoigne de la sympathie exprimée à son égard par la ST et le deuxième bureau après son arrestation par la gendarmerie. Des agents du deuxième bureau lui auraient parlé d'un projet d'évasion, mais c'est finalement avec la complicité d'un policier et de religieuses qu'il s'échappe[77]. Dans ses Mémoires, Marie-Madeleine Fourcade, du réseau Alliance, raconte les conditions dans lesquelles les fonctionnaires de la ST de Marseille ont organisé son évasion et celle de ses codétenus. Elle fait l'éloge de ces fonctionnaires : « Sacrés Marseillais ! Sacrés compatriotes !

Quelle chance j'ai eue de naître ici où même le contre-espionnage possède une sorte de poésie[78]. » On pourrait multiplier les exemples, qui sont nombreux. Si des arrestations ont donc lieu pour des raisons déjà expliquées, beaucoup de membres des services spéciaux sont prêts à aider les agents alliés ou gaullistes, soit par sympathie envers les Alliés, soit, le plus souvent, simplement par antigermanisme.

C'est la même logique qui est à l'œuvre lorsque des réseaux gaullistes ou alliés sont avertis du noyautage allemand. Dans ses Mémoires, le pasteur écossais Donald Caskie, qui a organisé à Marseille un réseau d'évasion pour les militaires alliés, rend compte : « Nombreux [furent] les policiers français qui se montrèrent bienveillants à mon égard, leurs sympathies allant en somme aux Alliés[79] » et insiste sur le fait que ce sont des policiers de la ST qui l'informèrent que Harold Cole, qui avait infiltré son réseau, était en réalité un agent allemand. Malgré des ambiguïtés et des réticences, l'esprit antiallemand l'emporte quand un Français est menacé par les Allemands. C'est surtout à ce niveau défensif que se nouent des liens entre gaullistes ou agents alliés et les services spéciaux de Vichy[80]. Paillole a certainement donné des avertissements à des gaullistes dont les organisations étaient noyautées par les Allemands. Dans sa conférence de juin 1942, il s'exprime ainsi devant ses subordonnés à propos de l'aide qu'il a offerte au commandant Heurteaux : « Il a été arrêté avec tous ses collaborateurs, trois mois après que nous lui avons fait dire : "Attention, vous avez des provocateurs chez vous[81]." » Cette aide est offerte de façon sélective à d'anciens officiers de l'armée personnellement connus de lui et qui travaillent plus contre les Allemands que contre Vichy. Le cas le plus évident est celui d'Henri Frenay, chef du mouvement Combat et proche ami de Paillole. Dans un rapport que Paillole écrit en 1946 sur l'activité de ses services pendant la guerre, il affirme au sujet de leurs rapports avec la Résistance : « Le service de CE (TR) avait pour sa part cessé tout contact avec les groupes de résistance civile alors en formation. Une seule exception était faite en faveur du groupe Combat (Frenay)[82]. » Robert Terres du TR explique les liens avec Combat ainsi : « Parce qu'il était animé par Frenay, camarade de Saint-Cyr de Paillole, [Combat] bénéficia effectivement d'un certain appui auprès de nos services[83]. » Les Mémoires de Frenay et de Maurice Chevance-Bertin, de Combat, confirment la véracité de ces liens.

Il existe donc des liens défensifs, certes limités, entre les services spéciaux militaires et certains organismes gaullistes. D'ailleurs, il faut noter que, sur la question du noyautage d'organismes antiallemands, les services secrets anglais collaborent parfois avec leurs confrères de Vichy. Par exemple, au cours de son interrogatoire, l'officier britannique Ian Garrow, chef de l'IS à Marseille, revient sur ses rapports avec Pierre d'Harcourt, du deuxième bureau : « Je lui ai fait part, il y a une quinzaine de jours environ, de l'information suivante qui était parvenue incidemment et qui intéresse davantage votre pays que le mien : "Dans le nord de la France se sont constituées des formations paramilitaires appelées Mouvement résurrectionnel français. Leur but est de chasser l'envahisseur. Or j'ai appris [...] qu'un des dirigeants de cette organisation fixée à Paris, un certain Kraft ou Krauss autant que je me rappelle, est en rapport avec les Allemands[84]." »

Ces liens défensifs sont occasionnels – il s'agit d'avertir un réseau ou un mouvement qu'ils sont menacés par le noyautage allemand. Il reste à savoir s'il existe des liens plus permanents supposant un échange systématique de renseignements. Des liens de ce genre figurent très explicitement et très fréquemment dans les témoignages des anciens membres des services spéciaux, ce qui n'est pas une surprise, puisque ces services ont tout intérêt à établir la véracité de leur activité résistante. Ainsi, dans un entretien des années 1950, Paul Paillole prétend que, vers le début de 1941, une liaison radio avait été établie avec Londres par le technicien Simonin, du réseau TR[85]. Même Passy, l'ancien chef du service secret gaulliste, soutient qu'il y a eu des échanges de renseignements entre les Britanniques et les services spéciaux vichystes. Il rapporte ceci en ce qui concerne l'attitude de Paillole et de Ronin (chef du SR air) : « Je connaissais de nom ces deux officiers et je savais qu'ils avaient, depuis 1940, maintenu un contact, assez ténu il est vrai, mais néanmoins réel, avec les services britanniques. Ils avaient aussi (les chefs de l'Intelligence Service m'en avaient avisé) fourni quelques renseignements aux Anglais, mais sir Claude Dansey ne m'avait pas caché qu'il considérait leur apport comme négligeable, et surtout la condition qu'ils posaient de "recevoir en échange un volume égal de renseignements" comme indéfendable, vu que seuls les Anglais "faisaient la guerre"[86]. »

Les archives de l'époque confirment que des échanges avaient bien lieu entre les services spéciaux de Vichy et les services secrets alliés. Avant toute chose, il faut savoir que plusieurs mobiles peuvent amener un service secret à transmettre des renseignements à un SR étranger : la transmission de faux renseignements ; l'échange de vraies informations sur une échelle limitée pour les besoins du service ; l'initiative personnelle de subordonnés qui agissent de leur propre gré.

Un document sur des échanges de renseignements éclaire les critères qui entrent en jeu. Il s'agit d'une note que le TR 120, c'est-à-dire le TR de Rabat (Maroc), envoie à sa centrale en octobre 1941. Le rapport revient sur les contacts entre le TR et Robert Bouvier, du SR belge, qui est en relation étroite avec l'Intelligence Service de Londres, du Portugal et de Gibraltar. Il est noté que Bouvier « a bénévolement rendu quelques services à 120 pendant son séjour au Maroc en été 1941 » et qu'il est un « ami de M. Cassard, actuellement à Londres, qui était en relation au printemps 1941 avec le colonel Mangès et avec le poste de Clermont-Ferrand ». La mission dont Bouvier est chargé en octobre 1941 est de prendre contact avec le TR pour obtenir un échange de renseignements : « Il s'offre de nous faire communiquer bénévolement tout renseignement sur les Allemands et accepterait volontiers des renseignements analogues. » Dans sa note d'octobre, le TR 120 demande donc conseil sur la réponse à donner : « 120 a l'honneur de demander à la direction s'il y a lieu de donner suite à cette proposition d'échange de renseignements. » Deux éléments sont particulièrement intéressants dans la note du TR 120. Premièrement, ce poste demande des instructions à sa hiérarchie avant d'accepter la proposition du SR belge. Deuxièmement, malgré cette demande d'autorisation, le TR 120 propose de porter l'entière responsabilité pour la transaction : « Le chef de poste donnerait à l'affaire un caractère non officiel en faisant croire à M. Bouvier qu'il s'engage à titre personnel. » La note du TR 120 est envoyée au lieutenant-colonel d'Alès, du BMA, pour décision. Il semble que, dans ce cas, l'échange proposé soit rejeté, les renseignements offerts par Bouvier étant considérés comme de faible importance[87].

Tout cela démontre l'importance que revêt pour les directions du TR et du BMA le contrôle des contacts de leurs subordonnés. Ce que confirme la note que le TR fait parvenir au SSM (successeur du BMA) le 2 novembre 1942, c'est-à-dire une semaine avant le débarquement allié en Afrique du Nord. Cette correspondance est extrêmement critique par rapport à l'activité proalliée du capitaine de Cervens, du deuxième bureau à Tunis : « En juin 1942, l'attention a été attirée sur le capitaine de Cervens, qui a communiqué à un agent du SR américain la copie d'une lettre de la CIA (Commission italienne d'armistice) de Turin à la délégation française ayant pour objet l'activité américaine et gaulliste en Tunisie. Les indiscrétions de cet officier étant de nature à paralyser l'activité du service, TR a l'honneur de demander qu'il soit muté d'urgence[88]. » Les initiatives non contrôlées risquent de mettre en danger toute l'opération des services secrets en l'exposant aux Allemands. C'est ce qui est dit dans les Mémoires de Paillole : « Nous mettons l'accent sur la nécessité d'agir avec une prudence extrême pour ne pas compromettre le travail clandestin[89]. »

Le TR souhaite donc un échange de renseignements prudent et surtout contrôlé. Il faut aussi que, lors de tout échange, les renseignements obtenus soient de valeur égale à ceux que l'on donne. Il n'est nullement question d'envoi gratuit. Il ne s'agit pas non plus de donner aux Alliés des informations concernant le gouvernement de Vichy – les documents doivent uniquement porter sur les Allemands. C'est sans doute cela qui explique les critiques que Paillole fait en juin 1942 contre les « personnes qui donnent des renseignements aux Anglais en affirmant que "passer des renseignements aux Anglais, ce n'est pas trahir[90]" ». Phrase qui peut paraître bizarre dans la bouche de quelqu'un qui organise lui-même des échanges d'informations, mais sa critique vise sans doute les Français qui font parvenir à Londres des renseignements au sujet de Vichy. De fait, un réflexe patriotique interdit aux services spéciaux de « trahir » le gouvernement national. Deux citations de Paillole tirées d'une conférence qu'il tient en avril 1942 soulignent ce réflexe patriotique qui se traduit par une volonté d'indépendance vis-à-vis des services secrets étrangers : « Nous ne nous redresserons pas tant que nous serons dans les mains des SR étrangers », et : « Nous voulons être maîtres chez nous[91]. » On peut également citer Henri Navarre, du deuxième bureau. Celui-ci revient dans ses Mémoires sur sa réaction lorsqu'il est contacté en juin 1940 par l'Intelligence Service qui lui demande de venir travailler à Londres : « Mais ce que l'IS attendait de moi était bien entendu que je mette à sa disposition ceux de nos informateurs que je pourrais accrocher. Avais-je le droit de donner à un pays étranger ce qui indubitablement était la propriété de la France[92] ? » C'est ainsi que réagissent beaucoup de professionnels des services spéciaux quand il s'agit de transmettre des renseignements.

Il existe donc des liens, certes limités mais réels, entre les services secrets vichystes et les Alliés ou les gaullistes. Les anciens membres de ces services prétendront après guerre qu'ils peuvent être considérés de ce fait comme les premiers résistants. En effet, le mot « Résistance » n'est pas entièrement absent des documents des services secrets. Ceux-ci semblent toutefois surtout l'envisager dans un cadre vichyste et dans un sens défensif. Citons à titre d'exemple un rapport du lieutenant-colonel Schlesser, ancien chef du CE français, rédigé le 28 juillet 1940 au retour d'une mission en zone occupée pour le compte du TR. Il ne cache pas son dégoût : dégoût des moyens de propagande utilisés par les Allemands pour mater l'esprit français, dégoût des Français qui répètent le leitmotiv que « les Allemands sont très corrects ». Schlesser insiste sur la gravité de la situation : « Un redressement immédiat du sens national est indispensable. Il n'y a pas de problème plus grave : il n'y en a pas de plus urgent si le gouvernement veut interdire au Reich une rapide colonisation. » Malgré cela, il reste optimiste sur les possibilités :

> Les ferments de résistance ne manquent pas. Les bons Français, et au premier rang les gens du peuple, souffrent en silence : leur cœur à coup sûr saigne douloureusement devant les oriflammes à croix gammée qui souillent la rue de Rivoli ou lorsqu'ils assistent à la relève de la garde au pas de parade sur la place de la Concorde ou devant la statue du maréchal Joffre. Il suffit d'un mot, d'un geste pour qu'ils comprennent l'attitude digne qu'ils doivent garder. Ce mot doit être dit, ce geste doit être appris. Il est indispensable que des Français d'élite soient des apôtres répartis à travers les provinces occupées, qu'ils symbolisent l'âme de la résistance. Il est indispensable que ceux qui vont rentrer en territoire occupé et en particulier les démobilisés soient avertis de la conduite à tenir devant les soldats allemands. Seule une action énergique et immédiate du gouvernement peut permettre à la France dans son intégrité territoriale d'être digne de son passé, de sa grandeur et de ses traditions [93].

Presque un an après le rapport de Schlesser, un document du TR de juillet 1941 dresse pour le deuxième bureau un bilan de la première année du réseau de Paillole. Des velléités résistantes y côtoient des confessions de foi vichystes. Le fait qu'il soit dit que le réseau TR tire l'essentiel de ses recettes des agents doubles travaillant sur les SR ennemis (« allemands, italiens, anglais, russes, etc. ») suggère que les Anglais figurent parmi ces ennemis. Mais ce même rapport annonce que des études sont « en cours » pour l'établissement de « liaisons radio clandestines » avec Londres. La conclusion confirme cet étrange mélange de résistance et de provichysme : « Le pays abattu, ruiné, divisé, est chaque jour davantage exposé aux coups furieux de ses nombreux ennemis. Il appartient à TR, spécialement en zone occupée, d'aider en toute objectivité, et sans passion partisane, ceux qui ont la lourde charge de le relever. [...] Sans routine ni particularisme, TR luttera loyalement, de toutes ses forces, avec ceux qui, comme lui, concourent à l'assainissement et à la libération de la patrie[94]. » Tout en affirmant sa volonté de libération, la direction du TR ne peut pas s'empêcher de répéter son attachement à Vichy par l'utilisation de termes ouvertement pétainistes (« lourde charge de le relever », « sans passion partisane », « assainissement »). La position de la direction du TR peut donc être résumée comme suit : la France est seule. Elle a de nombreux ennemis parmi lesquels la « perfide Albion » qui l'a trahie. Mais l'ennemi numéro un est l'Allemagne, et la libération du pays reste la priorité. Compte tenu de cela, on peut profiter des contacts avec les Anglais pour obtenir des renseignements sur les Allemands, même si la confiance à l'égard des Anglais est très limitée ; il ne s'agit nullement donc d'opérer la main dans la main avec eux, mais plutôt de tirer le maximum de profits des contacts en livrant aux Anglais le minimum de renseignements nécessaires au maintien de ce lien. De l'aide est parfois offerte aux agents alliés ou gaullistes qui travaillent contre l'Allemagne, mais il ne saurait être question d'encourager ceux qui veulent attaquer Vichy. L'illusion persiste sur les intentions d'au moins une partie du gouvernement.

Cette position ouvre la question des rapports avec Vichy, qui sont eux aussi pleins d'ambiguïté. On comprend qu'après la guerre les anciens membres des services spéciaux vichystes aient intérêt à prendre leurs distances avec un gouvernement compromis par sa politique de collaboration. Henri Navarre, du deuxième bureau à Alger, donne l'interprétation suivante des rapports des services spéciaux avec Vichy : « Pour ceux d'entre eux qui subsistaient et avaient adopté une attitude "résistante", c'est-à-dire le SR guerre (renseignement et contre-espionnage) et le SR air, ces relations se résumèrent en une lutte de tous les instants pour effectuer leur travail contre l'Allemagne et l'Italie[95]. » Selon Paillole, les services secrets sont « partis en juillet 1940 dans des rapports que j'ose dire confiants avec ceux qui étaient à la tête du gouvernement », mais « la position de nos services a été de plus en plus clandestine et opposée effectivement à la politique suivie par le gouvernement[96] ». Dans les Mémoires inédits de Rivet, on trouve l'appréciation suivante : « Le SR n'est compris, et généralement approuvé, que par deux ministres, le général Huntziger à la Guerre, le général Bergeret à l'Air. Hors de ces deux havres, où les cœurs s'œuvrent quand l'esprit bute, l'officier du SR devra éviter de paraître dans les lieux arborant pavillon ministériel[97]. »

Au vu de la documentation de l'époque, il apparaît qu'effectivement les relations avec le gouvernement ne vont pas toujours sans frictions. Certains ministres ne verront jamais l'intérêt de leur mission défensive. C'est le cas notamment du général Eugène Bridoux ou de Fernand de Brinon. Puis il ne faut pas oublier que la politique vichyste associe deux éléments parfois contradictoires : la collaboration et la défense de la souveraineté. En cas de conflit, c'est souvent la collaboration qui l'emporte. Cela a certainement des répercussions sur les services secrets. Prenons l'exemple de la remise aux Allemands des espions arrêtés. Au mois de mai 1942, pour des raisons diplomatiques, l'agent Karl Langer est cédé par le gouvernement, et ce malgré la volonté du TR qui souligne les graves conséquences qui peuvent en résulter. Celui-ci est obligé de prévenir le commissaire Robert Blémant, de la ST, que cet agent qu'il a arrêté va être remis en liberté. Pis encore, à cette occasion, le TR perd aussi un informateur important, Fochlot, qui est contraint de quitter Paris précipitamment : « En ce qui concerne Fochlot, TR vient de prendre toutes dispositions utiles pour replier son informateur sur la zone libre. C'est ainsi un des meilleurs éléments dont disposait TR en zone occupée et sur le SR de Hambourg qui disparaît[98]. » La frustration des services secrets dans ce genre d'affaire n'est que trop évidente. Ils ont souvent l'impression que le gouvernement ne comprend pas leurs besoins. La timidité du gouvernement et les compromis diplomatiques sont donc souvent critiqués.

En ce qui concerne les rapports avec Vichy, il faut cependant admettre que le conservatisme du milieu des services spéciaux fait qu'ils éprouvent souvent de la sympathie pour sa politique liberticide. Britsch note dans son journal à la date du 9 mai 1941 : « Je suis chaque jour davantage convaincu de la nécessité de supprimer toute élection politique pendant longtemps. Il est impossible de guérir la France autrement[99]. » Il est donc très content des initiatives de Vichy en ce sens. Le 13 août 1941, Britsch affirme qu'il soutient intégralement la politique intérieure du gouvernement. Il ressent une grande admiration pour Pétain et se montre particulièrement satisfait des formules maréchalistes comme « l'autorité vient d'en haut ! », « la démocratie parlementaire est morte » : « Entendre cela d'un chef d'État français. Quelle joie ! » En revanche, il se méfie de la politique extérieure vichyste : « Mais, pour que cette politique triomphe, il faut qu'on ne joue pas en même temps sur le tableau de l'ennemi, de l'occupant, de la trahison hitlérienne[100] ! » Les critiques de la politique étrangère de Vichy visent surtout Laval et, jusqu'à un certain point, Darlan. On exprime beaucoup plus de confiance à l'égard de Pétain ou de Weygand. Malgré certaines réticences, les services spéciaux ont donc choisi de rester dans le cadre vichyste. La politique d'arrestation d'espions allemands n'allant nullement à l'encontre de la politique du gouvernement, les services de contre-espionnage comptent profiter de la marge de manœuvre qui leur est ainsi offerte.

Étant donné les affinités politiques, il est aisé de comprendre les difficultés qu'ont les services spéciaux à se séparer de Vichy. Après l'invasion de la zone Sud au mois de novembre 1942, l'armée de l'armistice est dissoute, et les services militaires de contre-espionnage ne peuvent plus travailler officieusement dans l'ombre du gouvernement. Continuer à opérer contre les Allemands implique de se joindre à la Résistance et de passer à la clandestinité. Un choix politique est fait à ce moment. Plutôt que de s'affilier au mouvement gaulliste, les leaders des services militaires rejoignent le général Giraud, dont la plate-forme politique est plus proche de Vichy. Il semble que, même à ce moment-là, ils hésitent à s'associer avec les gaullistes « politisés ». La fusion avec les SR gaullistes ne se fera qu'avec difficulté en 1944.

Pour les fonctionnaires de la ST, un choix similaire se présente, mais, comme ce n'est que la ST et non la police entière qui est dissoute, d'autres possibilités s'offrent à eux. Certains, comme le commissaire Léonard, optent pour une clandestinité non active – il abandonne son poste et se cache jusqu'à la fin de la guerre. D'autres trouvent un moyen de se faire muter dans d'autres services policiers. Ainsi, on retrouve l'inspecteur Yves Piana, de la ST, à la section des affaires politiques, service anti-gaulliste et surtout anticommuniste, de la police marseillaise. Parmi ceux qui choisissent alors d'intégrer la Résistance, une minorité suit le chemin du général Giraud. Tel est le cas de Robert Blémant. Mais un grand nombre de fonctionnaires de la ST se joignent alors à la Résistance gaulliste. L'ossature du réseau Ajax, un des réseaux policiers, est formé par des anciens fonctionnaires de la ST, tel le commissaire Léon Theus, chef adjoint du réseau.

Il semble que leur contentieux avec les gaullistes soit moins profond que celui des militaires.

De la documentation contemporaine et des Mémoires souvent hagiographiques émerge une vision nuancée de l'attitude des services spéciaux vichystes. Malgré leur haine féroce contre les Allemands, des réticences existent à l'égard des Alliés, surtout des Anglais. Les gaullistes sont également critiqués pour leurs attaques contre le gouvernement, susceptibles, aux yeux de ces militaires ultraconservateurs, d'aggraver les divisions au sein de la nation. Toutefois, en dépit de ces considérations, c'est la haine antiallemande qui l'emporte chaque fois que les services spéciaux doivent choisir leur camp.

Le travail de contre-espionnage ne vise pas simplement à réprimer l'espionnage ennemi. Il faut également prévenir le risque de fuites et combattre la propagande adverse. Le lieutenant-colonel Schlesser, ancien chef du contre-espionnage français, insiste sur ces nécessités dans un rapport qu'il écrit le 28 juillet 1940, au retour d'une mission pour le réseau Travaux ruraux en zone Nord. Après avoir signalé le danger de rapports incontrôlés entre les citoyens français et les forces d'occupation, Schlesser offre comme solution de donner des consignes de comportement au peuple français. Le document qu'il rédige pour le TR rappelle un peu *Les Conseils à l'occupé* du résistant Jean Texcier, qui datent d'à peu près la même époque. Dans l'esprit de Schlesser, ces consignes doivent faire l'objet d'une propagande officieuse de la part de l'administration vichyste : « La propagande nationale contre la colonisation allemande ne peut qu'être chuchotée. Un officier en disponibilité est camouflé auprès de chaque préfet sous une étiquette variable (secrétaire général, chef adjoint du cabinet). Il est porteur des mots d'ordre du gouvernement ou mieux du SR puisque le gouvernement ne peut être compromis. Sa mission est sur le triple plan : du contre-espionnage ; de la surveillance des menées antinationales en liaison avec la police ; du redressement du sens national. Pour l'assurer, il tisse à travers le département un réseau d'intelligences. La multiplication de ces antennes – d'ailleurs bénévoles – lui permet d'atteindre toutes les énergies, toutes les bonnes volontés. »

Il faut aussi, selon Schlesser, conseiller les réfugiés qui vont retourner en zone occupée après l'exode pour les avertir de « l'attitude digne qu'ils doivent observer devant les efforts de propagande allemande ». « Les premiers à atteindre – et tout de suite – sont les démobilisés, officiers et soldats : leurs chefs de guerre leur apprendront les gestes qu'ils doivent faire – ou ne pas faire – les mots qu'ils doivent dire – ou ne pas dire. » Puis Schlesser offre comme modèle de réponse populaire aux Allemands un prototype du *Silence de la mer* : « Il ne s'agit pas, bien entendu, de faire feu sur les sentinelles allemandes ni même de leur marcher sur les pieds. Mais les Français ont le droit : d'éviter les conversations avec les soldats allemands ; de ne pas répondre à une demande de renseignement qui leur est adressée ; de ne pas acheter des journaux allemands (*Paris Soir* et *Le Matin* à Paris) ; de quitter un établissement où entrent des soldats allemands. » Finalement, il donne une ébauche des devoirs du peuple français : « Ils ont le devoir de lutter contre la légende nazie : l'armée française ne s'est pas battue ; les dirigeants militaires et civils de la France sont des incapables qui ont donné le signal de la fuite ; le Reich ne voulait pas la guerre ; l'armée allemande ne pille pas ; et autres calembredaines du Dr Goebbels. L'attitude des Français restera digne si elle est dictée par cette pensée constante que tous ces soldats allemands sont ceux qui ont tué leurs pères, leurs frères, leurs maris, leurs amis[1]. »

La suite donnée aux propositions de Schlesser ne nous est pas connue. Cependant, ce n'est pas seulement par rapport à la zone occupée que des consignes de ce genre sont suggérées. Pour combattre la « propagande germanophile » en Afrique du Nord, la Direction des services de l'armistice propose à Weygand d'avoir recours à une méthode similaire à celle de Schlesser. Selon une note du 15 février 1941, il convient de « la combattre par une propagande parlée, s'exerçant dans les cafés maures, les bains maures, les marchés et autres lieux de réunion, en utilisant pour cette besogne délicate des agents stylés et sûrs[2] ». La propagande ennemie étant considérée par les services de contre-espionnage comme intimement liée au recrutement d'espions, la lutte contre cette propagande est en partie censée combattre le danger de l'espionnage.

Les services de contre-espionnage prônent également des mesures préventives en vue d'empêcher les fuites, car ils pensent qu'il est très facile pour les SR étrangers d'obtenir des renseignements. Un rapport du TR de mars 1941 estime que « l'exploitation des indiscrétions (et notamment celles des militaires) est la ressource principale du SRA[3] ». Tout doit être entrepris pour limiter ces indiscrétions. À en croire un discours de Paillole en avril 1942, ce n'est pas chose facile pour des raisons culturelles. « Il s'agit tout bêtement, pour l'agent d'un SR étranger, de lire un journal ou bien d'écouter une conversation, la conversation habituelle du Français qui est un bavard, et surtout qui est bavard quand il est militaire[4]. »

Pour cette raison, les cours de contre-espionnage sont renforcés dans les unités militaires en territoire non occupé. Au printemps 1941, on demande aux militaires de signer une « déclaration aux termes de laquelle les hommes de troupe reconnaissent avoir reçu l'instruction en matière de contre-espionnage ». Le document est distribué par les bureaux des menées antinationales, qui assurent également l'instruction. Les différents postes de BMA de la zone Sud et de l'Algérie demandent un total de 68 500 de ces formulaires[5]. L'instruction donnée par le BMA doit insister sur la nécessité de discrétion et offrir également des consignes précises sur la conduite à tenir vis-à-vis d'un agent de SR étranger (ces instructions visent aussi l'espionnage allié) : « Ne jamais refuser catégoriquement les propositions faites, mais demander un nouveau rendez-vous en disant que la question paraît intéressante. Rendre compte à son commandant d'unité en lui donnant le signalement détaillé de la personne en cause, et le lieu du futur rendez-vous[6]. » Les troupes reçoivent comme consigne de ne pas donner de renseignements aux organismes allemands, sauf dans des circonstances bien précises, comme en témoigne cette correspondance envoyée par le colonel Schneider, commandant la subdivision militaire de Périgueux, aux unités sous son commandement : « Vous voudrez bien rappeler à tous les militaires sous vos ordres l'interdiction formelle de répondre aux questions qui pourraient leur être posées par des fonctionnaires ou militaires allemands autres que ceux des commissions d'armistice (par exemple police, *Feldgendarmerie*, etc.). Les militaires français interrogés doivent renvoyer leurs interlocuteurs allemands à leurs officiers et en premier lieu à leur commandant de compagnie. Ils doivent également leur rendre compte des questions qui leur auraient été posées[7]. »

Pour encourager un « réflexe MA » (menées antinationales) parmi les troupes, la campagne des slogans d'avant-guerre peut encore servir. En 1941, des affiches portant les slogans suivants sont toujours en place : « Se taire, c'est servir », « Au téléphone indiscret, taisez vos secrets », « Dans cette corbeille, ne jetez pas vos papiers secrets. Brûlez-les !! », « Le plus petit renseignement intéresse l'agent étranger », « Devant cet inconnu, surveillez vos paroles. Ne le laissez pas seul dans ce bureau !! », « Secrétaire discret, secrétaire parfait », « Partout l'espion ennemi vous attend et vous guette », « Renseigner l'ennemi, même inconsciemment, c'est trahir sa patrie[8] ». Il est évident que l'utilisation du mot « ennemi » dans les deux derniers slogans peut prêter à controverses. Pour cette raison, et pour ne pas offenser les commissions d'armistice, le lieutenant-colonel Guy d'Alès, chef du BMA, insiste sur la suppression de ces deux slogans en décembre 1941. La nécessité de mener cette campagne préventive de façon discrète explique la lenteur avec laquelle des résultats sont obtenus. Mais au mois de juillet 1942, une « note de service » considère que les

militaires commencent enfin à prendre conscience de la nécessité de discrétion[9].

Cette discrétion est également demandée à la population,
l'autre aspect du travail préventif étant de limiter le contact entre
celle-ci et les Allemands. Dans une lettre envoyée au maréchal
Pétain le 3 mars 1941, le général Weygand revient sur le système
de mises en garde établi pour limiter la fuite de renseignements
au profit des Allemands en Afrique du Nord : « J'ai appelé l'attention des autorités responsables sur les inconvénients que présentent les contacts entre certaines personnalités de l'Afrique du
Nord (fonctionnaires, membres des chambres de commerce,
colons, chefs indigènes, etc.) et les membres des commissions
d'armistice, et j'ai insisté pour que ces personnalités soient mises
en garde contre le danger résultant de relations individuelles sortant du cadre strict de l'armistice et des mesures ordonnées par
le gouvernement en vue d'une politique de collaboration[10]. »

Il faut « faire le vide » autour des commissions d'armistice.
Au mois de juillet 1941, Darlan souligne la nécessité de décourager les administrations françaises de diriger leurs concitoyens
vers les Allemands pour des besoins administratifs (*Ausweis*, par
exemple). Il insiste auprès des préfets sur les instructions à
donner aux fonctionnaires : « Que leur soient rappelés les inconvénients et les dangers d'ordre politique que présente l'établissement direct de relations officielles entre le public et les
commissions étrangères de contrôle locales, et qu'en conséquence il leur soit formellement interdit de diriger les sollicteurs
sur ces commissions[11]. » Par là même, il s'agit aussi bien d'éviter
toute entrave à la souveraineté des administrations françaises
dans les territoires non occupés que de limiter les contacts entre
les citoyens et les Allemands[12]. Des listes de fonctionnaires qui
n'appliquent pas ces dispositions sont dressées, et dans certains
cas ils sont suspendus de leurs fonctions[13].

Afin d'assurer ce vide autour des commissions, un système
de vigilance policière est établi autour des bâtiments abritant les

services de l'Axe : l'identité des individus qui s'approchent de ces bâtiments est relevée, et souvent ils sont ensuite inquiétés par la police. Officiellement, ce système est mis en place pour protéger les administrations de l'Axe dans les territoires non occupés, et la mission de protection est certes bien réelle, authentifiée par des sanctions. À Alger, un gardien de la paix qui n'a pu empêcher deux ivrognes d'insulter des officiers d'une commission d'armistice placée sous sa protection se voit suspendu[14]. Les autorités préfèrent éviter les incidents. Pour citer Weygand : « Une protection est indispensable. Les autorités françaises porteraient une lourde responsabilité si un attentat était commis, ce qui, étant donné l'hostilité d'une partie de la population et la présence d'étrangers, est toujours possible[15]. » En effet, quelques incidents ont lieu en zone Sud et en Afrique du Nord contre les membres des commissions d'armistice. En général, ces incidents sont mineurs, mais ils donnent aux Allemands et aux Italiens le sentiment qu'il leur faut une protection. Ainsi, le 8 décembre 1940, à La Saluce (Hautes-Alpes), un individu s'approche de deux officiers allemands venus d'Avignon en criant : « Hitler est un salaud », « Vivement que les Anglais gagnent la Guerre », « Nous ne voulons pas l'oppression[16] ». Plus tard, ces officiers constatent que trois pneus de leur voiture ont été crevés. Une voiture d'une commission allemande est également vandalisée à Rayol, dans le Var, le 20 juillet 1941 : une jeune fille de quinze ans, Claude Lévy, aurait tracé un « V » (symbolisant une victoire alliée) sur la carrosserie et brisé une glace alors que les officiers allemands se trouvaient à la plage[17]. D'autres incidents plus importants concernant les représentants de l'Axe en territoire non occupé sont également rapportés. Le 9 janvier 1941, le général Boselli, président de la délégation italienne en Algérie, est agressé à coups de matraque dans une rue d'Alger[18]. Selon les témoignages des anciens des services spéciaux et de la délégation française, il s'agirait d'un coup monté par les services secrets destiné à convaincre les commissions d'armistice du bien-fondé d'une surveillance policière[19]. À la suite de l'incident Boselli, les commissions de l'Axe se laissent progressivement convaincre de cette nécessité. Mais, en dépit de la protection accordée, les incidents deviennent plus graves dans la seconde moitié de 1941, conséquence de la montée de la Résistance après l'entrée en guerre de l'Union soviétique. À l'automne de cette année, la police française arrête un individu « suspect » à Oran. Son arrestation a lieu au moment où il entre armé dans une commission allemande. L'individu avoue projeter un attentat contre un membre de la commission[20]. Au mois de novembre 1941, un attentat a lieu à Marseille contre un véhicule d'une commission italienne d'armistice [21].

S'il n'est pas douteux que les autorités françaises souhaitent expressément protéger les commissions de l'Axe, il est explicitement noté à de nombreuses reprises dans les correspondances entre services français que cette mission de protection peut servir de couverture à une mission de surveillance. Par exemple, une correspondance que Darlan envoie le 5 juillet 1941 aux secrétaires d'État à l'Intérieur et à la Guerre est tout à fait explicite sur les moyens à utiliser pour limiter les contacts entre le public et les Allemands, ainsi que sur l'utilisation de la mission de protection pour couvrir des missions de surveillance : « Dans chacune des villes de zone libre où siègent des commissions de contrôle ou des services officiels de la puissance occupante, une surveillance sera effectuée à l'effet d'identifier les personnes convaincues d'entrer en contact direct avec les autorités allemandes. Un certain nombre d'entre elles, choisies dans les différents milieux de la population, seront soumises à des vérifications d'identité, enquêtes et convocations de police. On justifiera ces mesures par la nécessité d'assurer la sécurité personnelle des membres des commissions de contrôle[22]. »

Dans ses Mémoires, Pierre Nord, romancier et membre des services spéciaux pendant la guerre, décrit ce procédé de protection-surveillance. Selon lui, « sous les prétextes les plus courtois, on ne laisse pas les membres des commissions un instant seuls ».

Il prétend que « la police protège vingt-quatre heures sur vingt-quatre les bureaux italiens et allemands » et qu'ainsi « aucun Allemand ne peut aller acheter une boîte d'allumettes sans ange gardien ». Nord insiste : « Toute personne qui entre en contact avec les commissions est immédiatement identifiée, fichée, convoquée le lendemain au commissariat et prévenue qu'une interprétation malveillante de ses fréquentations pourrait la conduire au camp d'internement[23]. » On peut voir là la volonté des autorités françaises de réaliser une surveillance omniprésente et totale. Mais, même si beaucoup d'individus sont inquiétés par la police pour avoir contacté les commissions, la toute-puissance des autorités françaises n'est qu'une illusion. La pratique de cette surveillance varie considérablement d'une ville à une autre, si ce n'est dans la même ville. D'ailleurs, la pénurie des effectifs de la police fait que le « vide » autour des commissions ne peut jamais être entièrement assuré.

Dire que cette protection-surveillance est systématiquement considérée comme un acte hostile par les Allemands et les Italiens serait une simplification. Certains officiels de l'Axe réclament des mesures de sécurité. Parfois, des officiers allemands encouragent même les autorités françaises à intercepter ceux qui veulent entrer en contact avec leur service. Ainsi, la délégation de contrôle du trafic maritime à Marseille intervient auprès de l'officier de liaison pour lui demander d'éconduire des Français venus en solliciteurs[24]. En revanche, il est certain que les excès des mesures de protection-surveillance sont le sujet de plaintes extrêmement fréquentes de la part des services allemands. En août 1941, le général Studt, chef de la commission allemande de l'armistice, signale dans un courrier adressé au général Koeltz, son confrère français, que « ces derniers temps [il] reçoi[t] de plus en plus souvent des rapports des commissions subordonnées [l]'informant que les organes de la gendarmerie et de la police françaises se trouvant devant les hôtels des commissions gênent et parfois même empêchent des personnes civiles désirant rendre visite aux officiers des commissions d'y accéder[25] ». Dans la lettre n° 1554/41 datée du 1er novembre 1941, le général Max Vogl, de la commission allemande d'armistice à Wiesbaden, se plaint de tels procédés : « Je me borne à extraire de la multitude des cas qui m'ont été signalés une liste nominative des personnes qui ont été soit arrêtées, soit menacées d'expulsion par les services français pour le seul crime d'avoir eu des relations personnelles avec des membres du contrôle allemand[26]. » Le général Vogl prétend que la surveillance exercée est si intimidante qu'elle gêne parfois le fonctionnement des commissions et insiste sur le fait que, au Maroc, les artisans appelés pour des réparations urgentes par les Allemands et les commerçants qui vendent leur marchandise auprès des commissions jugent plus prudent de couper le contact pour ne pas être ennuyés par les autorités. Outre la gêne occasionnée dans le fonctionnement des commissions, ces propos laissent également supposer que la vigilance policière représente une source d'agacement pour les membres des commissions qui s'engagent dans l'espionnage.

Particulièrement irritantes sont les mesures prises pour empêcher les femmes d'entrer en contact avec ces commissions. Dès le début, les relations intimes entre des femmes françaises et des membres des commissions de l'Axe posent un problème à Vichy. L'indépendance sexuelle de ces femmes, surtout dans le cas des épouses de prisonniers de guerre, heurte les conceptions moralistes de la Révolution nationale[27]. Des raisons supplémentaires pour désapprouver ces rapports figurent dans divers documents administratifs. En août 1940, un rapport de la police de Villeneuve-sur-Lot note que « les militaires allemands ne tarderont pas à entrer en relations étroites avec l'élément féminin » et souligne les méfaits de cette situation : « Ces relations "de plage" n'ont pas manqué de susciter quelques critiques et réflexions désobligeantes de mères de famille ou autres personnes ayant encore des parents ou des amis prisonniers des Allemands[28]. » Un an plus tard, une synthèse de l'état-major des troupes du Maroc fait le lien explicite entre ces « intrigues féminines » et la question de l'espionnage : « En dehors de toute question d'amour-propre et bien que la plupart ne tirent pas à conséquence, il est évident que certaines de ces liaisons peuvent être pour les Allemands une source de renseignements sur l'évolution de l'opinion publique, et causent d'autre part un certain scandale [29]. » Pour des raisons d'amour-propre, de moralité, de risque de scandale ou d'espionnage, la « collaboration horizontale » est surveillée par les autorités dès 1940 [30]. Sans doute doit-on également tenir compte ici des préjugés du milieu masculin des services spéciaux où le stéréotype des femmes bavardes est largement répandu.

Dans la zone Sud, à part de rares internements, on en reste essentiellement au stade de la surveillance [31]. En Afrique du Nord, en revanche, des sanctions plus importantes sont prises pour mettre fin à ces rapports sexuels. Une note du deuxième bureau à Alger propose de mettre en garde les « Français ou surtout des Françaises » qui entretiennent des relations personnelles avec les commissions de l'Axe.

> Il est proposé, d'accord avec le BMA, de demander à la Légion des combattants de désigner, dans chaque ville d'AFN où existe une commission allemande ou italienne, un certain nombre de légionnaires (cinq ou six), particulièrement choisis par leurs qualités de tact, d'éducation et de calme. Ces légionnaires recevraient du BMA la liste des personnes entrées indûment en contact avec la CAA ou la CIA et se rendraient à leur domicile pour leur donner un avertissement. Les légionnaires se présenteraient comme agissant à titre personnel et accompagneraient leur avertissement de menaces pour le cas où les relations incriminées continueraient. Il est probable que, dans la plupart des cas, la peur du scandale suffirait. Si les relations continuaient, des conduites de Grenoble seraient faites (le BMA s'occupe de les organiser). Les sanctions administratives (expulsion, résidence surveillée, internement) seraient réservées aux cas les plus graves [32].

L'ancienne locution « conduites de Grenoble » est un euphémisme pour un châtiment violent[33]. La forme exacte de ce châtiment n'est pas précisée ici. Cependant, d'autres documents laissent clairement voir qu'il s'agit de tontes. Un rapport écrit par Kientz, du bureau central de coordination (officine spéciale de contre-espionnage au Maroc), est pour le moins explicite sur ce point :

> Par ailleurs, il a été signalé à plusieurs reprises que le nombre des femmes reconnues coupables d'entretenir des relations intimes avec les membres des commissions allemande ou italienne était en augmentation. Afin de remédier à cet état de choses, contraire à la morale et au patriotisme français, les mesures ci-après pourraient être appliquées : *a*) expulsion ou mise en résidence surveillée ; *b*) coupe de cheveux, comme les Allemands l'ont fait en 1919 à l'armée du Rhin ; *c*) mise en carte. Une chose est certaine : il faut prendre des sanctions sinon les faits déjà signalés ne feront que s'accroître au détriment du prestige français[34].

Ce rapport montre clairement que les tontes ne sont pas organisées simplement par une initiative venue d'en bas. Le destinataire du rapport est le général Noguès, résident général au Maroc, et une copie en est également envoyée au général Weygand. C'est-à-dire que les plus hautes personnalités vichystes sont mises au courant des mesures proposées. La supposition qu'elles savent est renforcée par les plaintes répétées de Weygand au sujet de la « collaboration horizontale ». Ainsi, dans une lettre datée de juillet 1941, Weygand exprime sa colère contre les membres des commissions de l'Axe qui participent à une « chasse aux femmes dans les rues[35] ». Dans un témoignage rétrospectif, le général Perier, chef de l'état-major de Weygand, prétend que Weygand a donné l'instruction à Noguès d'encourager des représailles contre les relations intimes sous forme d'initiative privée[36].

Il reste à établir maintenant que les mesures sont bel et bien appliquées. Un rapport du BMA d'Alger revient sur les sanctions prises contre les « collaboratrices horizontales » pendant le mois d'octobre 1941 : « Au cours du mois écoulé, dix-huit femmes, européennes et indigènes, qui entretenaient des relations coupables avec des Italiens ou des Allemands des commissions de contrôle, ont été mises en résidence surveillée[37]. » En ce qui concerne les tontes, il n'est pas possible de quantifier leur nombre précis ni de déterminer les conditions exactes dans lesquelles elles sont effectuées. Mais une chose est avérée : au cours des mois de septembre et octobre 1941, un certain nombre (probablement assez limité) de tontes ont lieu. Cela est confirmé par plusieurs témoignages d'anciens membres des services spéciaux[38]. Un autre témoignage rétrospectif à cet égard est celui du général Gross de la délégation française auprès de la commission d'armistice en Afrique du Nord. Dans un rapport d'avril 1943, revenant sur l'activité des autorités vichystes en Afrique du Nord, il prétend que « des femmes en contact avec des officiers ennemis ont été châtiées (cheveux coupés, mise en carte)[39] ». Les Allemands eux-mêmes confirment que des sanctions ont été appliquées. Au milieu de septembre 1941, la DDSA reçoit une plainte de la commission allemande s'élevant contre « la façon dont les relations avec les femmes françaises leur sont rendues impossibles[40] ». Deux semaines plus tard, la délégation française relate une autre protestation du général Schultheiss, de la commission allemande : « Une blanchisseuse de Casablanca, qu'il croit alsacienne, a été insultée et maltraitée par la police parce qu'elle recevait quelquefois chez elle des soldats allemands qui venaient chercher leur linge. On l'aurait accusée d'avoir eu des rapports intimes avec les soldats allemands. Son mari, qui depuis vingt ans travaille au port de Casablanca, se serait vu retirer son autorisation d'accès au port[41]. » Par conséquent, contrairement à ce que nous apprend l'historiographie au sujet des femmes tondues, les premières tontes sont effectuées par des autorités vichystes et non pas par la Résistance, et ce en partie pour limiter l'espionnage[42].

Plutôt que de punir les femmes qui ont des relations intimes avec les représentants de l'Axe, le BMA essaie parfois de les utiliser comme agents[43]. Un autre moyen de surveillance consiste à placer des agents au sein des services allemands afin d'obtenir des renseignements sur les intentions allemandes ou sur leur activité d'espionnage. Au mois de mars 1941, le général Vergez, commandant des troupes au Maroc, avertit Weygand que cette surveillance intérieure des services allemands n'est pas suffisante : « Il ne semble pas que le système de surveillance actuel soit susceptible de beaucoup d'efficacité ; pour arriver à des résultats certains, il serait nécessaire qu'une surveillance intérieure constante fût pratiquée par le truchement du personnel des hôtels (femmes de chambres, garçons d'étage, etc.), sous la conduite des officiers de liaison ; des renseignements précieux seraient ainsi obtenus, qui permettraient de suivre utilement les activités de la commission de contrôle[44]. » Les services de contre-espionnage essaient donc de saisir toutes les occasions de noyauter les services allemands. Au mois de décembre 1941, le BMA apprend que les commissions allemandes en Afrique du Nord s'apprêtent à recruter des chauffeurs français afin de libérer les chauffeurs d'origine allemande pour le front russe. C'est une occasion à ne pas manquer pour placer des agents au sein de ces services – le BMA cherche immédiatement confirmation de la rumeur afin d'en profiter au maximum[45].

Des officiers français de liaison sont placés au cœur du système de noyautage des services allemands. Auprès de chaque commission étrangère de contrôle, à caractère permanent, siège un détachement de ces militaires soigneusement choisis pour leur tact et leur fermeté. Ce personnel se divise en deux catégories. Premièrement, un personnel mobile est appelé normalement à se déplacer avec les membres des commissions étrangères de contrôle. En effet, les commissions d'armistice n'ont pas le droit de visiter les installations françaises si elles ne sont pas accompagnées par un officier français de liaison, et les instructions données aux formations militaires sont très claires : elles ne doivent pas donner de renseignements aux délégués des commissions hors la présence d'un officier de liaison. La tâche de cet officier est de limiter l'activité des commissions. Telles sont les instructions de la DSA : « Le rôle des officiers de liaison ne saurait se limiter à une simple mission d'accompagnement : leur mission leur impose en outre de maintenir les opérations de contrôle sur le plan et dans les limites fixées par les conventions et les instructions d'application de la DDSA. Cette mission essentielle peut les obliger à intervenir au cours du contrôle pour éviter qu'il soit répondu à des questions dépassant le cadre des instructions reçues : ils le feront avec tout le tact nécessaire, aussi bien vis-à-vis de l'officier contrôleur que vis-à-vis du chef de l'organisme contrôlé – mais ne devront jamais laisser la commission de contrôle dépasser ses droits, même au risque de provoquer un incident[46]. »

Les officiers de liaison ont également pour mission d'informer les autorités françaises sur l'orientation des questions posées. À la suite de chaque visite de contrôle, l'officier établit un compte rendu de mission dont des copies sont envoyées à la DDSA et au commandement militaire local. La seconde catégorie de personnel est sédentaire et reste dans les bureaux des commissions pour servir d'intermédiaire entre les visiteurs ou les autorités françaises et des membres de la commission. Ces officiers rédigent des comptes rendus de quinzaine sur l'activité de la commission étrangère auprès de laquelle ils sont placés. Selon les instructions, ce compte rendu « doit s'attacher à relever notamment toutes indications positives de nature à orienter les services d'armistice sur les tendances manifestées par le contrôle étranger, et en particulier sur l'extension de ce contrôle à des domaines sortant des instructions en vigueur, et sur l'activité extraconventionnelle des membres des commissions[47] ».

Il est évident qu'aussi bien le personnel mobile que le personnel sédentaire occupent une position clé dans le contre-espionnage. Ces officiers collectent pour le commandement militaire et la Direction des services de l'armistice des informations précieuses sur les forces d'occupation. Ils profitent de leurs contacts pour s'informer de ce qui se passe outre-Rhin. Ainsi font-ils référence dans leurs rapports au moral de l'armée allemande ou le programme d'euthanasie en Allemagne[48]. Ils dressent des listes du personnel des commissions, avec des notes sur les personnalités des individus et le mouvement de personnel[49]. Ils essaient aussi de révéler l'identité d'agents ou d'informateurs des commissions. Dans un rapport écrit par un officier de liaison à Pau, on peut lire ce commentaire qui démontre bien leur rôle dans la détection de rapports non contrôlés avec les Allemands : « L'officier de liaison signale que le délégué reçoit journellement un respectable courrier qui présente aujourd'hui la caractéristique d'émaner en majorité de correspondants français. À titre documentaire, il rend compte que deux de ces lettres lui sont accidentellement tombées sous les yeux[50]. » L'officier de liaison ayant réussi à relever le nom des auteurs de ces deux lettres « accidentellement » tombées sous ses yeux, il apparaît qu'il s'agit d'une femme habitant dans les Hautes-Pyrénées qui intervient auprès des Allemands au sujet des réfugiés belges et d'un ancien combattant qui se renseigne sur la possibilité de trouver un emploi auprès des Allemands. Ce dernier cas est considéré comme particulièrement grave par les autorités françaises, cet ancien combattant écrivant ceci : « Puisque les Français sont incapables, malgré toutes leurs promesses, de me procurer du travail, je viens vous prier de m'indiquer si vous pouvez m'employer en zone occupée. » Le général Louis Koeltz, chef de la Direction des services de l'armistice, intervient auprès du secrétaire général aux Anciens Combattants pour demander que cet individu soit expulsé de la Légion[51].

Les renseignements fournis par les officiers de liaison servent les enquêtes de police, comme en témoigne cet extrait d'un compte rendu de quinzaine de l'officier de liaison de Pau :

> Depuis une quinzaine de jours, l'attention de l'officier de liaison était attirée par les agissements d'une femme d'une cinquantaine d'années rendant visite au Hauptführer plusieurs fois par semaine et s'entretenant avec lui avec volubilité et grandes précautions. Une filature de cette femme, poursuivie par la police municipale, a fait connaître les renseignements suivants : il s'agit d'une Allemande, Bauer, Emmy, Johanna, née à Lagersdorf le 12 août 1891, mariée le 25 mars 1938 à Pau à un Français, Lauverjat, Jean, Léon, Marie, né à Pau le 30 mai 1885. Les services de la police municipale n'ont pu acquérir la certitude que cette femme ait acquis la nationalité française lors de son mariage. L'enquête a révélé quelques faits qui paraissent devoir retenir l'attention : Lauverjat est déserteur de notre armée ; il a été voici quelques années soupçonné d'espionnage sans que des preuves formelles aient pu être retenues contre lui ; une information a toutefois été ouverte. Il exerce aujourd'hui la profession d'artiste peintre et se fait appeler Jean de Lauverjat. Il habite avec son épouse à Pau, 20 rue Montpezat. Chose à signaler, la femme Bauer-Lauverjat a des relations très suivies avec le nommé Viebahn, Allemand domicilié à Pau depuis 1904, dont les agissements ont plus d'une fois éveillé l'attention des services municipaux de police sans que rien de formel ait pu être établi contre lui. Ce Viebahn a déjà retenu notre attention (voir CR hebdomadaire du 18 février 1941, n° 3/RKG, adressé à M. le chef de bataillon Eberlé). Les faits et les gestes de tous ces individus sont suivis et seront fidèlement rapportés [52].

Outre cette vigilance policière, des moyens plus techniques sont également employés pour surveiller les organismes allemands. Dans leurs Mémoires, les anciens des services spéciaux font référence à la pose de micros dans les bureaux des représentants de l'Axe comme moyen de contre-espionnage[53]. De telles pratiques laissent généralement peu de traces dans les archives. Pourtant, un document datant de septembre 1942 est très intéressant sur cette question. Il s'agit des instructions données par la DSA à la délégation française à Wiesbaden en réponse à la plainte allemande suivante : « La commission allemande d'armistice a informé la Délégation française à Wiesbaden que les organes de contrôle italiens et allemands avaient découvert dans leurs bureaux de l'Hôtel d'Angleterre à Alger des dispositifs installés par les Français sur les appareils téléphoniques qui permettaient l'écoute clandestine de toutes les conversations tenues dans ces bureaux et a demandé une communication à ce sujet. » La Direction des services de l'armistice demande à la délégation française à Wiesbaden de répondre comme suit à la commission allemande :

> 1. Le gouvernement français n'avait pas connaissance de l'existence des dispositifs en question. Des instructions ont été données pour que les autorités françaises recueillent à Alger auprès de la délégation de contrôle tous les renseignements nécessaires permettant de faire une enquête sur cette affaire et de déterminer les responsables qui répondront de leurs actes.
> 2. Les dispositifs dont l'existence sera signalée par les organismes de contrôle ou qui seront découverts ultérieurement seront immédiatement enlevés. Le gouvernement français donne l'assurance qu'il n'a pas connaissance que des dispositifs d'écoute aient été installés dans d'autres sièges de délégations soit en France métropolitaine soit dans les territoires qui en dépendent. Des enquêtes seront poursuivies discrètement pour rechercher les installations clandestines qui pourraient exister. À cet égard les autorités françaises recevraient avec intérêt, en plus de ceux déjà donnés, tous les renseignements que pourraient posséder les autorités allemandes ou italiennes sur la nature et l'emplacement de dispositifs qui ont été découverts ou qui pourront l'être par la suite.

3. Comme cela se fait toujours, les installations téléphoniques des délégations italiennes et allemandes d'Algérie et
de Tunisie seront réalisées ou modifiées d'après les desiderata que voudront bien exprimer sur place les organismes
de contrôle.

À en croire la première partie de cette correspondance, les
autorités françaises offrent leur concours pour enquêter sur une
affaire dont elles n'étaient pas au courant... Cependant, dans le
dernier paragraphe de ce document, il devient clair que ce n'est
pas le cas, puisque la DSA précise :

N.B.
Pour l'information personnelle de la délégation française.
L'attention de la délégation française est attirée sur le fait que
la note allemande et la note italienne ne sont relatives exclusivement qu'aux écoutes à l'aide de dispositifs *ad hoc* des
conversations tenues dans les bureaux des délégations de
contrôle. Cette prescription est donnée par la DSA car, dans
son télégramme n° 1859 C/EM du 11 septembre, la délégation
française a fait allusion à l'écoute des communications téléphoniques, dont il n'est nullement question dans la note allemande, ni dans la note italienne, et qui est ainsi hors du sujet
auquel il convient exclusivement de répondre. La confusion
provient du fait que les conversations tenues dans les bureaux
étaient écoutées à l'aide des installations téléphoniques amé-
nagées d'une façon particulière[54].

Ce document est très intéressant à plusieurs égards. D'abord,
il tend à confirmer l'utilisation des méthodes décrites dans les
Mémoires. Que la découverte de telles méthodes soit assez tardive (septembre 1942) n'indique pas si les Allemands ont mis
longtemps à découvrir ces micros ou si c'est leur utilisation qui
est assez tardive. Le deuxième point d'intérêt est que la DSA donne
à sa délégation une instruction de mentir en faisant croire que
les Français ne savaient rien de cette pratique d'écoutes

clandestines. Enfin, au vu du dernier paragraphe, il est évident que la DSA, du moins, est au courant de la pratique employée.

On trouve une autre confirmation de cette pratique de la pose de micros dans les bureaux allemands dans le journal du général Bridoux, secrétaire d'État à la Guerre sous Laval. À l'en croire, la pratique est ordonnée en haut lieu. Le 5 novembre 1942, il note : « On raconte que Gessler *[sic]*, chef de la Gestapo à Vichy, s'est aperçu qu'un micro avait été adapté à son appareil téléphonique, et aussi que les conversations de Krug von Nidda étaient écoutées. Ces dispositions avaient été ordonnées par l'amiral Darlan, lorsqu'il était vice-président du Conseil. Il est à penser que l'on n'est pas au bout des surprises de cet ordre, les initiatives de l'état-major de l'amiral se faisant de jour en jour plus maladroites[55]. »

Les communications téléphoniques des Allemands sont souvent écoutées[56], même si cela ne se fait pas toujours de façon discrète. Le 8 août 1941, un Tchèque nommé François Tolpa appelle un membre de la commission allemande de Royat. L'opératrice qui écoute leur communication les interrompt pour leur demander de parler en français parce qu'elle n'a que des « connaissances rudimentaires de la langue allemande ». La réponse est : « Je suis avec la Kommandantur de Royat, j'ai le droit de parler allemand. » Dans son résumé de la conversation pour le BMA, elle peut seulement noter que d'un côté il y a le monologue incompréhensible de Tolpa et de l'autre beaucoup de *« Ja ! Ja ! »*[57]. Il n'est donc pas étonnant que les Allemands semblent être au courant qu'ils sont mis sur écoute. Ainsi, le major Lorentz, de la KIA au Maroc, entame une conversation téléphonique avec le capitaine de vaisseau Hoffmann par la phrase suivante : « Tout d'abord, je voudrais faire remarquer que toute cette conversation sera écoutée[58]. » Dans ces conditions, on peut se demander si l'écoute des communications sert à quelque chose. Toutefois, dans de rares occasions, les Allemands ne prennent pas les précautions de sécurité nécessaires. Par exemple,

Robert Bellette, espion de longue date, est pris en filature à Casablanca le 24 mars 1941 à la suite de l'écoute d'une conversation téléphonique entre deux membres indiscrets de la commission allemande[59].

La correspondance écrite des services allemands est interceptée. La France a une longue tradition d'interception de courrier privé dont on peut trouver les origines au XVIe siècle. Sous Vichy, c'est le contrôle technique qui se charge de cela[60], encore que cela ne soit pas toujours fait très discrètement. Le délégué allemand au rapatriement à Marseille se plaint des retards dans la livraison de son courrier. Puis, « après être resté plusieurs jours sans correspondance, il reçoit le même jour plus de cinquante lettres à la fois[61] ». Selon le rapport d'Henri Rollin, chargé de mission au ministère de l'Intérieur, rédigé au mois de mai 1941, cette pratique n'est pas suffisamment exploitée dans le domaine du contre-espionnage. La difficulté est que la lenteur de la transmission des documents ainsi saisis – « quinze jours à trois semaines le plus fréquemment » – les réduit souvent au rôle de documentation historique[62].

Malgré toutes les difficultés, la surveillance de l'activité illicite des commissions d'armistice et des missions diplomatiques de l'Axe représente la partie simple du travail de contre-espionnage. Si les services spéciaux ne réussissent pas toujours à contrôler l'espionnage organisé par ces organismes de l'Axe, au moins la cible à surveiller est-elle facilement identifiable. Mais n'oublions pas que beaucoup d'agents allemands sont envoyés en territoire non occupé sans passer par l'intermédiaire des missions diplomatiques. Organiser le contre-espionnage contre des agents opérant indépendamment de ces organismes nécessite généralement plus d'imagination. Ici, au moins cinq pratiques sont utilisées pour détecter l'activité de ces agents « indépendants ». Il s'agit de surveiller les organismes allemands opérant en Allemagne ou dans les territoires occupés, de contrôler les milieux suspects, de rester vigilant en ce qui concerne les points sensibles et les points de transit, de profiter des maladresses des agents eux-mêmes et de tirer profit des dénonciations de comportement suspect effectuées par la population.

Puisque les espions envoyés en territoire non occupé travaillent pour des postes du SRA basés en zone occupée ou en Allemagne, la surveillance de ces postes et leur noyautage par des agents français devraient permettre de repérer les espions. Mais ici, comme dans tout le travail de contre-espionnage de Vichy, le manque de personnel conduit à des lacunes dans cette surveillance. Un résumé du TR de janvier 1942 note que, « avec les défaillances fréquentes dues au renouvellement des agents doubles, certains postes ennemis sont insuffisamment surveillés ou même négligés ». Faute d'effectifs, il n'est généralement pas possible de placer deux agents doubles par poste ennemi, ce qui réduit les possibilités de recoupement d'informations. L'augmentation rapide des effectifs est exclue par le TR par souci de professionnalisme : « Le rôle de l'officier TR est trop délicat pour envisager l'accroissement rapide des effectifs. » Il faut aussi noter que la définition de poste « ennemi » aggrave la pénurie des effectifs. Ce rapport dresse une liste de postes « ennemis » qui ne sont pas suffisamment surveillés, dans laquelle figurent non seulement le poste du SR allemand de Nantes et le poste du SR italien de Berne, mais aussi les postes du SR anglais de Berne et de Lausanne[63]. Même si les Allemands représentent la principale cible, c'est un fait qu'une partie des ressources utilisées contre les SR alliés aurait pu permettre de renforcer d'autant la surveillance des espions allemands.

Pour repérer certains, il suffit de surveiller les groupes suspects, comme par exemple les collaborationnistes. Au mois de juillet 1941, la police spéciale à Saint-Étienne surveille l'activité d'une militante de petite envergure du PPF après l'interception d'une lettre qu'elle a envoyée à la collaborationniste Dominique Sordet de l'agence de presse Inter-France et dans laquelle elle exprime des sentiments proallemands[64]. Vichy voit dans ces groupes collaborationnistes des rivaux pour le pouvoir, mais il s'inquiète également de ce que des renseignements passent de manière incontrôlée des collaborationnistes aux Allemands. L'autre explication de la surveillance de ces milieux est que la police suit les liens entre ceux-ci et le monde criminel, comme par exemple à Marseille entre Sabiani, bras droit de Doriot, et les gangsters Spirito et Carbone[65].

D'autres milieux sont suspects, moins pour leur position idéologique que parce que les services spéciaux savent que des agents allemands les utilisent comme couvertures pour leurs recherches de renseignements ou ont réussi à placer des agents en leur sein. Les prisonniers de guerre « évadés » sont souvent considérés comme suspects. Édouard Frum, un Français né à Charlottenburg, en Allemagne, mais qui se fait passer pour Edward Jean Frank, né à Londres, est dénoncé par un autre évadé du même camp. Les renseignements fournis convainquent le SSM que « Frum doit être considéré comme un agent de l'ennemi[66] ». Encore plus suspects sont les prisonniers « évadés » parmi les indigènes d'Afrique du Nord. Ici, au risque d'espionnage s'ajoute le risque de propagande nationaliste que les Allemands encouragent[67]. Les prisonniers nord-africains évadés ou rapatriés sont interrogés très activement à leur retour. Durant la période du 13 au 19 juillet 1941, 140 prisonniers évadés et 594 rapatriés sanitaires ou libérés au titre d'anciens combattants sont interrogés au centre de rassemblement de Clermont-Ferrand et au camp de Sainte-Marthe à Marseille[68]. Pour la période du 10 au 23 août 1941, 237 évadés et 305 rapatriés sanitaires ou libérés sont interrogés, et entre le 24 et le 30 août, 152 évadés et 510 rapatriés sanitaires ou libérés[69]. Ces interrogatoires établissent que, dans les camps de prisonniers, une importante propagande antifrançaise est menée par les Allemands auprès des nationalistes nord-africains et que certains de ceux-ci sont recrutés comme espions. Sachant qu'un problème existe dans ce milieu, la surveillance est intensifiée. Une « note sur la propagande allemande auprès des prisonniers nord-africains » écrite par le secrétariat d'État à la Guerre en janvier 1942 signale qu'« il y a le plus grand intérêt à suivre de très près l'activité des rapatriés ou évadés à leur retour en Afrique[70] ».

Ce ne sont pas seulement les personnes, mais également les lieux qui sont surveillés. Ainsi, les services de police organisent la surveillance de lieux de transit comme les frontières et les gares. On y surveille tout comportement « suspect » permettant de découvrir des individus appartenant aux catégories ciblées par le régime de Vichy – Juifs, résistants, etc. –, mais il est évident que cette surveillance peut aussi servir à la découverte d'espions allemands. En ce qui concerne l'envoi des agents allemands en zone Sud, la ligne de démarcation représente un point de passage obligé. En avril 1942, Paillole estime que la surveillance de cette ligne laisse beaucoup à désirer. Pour illustrer son propos, il donne un exemple : « Un espion arrêté récemment avouait qu'il était passé plus de vingt fois en toute tranquillité avec des documents compromettants, sans être inquiété[71]. » La longueur de la ligne de démarcation ne facilite pas les choses : le déploiement des postes sur tous les chemins aboutit à la dispersion des effectifs et donne à la surveillance un caractère statique qui réduit considérablement son efficacité. En cause également un sérieux manque de coordination entre les services chargés de veiller sur les passages clandestins. Ainsi, entre l'armée et la gendarmerie, qui ont chacune des responsabilités dans ce dispositif, les rapports sont tendus. Un rapport militaire de janvier 1941 souligne ces difficultés :

> Plusieurs chefs de corps ont signalé une certaine tension dans les relations avec la gendarmerie. Le colonel du 8e cuirassier cite à l'appui de cette opinion l'incident suivant : au cours des opérations d'une commission de classement de chevaux, le commandant Ségur est secondé par des gendarmes. L'un d'eux placé derrière le commandant imite ses gestes. Le commandant Ségur s'en aperçoit, il emmène le

gendarme à l'écart et lui fait une observation. Malgré la correction du commandant, le gendarme fait un rapport en se plaignant à ses chefs de l'attitude du commandant à son égard. Les officiers de gendarmerie soutiennent leur subordonné auquel ils reprochent de n'avoir pas arrêté sur le champ le commandant Ségur pour outrages à un agent de la force publique[72] !

Que les relations entre deux services chargés de la surveillance de la ligne de démarcation en arrivent à ce point-là ne facilite certes pas la coordination[73] !

Une surveillance intensive autour des points sensibles tels que les installations militaires permettrait de repérer les espions. Ainsi, Herbert Silberman et Helene Gerstl sont arrêtés par le commissaire spécial de Marignane le 25 novembre 1940 alors qu'ils circulent à proximité de l'aéroport de Marseille et s'intéressent de façon suspecte aux batteries antiaériennes. Une fouille rapide permet de découvrir sur eux des documents compromettants (questionnaires du SRA, plan d'une partie de l'étang de Berre portant des annotations au crayon indiquant des emplacements d'usines et de batteries antiaériennes, etc.). Dès lors, les deux individus se trouvent obligés de passer aux aveux[74]. Malheureusement, à en croire les propos de Paillole en avril 1942, « la protection des points sensibles est illusoire[75] » et les résultats sont donc décevants. Néanmoins, la surveillance mise en place donne parfois des résultats.

Les services de contre-espionnage sont aidés dans leur tâche par la qualité médiocre de nombreux espions allemands. Soulignons que, si les services spéciaux nazis comptent dans leurs rangs des agents compétents, le recrutement pléthorique et souvent trop rapide fait que beaucoup ne sont pas à la hauteur de leur tâche[76]. Pour cette raison, c'est souvent l'imprudence, voire la stupidité, des agents qui précipite leur chute. La règle élémentaire de l'espionnage est que, lorsqu'on envoie des renseignements, il faut s'assurer d'adresser le courrier au bon destinataire. C'est cette erreur fondamentale que commet Karl-Heinz Masson. En décembre 1941, il écrit une lettre demandant à être protégé contre les autorités françaises. Il veut l'envoyer à la sous-commission allemande, mais se trompe et l'adresse à la délégation française auprès de cette commission[77]. Un autre agent, Lothar Fritz, est arrêté par la police française alors qu'il essaie de traverser la ligne de démarcation avec une large enveloppe dans sa poche adressée au « Führer »[78].

Garder sur soi les preuves de son activité d'espion est une erreur fondamentale. Les services spéciaux allemands essaient d'encourager leurs agents à mémoriser les questionnaires que leur employeur leur donne. Mais il semble que cette simple instruction dépasse les moyens d'un grand nombre des agents, et la police découvre facilement sur eux des preuves irréfutables de leur occupation clandestine[79]. Par exemple, une fouille des vêtements d'un agent nommé Georges Bresson permet de saisir, entre autres objets, une somme importante d'argent, un *Ausweis*, des lettres, carnets portant des renseignements et des noms[80]. Sur le verso de son certificat de travail, un agent algérien de l'Abwehr, Benabid Khier ben Mohamed, avait inscrit des phrases d'un code secret fourni par son agent recruteur[81].

Certains individus se vantent d'être des agents de l'Allemagne. Ainsi, Jean-Georges Knipper, dans les Pyrénées-Atlantiques, ne fait pas mystère de son engagement auprès des nazis dans une lettre qu'il envoie à une de ses connaissances[82]. D'autres sont très indiscrets. Au mois de février 1941, un secrétaire d'une délégation française de liaison est invité à déjeuner par un délégué de la Croix-Rouge allemande. Pendant le repas, une serveuse, qui est un agent de renseignements allemand, s'approche du délégué allemand pour lui fournir des renseignements sans se rendre compte de la présence d'un membre de la commission d'armistice française[83]. Les agents recrutés trop rapidement manquent souvent de sang-froid. C'est le cas d'Émile Fillodeau, un agent allemand de vingt-deux ans, qui panique lorsque, au moment où il tente de demander des renseignements à un passant, celui-ci appelle un gendarme de sa connaissance à qui il a quelques mots à dire. Se croyant découvert, Fillodeau perd la tête et se lance dans des explications confuses qui provoquent son arrestation[84].

Une autre imprudence a trait aux pièces d'identité des agents, ce en quoi les services spéciaux allemands eux-mêmes sont en partie responsables. Le vieux cliché selon lequel celles des espions seraient toujours en règle peut se révéler faux. Edouard Van Eynden et Marc Dreesen sont à l'origine arrêtés pour défaut ou irrégularité de papiers d'identité[85]. Parfois, les papiers prêtent à suspicion pour d'autres raisons. Le 7 novembre 1942, Maurice Lambin est arrêté par un inspecteur de la Surveillance du territoire de Limoges après avoir traversé la ligne de démarcation :

> Les personnes venant de la zone occupée faisant l'objet d'une surveillance plus particulière que les autres, cet agent vérifiait les papiers d'identité de ce voyageur et constatait que celui-ci détenait un laissez-passer délivré par les autorités allemandes pour une durée de trois mois, ce qui était surprenant, le bénéficiaire étant un simple employé de commerce. D'autre part, les diverses pièces dont Lambin était porteur mentionnaient un domicile différent de celui indiqué sur son laissez-passer ; enfin, sur un carnet trouvé en sa possession, figuraient certaines annotations qui permettaient, après interprétation, de soupçonner Lambin d'appartenir aux services de renseignements allemands.

Les soupçons sont confirmés lors des interrogatoires[86]. Souvent, le problème avec les pièces d'identité est qu'elles proviennent d'un bureau connu de la police française comme étant celui d'un service de renseignements allemand. Ainsi, le « bureau n° 35 de Strasbourg » est systématiquement considéré comme suspect[87]. On dresse des listes répertoriant les personnes ayant obtenu leurs papiers dans des circonstances suspectes : par exemple, la DSA établit un relevé des individus détenteurs d'un laissez-passer pour venir en zone Sud délivré sans consultation préalable du ministère de l'Intérieur. Sur la liste du 23 juillet 1941, outre une communiste, on trouve plusieurs personnes signalées comme « agents de la Gestapo », « représentatives de l'Abwehr » ou « agents de propagande allemande »[88].

Par le biais d'autres administrations, les services spéciaux reçoivent parfois de la population des renseignements sur des activités suspectes. Ces renseignements peuvent être divisés en deux catégories : la désignation accidentelle des activités pro-allemandes et la dénonciation consciente de ces mêmes activités.

Dans la France de 1940 à 1944, la propagande vichyste encourage une véritable obsession des ennemis de l'intérieur : Juifs, communistes, résistants sont dénoncés comme des ennemis de l'État par les partisans du régime. Il est évident que la dénonciation d'individus « suspects » par la partie pro-Révolution nationale de la population ne vise pas consciemment l'espionnage allemand. Toutefois, un comportement considéré comme suspect peut cacher toutes sortes d'activités[89]. Dans le climat xénophobe de la France de Vichy, le simple fait de parler avec un accent étranger est une raison de suspicion. Après enquête, un individu dénoncé aux autorités, par pure xénophobie, comme réfugié étranger peut se révéler être un agent allemand. Ainsi, l'agent allemand Willy Sommann « attire l'attention sur lui par son accent étranger », et l'enquête policière qui s'ensuit met au jour sa véritable activité[90]. Pourtant force est de reconnaître que ce cas de figure est assez rare, la majorité des espions allemands étant de nationalité française.

Dans certains cas, la dénonciation et faite par une personne convaincue de l'engagement proallemand de l'individu suspect. Mais il faut insister sur le fait que de tels renseignements ne sont fournis que par une certaine tranche de la population –

c'est-à-dire ceux qui pensent que de telles sympathies sont répréhensibles et ceux qui croient que des administrations vichystes vont effectivement réprimer les personnes suspectées de ces sympathies. Évidemment, ce second facteur mine sérieusement l'efficacité de l'aide apportée par la population. Un « Français 100 % » qui écrit anonymement à Pétain au printemps 1941 fait référence aux déclarations publiques de Vichy de vouloir défendre son territoire contre quiconque. Or ce « Français 100 % » exprime de graves doutes que les Allemands soient inclus dans la définition de « quiconque »[91]. Jugeant le gouvernement sans réserve dans le camp allemand, il est loin d'être un cas isolé. Il est donc peu probable que ceux qui doutent de la neutralité de Vichy vont faire l'effort ou prendre le risque de dénoncer des activités proallemandes.

De telles dénonciations proviennent souvent du milieu alsacien, comme en témoigne le rapport écrit le 19 mars 1941 pour le commissaire spécial d'Avignon par son subordonné l'inspecteur Hansler. Un certain Charles Fuchs, du Bas-Rhin, ayant exprimé des « sentiments nettement allemands » dans un restaurant, a été amené de force par un groupe de réfugiés alsaciens antiallemands à la gendarmerie, où il a été verbalisé. Telle est la conclusion du rapport de Hansler, dont des copies sont envoyées au BMA de Marseille et au préfet du Vaucluse, en ce qui concerne Fuchs et deux autres individus de « sentiments proallemands et nettement francophobes » : « À mon avis, il y aura lieu de considérer les nommés Baldensperger, Meyer et Fuchs comme très douteux au point de vue national. Pour le cas où ces derniers reviendraient un jour en zone libre, il y aura intérêt de les faire soumettre à un examen de situation minutieux et à une surveillance très étroite de leurs déplacements et agissements[92]. » Les services spéciaux bénéficient également de renseignements provenant des personnes contactées par les espions. Ainsi, Guillaume Le Cunff, qui se rend le 5 avril 1941 au terrain de Llabanere afin de ramasser des renseignements militaires, est dénoncé à la police par un soldat du nom de Baudet dont il essaie de tirer des renseignements[93].

Une fois qu'un engagement dans le SRA est suspecté, il reste à en apporter la preuve. La règle générale est de ne pas arrêter le suspect tout de suite, mais plutôt d'organiser sa filature afin de découvrir ses contacts et de déterminer son activité exacte. C'est ce qui se passe pour Alfredo Castoldi, un Italien travaillant pour les Allemands. Castoldi fait la connaissance d'un nommé Perez dans un bar et essaie de le convaincre de lui fournir des renseignements militaires. Perez fait semblant d'accepter, mais le lendemain il va tout raconter au chef de la Sûreté. La police n'arrête pas Castoldi tout de suite, mais demande à Perez de maintenir le contact avec lui et de le mettre en confiance afin de sonder ses intentions et de repérer ses réseaux[94]. Les preuves ainsi obtenues sont tellement satisfaisantes que le 3 novembre 1941, à 7 h 30, Castoldi est exécuté par un peloton d'exécution de l'armée de l'armistice à Alger[95].

Une tactique employée fréquemment consiste à se servir d'agents provocateurs. Des policiers contactent des agents allemands et font semblant de travailler eux-mêmes pour des services allemands, afin d'obtenir des renseignements sur l'activité de l'individu et sur ses relations. Pour avoir confirmation de l'activité de Karl-Heinz Masson, des policiers alsaciens déguisés en membres d'une commission allemande d'armistice se présentent à son hôtel au mois de décembre 1941[96]. L'inspecteur Steinard, de la police lyonnaise, emploie un procédé similaire quand il rend visite, le 2 janvier 1942, à l'espion Maurice Wagner dans sa cellule en lui faisant croire qu'il appartient à la Croix-Rouge allemande[97]. Dans le cas de Xavier Battini, il lui est impossible de revenir sur ses premiers aveux, car, dans un entretien avec un inspecteur de la Sûreté se faisant passer pour un agent allemand, Battini a tout avoué[98].

Parfois, lorsque les preuves formelles sont difficiles à trouver, des individus suspects sont arrêtés sous un prétexte anodin qui cache le vrai motif. Le rapport d'un officier de liaison à Clermont-Ferrand fait référence à une telle pratique dans le cas de Jeanne Le Bart : « Elle a été arrêtée et condamnée pour avoir proféré des propos injurieux à l'égard de la police, mais, d'après le BMA, le vrai motif était ses relations avec les Allemands, et actuellement elle est internée (ce doit être la raison pour laquelle les Allemands recherchent son lieu de séjour actuel)[99]. » Selon le rapport de la ST de Marseille, l'espion Ernst Ramstetter aurait été arrêté à cause de son comportement violent contre des femmes dans une rue de la cité phocéenne. Son arrestation pour ce délit étant l'œuvre de la ST, police spécialisée dans le contre-espionnage, on est en droit de se demander si la présence sur les lieux de son délit de fonctionnaires de ce service est une coïncidence totale, et donc si son comportement violent n'offre pas simplement un motif anodin pour l'interroger sur des activités d'une tout autre nature[100].

Les aveux obtenus lors des interrogatoires des personnes arrêtées se révèlent précieux dans la lutte contre l'infiltration allemande en territoire non occupé quand ils permettent d'obtenir des renseignements intéressants sur des réseaux toujours en activité. C'est en partie cette nécessité – obtenir des aveux rapidement avant que le réseau soit averti de l'arrestation de l'un des leurs – qui explique la brutalité des interrogatoires.

L'efficacité du contre-espionnage dépend donc de la coopération de beaucoup d'administrations et n'est pas le simple fait des services spéciaux. De nombreuses méthodes sont employées pour limiter la fuite des renseignements au profit des Allemands. Si beaucoup d'entre elles (instruction en matière de contre-espionnage, vigilance policière, etc.) sont mises en place afin de déjouer l'espionnage de toute origine, d'autres aspects (surveillance des bâtiments allemands...) visent uniquement l'occupant. Mais il est évident que le travail de contre-espionnage anti-allemand ne connaît qu'un succès limité, qui s'explique par le manque de moyens, problème aggravé du fait que des ressources qui auraient pu être consacrées à cette activité sont utilisées contre les Alliés. L'autre grande difficulté est que l'orientation de ce contre-espionnage va à l'encontre des positions diplomatiques ouvertement déclarées du gouvernement et, de ce fait, doit se réaliser sans le soutien total d'une population non avertie. Pis encore, une partie de cette population imagine que la propagande vichyste leur donne caution pour renseigner les Allemands.

CHAPITRE 7
LE SORT DES ESPIONS

Les études sur l'espionnage et le contre-espionnage passent généralement sous silence le sort des espions. On examinera ici la
façon dont ils sont traités par les autorités françaises ainsi que
leur châtiment éventuel.

Notons tout d'abord que le contre-espionnage français
n'empêche jamais entièrement les espions allemands d'opérer
dans les territoires non occupés. Au pire, il représente une gêne,
car il est très loin d'être efficace et systématique. De nombreux
agents de renseignements réussissent à agir dans la zone Sud ou
dans les colonies françaises. Beaucoup ne sont jamais arrêtés
parce que non détectés. Cela est confirmé par le fait que, dans
les dossiers des individus arrêtés, il apparaît que la plupart ont
effectué plusieurs missions avant d'être appréhendés. On peut
donc supposer que, malgré la volonté des services de contre-
espionnage, il y a plus d'agents en liberté qu'en captivité. Paillole
fait part de sa frustration à ce sujet lors d'une conférence d'orientation pour le personnel des services spéciaux au mois d'avril
1942 : « Ce n'est pas les 750 espions arrêtés dans le courant de
l'année 1941 qui sont l'ensemble des agents des SR étrangers
envoyés chez nous[1]. »

Lorsqu'il n'est pas possible pour les autorités d'acquérir les preuves nécessaires à une arrestation, des mesures administratives peuvent être prises. Dans une correspondance du 3 mars 1941, le général Weygand, délégué du gouvernement en Afrique du Nord, explique à Pétain qu'il a pris des dispositions allant dans ce sens : « J'ai prescrit aux mêmes autorités de mettre immédiatement hors d'état de nuire par l'application des mesures administratives légales (éloignement, mise en résidence surveillée, expulsion, etc.) tout individu entretenant avec les commissions d'armistice des relations suspectes et sur lequel on aurait acquis la simple preuve morale qu'il sert, à un titre quelconque, d'agent de renseignement ou de propagande. (Il est, en effet, extrêmement rare qu'il soit possible d'acquérir, sur des relations de cette sorte, des preuves suffisantes pour qu'une action judiciaire puisse être engagée, et attendre de telles preuves équivaut à ne rien faire.) [2] »

Outre les difficultés techniques pour trouver les preuves nécessaires à une arrestation, il y a les difficultés diplomatiques, liées à la présence des Allemands. Les arrestations pour espionnage proallemand se font exclusivement dans les territoires non occupés. Pour arrêter des agents opérant dans les territoires directement occupés, il faut les convaincre de passer la ligne de démarcation. Ainsi, dans le cas de Raoul Gebus, une jeune femme séduisante est employée pour l'attirer en zone Sud, où il est arrêté [3]. Mais l'utilisation de procédés de ce genre est extrêmement rare. Donc, en l'absence de répression effective, les agents de renseignements bénéficient d'une liberté presque totale pour recueillir des renseignements dans la zone Nord. Il reste à préciser que, après novembre 1942, ne sont plus effectuées que quelques arrestations d'espions allemands dans le territoire nouvellement occupé. Un des rares documents relatant une arrestation après cette date est rédigé le 20 janvier 1943 par un commissaire de la Sûreté urbaine à Marseille. Il s'agit d'un agent allemand qui a infiltré le mouvement résistant Combat. Dans son rapport, le commissaire insiste de façon explicite pour que cet individu soit interné à Castres (Tarn) afin que soit mis fin à son activité d'agent allemand[4]. C'est un cas isolé.

Comme de tout temps, le personnel diplomatique employé dans le renseignement pose problème aux services de contre-espionnage. Ces individus bénéficient du privilège de l'extraterritorialité. Il est donc extrêmement difficile de réprimer leurs activités illicites. Les nazis profitent largement de cette situation, utilisant le personnel des commissions d'armistice ou de leurs consulats pour organiser des réseaux d'espionnage en territoire non occupé, en toute impunité. Deux méthodes sont employées par Vichy et ses services spéciaux pour essayer de mettre fin à ces activités illicites. La première est de demander le rapatriement du personnage compromis, la seconde de s'engager dans des pratiques de chantage.

Il est très difficile de demander le rapatriement. Dans le stage d'orientation du personnel des services spéciaux au mois d'avril 1942, Paillole revient sur cette difficulté : « Je pourrais vous citer de très nombreuses affaires où nous avons pu prendre en flagrant délit de compromission leurs personnages officiels. Faute de pouvoir agir sur le plan judiciaire – ces personnages jouissent du privilège d'extraterritorialité – nous sommes intervenus, à maintes reprises, auprès des Affaires étrangères. Les lettres ont succédé aux lettres, les démarches aux démarches, rien n'y a fait. Voyant que nous ne pouvions pas empêcher ces activités, nous avons essayé d'obtenir la réciprocité à l'étranger[5]. »

En ce qui concerne le chantage contre le personnel diplomatique impliqué dans une activité extraconventionnelle, Henri Navarre, du deuxième bureau à Alger, relate dans ses Mémoires une affaire de ce genre. Il décrit le cas d'un membre actif de la commission allemande qui aurait un penchant pour les jeunes garçons arabes. Pour le piéger, les services spéciaux recrutent un jeune Arabe et prennent des photos compromettantes afin de calmer son zèle[6].

Le cas suivant témoigne d'une homophobie évidente dans les services spéciaux, de même que l'envie de faire chanter les représentants de l'Axe. Sachant que l'homosexualité était sévèrement punie dans le IIIᵉ Reich, on peut donc imaginer les bénéfices qu'il était possible d'en tirer. La cible de cette manœuvre est Theodor Auer, bête noire des services de contre-espionnage. Né en 1899 à Cologne (Allemagne), Auer fait des études de droit avant d'entrer dans la diplomatie[7]. En octobre 1940, il est envoyé au Maroc pour diriger l'Office économique allemand. En fait, il espionne, ce qui agace profondément les autorités françaises. Au mois d'avril 1941, le bureau des menées antinationales au Maroc exprime le souhait de faire jouer contre Auer son homosexualité : « "Teddy" Auer a rencontré à Alger un de ses anciens amis Franz Duschnitz, Juif autrichien, ancien légionnaire et inverti notoire. Il s'est vanté auprès de son "ami" d'être le chef de la Gestapo au Maroc et de pouvoir lui donner toute facilité de transit et de séjour en raison de ses influences auprès de la Sûreté publique au Maroc. Desiderata : exploitation locale des relations homosexuelles d'Auer et de Duschnitz[8]. » Au mois de juillet, l'amiral Darlan intervient auprès de l'ambassade d'Allemagne et tente de faire expulser Auer du Maroc en signalant « la sodomie qu'il pratique presque publiquement[9] ». Un mois plus tard, le réseau Travaux ruraux essaie d'utiliser les relations sexuelles existant entre Auer et un informateur de son service. Il espère que ce dernier pourra entrer en rapport avec Auer pour « satisfaire le vice allemand : pédérastie » et saura tirer profit de la situation[10].

L'échec des manœuvres contre Auer est démontré lorsqu'en novembre 1941 il obtient le titre de consul général. Plusieurs raisons expliquent que les Allemands aient refusé de céder aux différentes pressions. Premièrement, le réseau d'espionnage qu'a mis sur pied Auer est très réussi. C'est justement son efficacité qui énerve tant les Français. Ensuite, les Allemands ne veulent pas laisser les Français influer sur le choix de leur personnel diplomatique. Enfin, Auer est membre de la Gestapo, dont l'influence est grandissante. Il est peut-être homosexuel (ce qui est mal vu par les nazis), mais son amant attitré n'est pas n'importe qui. Auer serait un « ami intime » du vice-consul Schwarzmann, un proche parent de von Ribbentrop, ministre des Affaires étrangères du Reich[11]. En conséquence, même le chantage ne marche pas systématiquement pour mettre fin à des activités illicites.

Si, pour les raisons énumérées ci-dessus, tous les espions allemands ne sont pas arrêtés, le nombre d'arrestations reste tout de même très important. Il est cependant difficile de donner des chiffres précis. Selon les sources, les statistiques diffèrent. Parfois est comptabilisée l'arrestation d'agents allemands, parfois les agents en question travaillent « pour l'Axe » (ces chiffres comprennent donc les agents italiens et/ou japonais, voire des agents espagnols). Les arrestations pour propagande en faveur de l'Axe sont également incluses dans certaines statistiques. Des sources se focalisent sur les arrestations, d'autres sur les affaires soumises à la justice militaire, ce qui n'est pas la même chose. Il faut donc être prudent. Il est néanmoins possible d'évaluer approximativement le nombre d'arrestations.

Pierre Nord, qui a appartenu aux services spéciaux français pendant la guerre, estime qu'au total 1 800 espions de l'Axe ont été arrêtés entre 1940 et 1942[12]. Dans ses Mémoires, Paul Paillole affirme que le nombre d'arrestations a augmenté de façon importante pendant la guerre. Alors que la moyenne annuelle d'arrestations pour ce genre d'activité entre 1936 et 1939 se situait à 240, il prétend qu'ont été opérées 1 250 arrestations en 1940 (sans préciser celles qui interviennent avant l'armistice), 601 en 1941 et 1 223 en 1942 – moyenne annuelle d'environ 900[13]. Un bilan de la répression « d'espionnage et de propagande ennemis (allemands, italiens, japonais) » est établi à la Libération d'après le nombre d'affaires transmises à la justice militaire vichyste. Selon cette estimation, il y aurait eu 2 513 affaires de cette nature entre 1940 et 1942[14]. Une correspondance, datant de juin 1941, du secrétaire d'État à la Guerre, le général Huntziger, au vice-président du Conseil Darlan fait état de 258 ordres d'information pour espionnage proallemand entre décembre 1940 et mai 1941[15]. Ce même mois, un bilan présenté au deuxième bureau par le TR (service officieux de CE) offre un tableau nominatif de 215 arrestations pour la période de janvier à mai[16]. Dans ce cas, comme dans la correspondance de Huntziger, les chiffres grandissent au fil des mois. Les bulletins mensuels du BMA (service officiel de CE) sont consultables pour onze mois entre mars 1941 et juin 1942. Selon cette source, il y aurait eu une moyenne mensuelle de 64 arrestations d'agents allemands[17]. Dans un rapport de novembre 1942, le commissaire principal de la Surveillance du territoire à Marseille fait savoir à sa hiérarchie que, depuis janvier 1941, 170 espions allemands ont été arrêtés par la seule ST marseillaise[18]. À noter qu'un ancien chef de la ST croit qu'en 1941-1942 316 agents de l'Axe ont été arrêtés en zone Sud et 1 800 en Afrique du Nord[19]. D'après les journalistes Roger Faligot et Pascal Krop, il y aurait eu 316 arrestations en 1941 et 1 223 en 1942[20]. Au cours de cette étude, nous avons consulté au moins un millier de dossiers nominatifs d'individus arrêtés dans ce genre d'affaires. Malgré des variations dans les chiffres, toutes ses sources impliquent que la réalité doit se situer dans une fourchette allant de 1 500 à 2 500 arrestations par les services spéciaux vichystes entre la défaite et l'occupation totale.

L'activité d'agent de renseignements allemands recouvre une réalité complexe. Il y a un gouffre entre un Robert Bellette, espion allemand de longue date, et une Marie-Madeleine Fuchy, qui est plus une compagne de route qu'autre chose. Tout en confirmant ses sympathies proallemandes, Fuchy souligne la limite de son engagement dans une lettre qu'elle envoie le 25 juillet 1943 de sa cellule de la prison Saint-Joseph, à Lyon, à la commission allemande d'armistice. Sa lettre, qui est interceptée par les autorités françaises, est ainsi formulée : « Je viens vous prier de vous intéresser à mon sort, puisque je suis considérée par les autorités françaises comme un agent de renseignements allemand, et qu'en conséquence j'ai été condamnée à mort le 26 juin 1942 en même temps que quatre autres personnes. Bien que ne faisant pas partie alors du SRA, je vous demande quand même de faire quelque chose pour moi, car voici treize mois que je suis en cellule en attendant un problématique recours en grâce. Ici l'inactivité est terrible et à ce régime mes forces déclinent, tandis que libre je pourrais participer à la collaboration et partir travailler pour vous en Allemagne[21]. »

Les arrestations sont effectuées par la police et généralement par la brigade de la Surveillance du territoire. De nombreux documents laissent entendre que les espions allemands auraient souvent fait l'objet de mauvais traitements de la part de policiers français. On trouve tout d'abord de nombreuses plaintes à propos d'insultes. À en croire les inculpés, des expressions comme « boche » et « sale vendu » auraient été employées par les policiers dans les interrogatoires[22]. Karl-Heinz Masson prétend que les policiers de la ST auraient affirmé devant lui que l'effort de guerre allemand était voué à l'échec[23]. Un Alsacien du nom de Riem affirme que des policiers lui déclarent qu'il devrait avoir honte de collaborer avec les Allemands[24]. Il est évidemment difficile de vérifier l'exactitude de tous ces dires. La fréquence de plaintes de ce genre leur donne une certaine crédibilité, mais on peut parfois supposer que les inculpés cherchent à mettre en doute l'impartialité de l'instruction de leurs affaires afin de laisser planer des doutes sur leur propre culpabilité. Une telle méfiance est exprimée par les autorités elles-mêmes en une occasion au moins. Lorsque Karl Langer affirme (avec peu de crédit) que les policiers qui l'interrogent « voulaient le contraindre à se rendre en Angleterre », une main anonyme annote le document d'un « quelle imagination ! » laconique[25].

Beaucoup plus sérieuses sont les accusations de torture, comme celle d'Asoka Chand. Chand, d'origine indienne, s'est engagé auprès des services spéciaux allemands bien avant la guerre à cause de son hostilité envers les Britanniques. En avril 1943, de sa cellule à Nontron (Dordogne), il envoie une lettre à la commission allemande d'armistice. Dans cette lettre, il revient sur son arrestation par le CST de Lyon survenue au mois d'octobre 1941 :

> Je fus arrêté (le 18 octobre 1941), volé (de la somme de 23 100 dollars) par la police du territoire de Lyon, torturé, menacé de déportation en Afrique, transféré à Montpellier (Hérault) pour me soustraire aux recherches des autorités allemandes dans la région lyonnaise, finalement, après douze mois au secret, condamné à mort par une cour martiale (le 6 octobre 1942 à Montpellier) constituée par ordre du traître de Lattre de Tassigny, commandant la XVIe région militaire. Le 17 novembre 1942, transféré de Montpellier à Mauzac (Dordogne), et le 17 décembre 1942, de ce dernier endroit à Nontron, où je me trouve actuellement en me plaignant de mauvais traitements que j'ai subis à Mauzac, aux mains du personnel fanatiquement anglophile [...]. S'il n'y a plus risque que je sois fusillé, il y a toujours possibilité d'être transféré d'ici – même livré aux éléments de dissidence en Afrique, ou, plus simplement, laissé à mourir de manque de soins et de persécutions pratiquées à mon égard, chose possible vu l'état critique de santé dans lequel je me trouve[26].

Par les canaux diplomatiques, les Allemands se plaignent à de nombreuses reprises des mauvais traitements dont leurs agents font l'objet, comme on le voit dans le dossier concernant Francis Voelkel : « Il résulte des informations dont dispose l'ambassade d'Allemagne que Voelkel, lors de son interrogatoire qui se poursuivit pendant plus de quatre jours, fut si violemment maltraité à coups de pied et coups de poing qu'il est devenu sourd de l'oreille droite. » Dans ce même dossier, l'ambassade d'Allemagne fait savoir que le mauvais traitement infligé à Voelkel n'est pas unique dans ce genre d'affaire : « Il ne s'agit pas en l'occasion, comme nous le faisons remarquer expressément au gouvernement français, d'un cas isolé. Plusieurs autres cas de mauvais traitements ont été signalés ces derniers temps à l'ambassade[27]. »

Évidemment, il faut faire preuve de prudence dans l'interprétation de tels documents. Les inculpés ont tout intérêt à insister sur les brutalités policières pratiquées contre eux. D'une part, comme pour les insultes, les « victimes » de ces violences peuvent espérer mettre en doute l'impartialité de l'instruction. Dans le rapport sur Edouard Buch, on peut lire : « Devant le juge d'instruction, Buch amenuisa ses aveux. Il n'aurait fait certaines déclarations que parce qu'il avait été menacé de la cravache[28]. » De l'affaire Watrin, ancien agent des services spéciaux français retourné par les Allemands, Darlan offre le résumé suivant à Pétain : « Il dit avoir menti en déclarant avoir été chargé d'une mission spéciale concernant les mitraillettes et les aviateurs d'Aumnat, et ce parce qu'il était bousculé par les policiers. Il n'a pas osé, plus tard, se rétracter devant le premier juge d'instruction militaire[29]. » Darlan conclut néanmoins que Watrin doit être exécuté. D'autre part, les nazis sont particulièrement féroces avec ceux qui font des aveux à leurs ennemis. Les personnes arrêtées espérant souvent leur prochaine libération et donc leur rapatriement en Allemagne, il est important pour elles d'affirmer que tout renseignement donné à leur interrogateur français l'a été sous la pression la plus extrême. Quant aux plaintes au niveau officiel, il est enfin facile d'imaginer les avantages diplomatiques que les Allemands espèrent tirer de tout incident de ce genre dans leurs négociations avec Vichy.

Si l'on peut mettre en doute l'étendue des brutalités dans tel ou tel cas, les preuves de recours à la torture contre des agents allemands sont accablantes. Les Allemands se plaignent par la voie diplomatique de la violence que subissent leurs agents. Mais dans un contexte beaucoup plus informel, Theodor Auer, le chef de la Gestapo au Maroc, s'offusque des sévices dont sont victimes ses agents – ce qui est assez étonnant étant donné que sa propre organisation utilise elle-même largement la torture. Les propos qui suivent sont attribués à Auer au début de 1942 et rapportés aux services spéciaux français par un « informateur bien placé et sincère » qui accompagne ce chef de la Gestapo lorsque celui-ci entend des bruits devant des bureaux de la Surveillance du territoire. Auer : « Ces sadiques semblent de nouveau maltraiter un pauvre diable. Il est impossible de décrire ce que ces porcs peuvent faire dans ce domaine. Je croyais que la SS et la SA avaient le monopole des actes de violence, mais les Français font mieux. J'ai au moins une douzaine de rapports sur ces nouvelles méthodes. D'abord ils déshabillent les types (c'est un principe), ensuite ils les raccordent pendant une heure ou deux au courant électrique. Je dois dire que nos militaires s'occupent bien de ces questions [...]. [Ils] recueillent beaucoup de bons renseignements sur ces affaires de mauvais traitements[30]. » La dernière phrase de cette citation démontre très clairement qu'Auer fait référence à la torture pratiquée contre des agents allemands et non pas contre des individus travaillant pour les Alliés.

La documentation concernant la violence exercée à l'encontre des espions nazis n'est nullement limitée aux sources de provenance allemande. Le résistant Jean Gemähling rapporte que, lors de son arrestation par la Surveillance du territoire de Marseille vers la fin de 1941, de nombreux agents allemands maltraités se trouvaient parmi les prisonniers. Le témoignage de Gemähling a été recueilli par Mlle Patrimonio pour le Comité d'histoire de la Seconde Guerre mondiale en décembre 1945 : « Parmi les prisonniers, il y a autant de gaullistes que de collaborateurs. G[emähling] est entre les mains de la Brigade du territoire [ST] qui se montre d'ailleurs plus dure pour les collaborateurs qu'elle passe volontiers à tabac[31]. » Par ailleurs, les Mémoires des anciens membres des services spéciaux font également référence à la torture. Paul Paillole, des services militaires du contre-espionnage (TR), rapporte que, lors de l'arrestation d'un nommé Silberstein par la police, il a « toutes les peines du monde à empêcher son lynchage[32] ». Robert Terres, subordonné de Paillole, donne le témoignage suivant sur les pratiques de la police contre les espions, et en particulier sur celles de Robert Blémant de la ST de Marseille :

> Le « bibi chatouilleur » – il appelait ainsi la petite électrode délicatement enfoncée dans l'anus des suspects – n'était pas la moindre de ses inventions. Il avait même installé, entre Marseille et Toulon, pour les postes TR et avec la bénédiction de Paillole, une villa consacrée uniquement aux « interrogatoires poussés ». Pour parfaire l'effet d'arguments convaincants, Blémant avait, à l'aide de chaînes et de tenailles suspendues aux murs, d'éclaboussures de sang judicieusement réparties au sol, de quartiers de viande pourrie entreposés çà et là pour reproduire avec un émouvant réalisme l'odeur des cadavres en décomposition, mis en œuvre toutes les ressources de son imagination féconde. Il avait ainsi, dans l'intimité d'un éclairage subtil conçu à base de spots braqués en plein dans les yeux, une ambiance propre aux confidences. [...] Blémant, avec son visage pâle, mou, inexpressif, son regard vide et ses manières de somnambule, n'est pas précisément le genre d'individu qu'on aimerait rencontrer au coin d'une rue déserte, sur le coup de deux heures du matin[33].

Tout cela appelle plusieurs commentaires. D'abord, l'idée que la police française serait pire que la Gestapo est évidemment une exagération. Néanmoins, il est certain que la police française n'a pas attendu ni l'occupation ni la guerre d'Algérie, comme le suppose parfois l'historiographie, pour utiliser des méthodes d'interrogation avoisinant la torture. Elle a plutôt une longue tradition dans ce domaine. Selon Marc Bischoff, auteur d'un texte sur la police scientifique, l'expression « passer à tabac » pour décrire un traitement brutal provient d'une pratique courante dans la police à la fin du XIXe siècle qui voyait les policiers recevoir une prime sous forme de tabac pour tout aveu obtenu

– le « passage à tabac » devenant donc synonyme des méthodes employées[34]. Dans les quarante premières années du XXᵉ siècle, les pratiques scientifiques (empreintes digitales, par exemple), qui facilitent l'instruction, ont minimisé l'importance des aveux et donc réduit le recours à la violence, du moins dans les affaires criminelles. Dans le contre-espionnage, cependant, de telles pratiques ont continué. Dans ce genre d'affaires, la violence policière est un moyen d'obtenir rapidement des renseignements, la rapidité de l'instruction se révélant essentielle pour démanteler tout le réseau. La brutalité de l'interrogateur est aussi un moyen d'exprimer un dégoût pour l'inculpé. Sous Vichy, la violence policière augmente de façon considérable. Elle est utilisée contre les gaullistes, les Juifs, les communistes et les espions de l'Axe. Le risque d'incidents diplomatiques dans ce dernier cas encourage le gouvernement à sanctionner les policiers accusés de telles pratiques. Au mois de mars 1942, des fonctionnaires de la police niçoise sont emprisonnés pour s'être comportés brutalement envers des Italiens soupçonnés d'activités proitaliennes[35].

À en croire la correspondance des personnes arrêtées, la fin de leurs interrogatoires ne représente pas la fin de leurs tourments, puisqu'elles doivent ensuite éprouver la dureté des conditions de vie des prisons de Vichy. Jusqu'à la fin de 1942, elles sont incarcérées dans les prisons militaires des territoires non occupés. Après 1942, les inculpés et les condamnés ne sont pas systématiquement relâchés comme on pourrait s'y attendre, mais plutôt transférés dans les prisons civiles. De ces prisons militaires et civiles, les agents internés envoient de nombreuses plaintes.

Ces plaintes portent aussi bien sur les conditions physiques de leur vie carcérale que sur les souffrances psychologiques et morales endurées. Robert Link prétend qu'il a maigri de quinze kilos en trois mois de prison[36], et Leona Schmidt que « l'installation matérielle et la nourriture de la prison sont mauvaises. » Elle considère « l'établissement malpropre et l'eau potable douteuse[37] ». De la prison militaire de Casablanca, Wilhelm Alscher se plaint de devoir partager une cellule à trois lits avec quatre autres prévenus[38]. Mais c'est surtout l'inactivité et la longue attente pour être fixé sur son sort qui sont les plus dures à supporter. Le 25 juillet 1943, Floria Richelmi écrit de la prison Saint-Joseph à Lyon aux autorités allemandes. Dans sa lettre, qui est interceptée par les autorités françaises, on peut lire : « Étant agent secret de votre service de renseignements (branche de Paris) depuis novembre 1941, j'ai, après différentes missions exécutées avec satisfaction, été dénoncée et arrêtée à Limoges le 13 avril 1942 ; transférée à Lyon, j'y ai été jugée et condamnée à mort le 26 juin 1942 par le tribunal de la XIVe région militaire siégeant en cour martiale. Depuis treize mois, ma situation est inchangée, je suis au secret, en cellule, dans un état de déficience extrême et de grande misère morale, j'attends en vain qu'il soit statué sur mon sort[39]. »

Les autorités françaises sont généralement peu réceptives aux plaintes concernant les mauvaises conditions d'incarcération. Lorsque, au mois de mars 1942, l'espion Friedrich Berger menace de se suicider à cause des conditions d'internement, la Direction des services de l'armistice souligne que ses employeurs allemands traitent mal les Français internés : « D'une part, en effet, il n'est pas certain que la requête de Berger ne dissimule pas une manœuvre de chantage. D'autre part, aux raisons humanitaires que l'on peut invoquer, à ce sujet, il sera toujours possible d'opposer l'attitude des autorités allemandes vis-à-vis de nombreux condamnés à mort français qui sont laissés de longs mois en sursis d'exécution. En outre, il existe déjà au moins deux cas de suicide parmi les condamnés à mort français dont l'exécution avait été ajournée par les autorités allemandes[40]. » Quant aux plaintes de Leona Schmidt évoquées ci-dessus, le garde des Sceaux s'en explique à Darlan. Il se déclare d'accord sur la dureté du régime pénitentiaire, mais ajoute qu'elle « partage le sort commun de toutes ses codétenues[41] ». Donc, si les espions sont mal lotis en prison, il n'en reste pas moins que les conditions d'incarcération dans les prisons de Vichy sont mauvaises pour tout le monde. Cela est dû, d'une part, à l'augmentation massive de la population pénitentiaire, conséquence de la politique brutale et liberticide du gouvernement et, d'autre part, à la répression croissante de l'espionnage sous Vichy. Ce dernier aspect est bien démontré dans un rapport du commandant de la prison militaire d'Alger en août 1941. Ce rapport fait une comparaison entre l'effectif moyen de cette prison en 1937 qui tourne autour de 35 détenus (dont aucun inculpé pour espionnage) et l'effectif moyen des « années 1940 » qui « a atteint et dépassé 400 détenus, dont 100 inculpés pour espionnage[42] ».

Contrairement aux autres prisonniers, les espions sont soumis au régime du secret. Cela veut dire qu'ils sont, avec d'autres inculpés pour les mêmes motifs, internés à part, souvent pendant plusieurs mois, qu'ils ont des droits de visite extrêmement limités et que leur courrier est contrôlé par les autorités pénitentiaires. Hans Goepel n'est pas le seul à se plaindre des conséquences de cet isolement : « Il nous est rigoureusement interdit de parler entre nous ; on nous a isolés[43]. »

Ce régime de secret est censé empêcher les Allemands d'apprendre le lieu de détention et même, parfois, l'arrestation de leurs espions. Cependant, à partir de septembre 1941, Vichy accepte l'obligation d'informer les Allemands, dans un délai de trente jours, de l'arrestation de tout ressortissant allemand, y compris des Alsaciens et des Lorrains. Les services subordonnés refusent souvent de se conformer à cette instruction ou le font avec beaucoup de retard[44]. L'arrestation de Francis Voelkel a lieu le 31 mars 1942, mais ce n'est que le 19 mai que les Allemands sont mis au courant[45]. Le 22 juin 1942, l'Oberfeldführer Arning, qui dirige le service allemand du rapatriement à Lyon, est furieux de découvrir qu'il n'a jamais été informé de l'arrestation de Karl Danler, intervenue le 4 novembre 1941. Sa colère monte d'un cran quand il lit la citation ordonnant à Danler de comparaître devant le tribunal militaire de Lyon. Cette pièce est rédigée comme suit : « Prévention d'atteinte à la sûreté extérieure de l'État pour avoir entretenu des relations avec une puissance ennemie en mai et juin 1941 et avoir correspondu avec la Croix-Rouge allemande de Lyon[46]. » Arning proteste et signale que, à ce moment-là, l'Allemagne ne doit pas être considérée comme une « puissance ennemie ».

Il est évident qu'il n'est pas facile de garder ces internements secrets. Plusieurs sources de fuites sont possibles. D'abord, les familles des personnes incarcérées. Les lettres envoyées par ces familles montrent que, pour des raisons de sécurité, elles ne sont pas toujours informées ni du lieu de détention ni du motif de l'inculpation. Ainsi, la femme d'André Bernard adresse une lettre désespérée au maréchal Pétain au mois d'octobre 1941 pour s'informer de la situation de son mari dont elle est sans nouvelles depuis six mois. Elle a entendu une rumeur selon laquelle il serait incarcéré pour activité communiste, information qu'elle trouve totalement incroyable, vu le passé politique de son époux : « Je ne connais pas exactement les motifs de sa condamnation, mais je peux affirmer qu'il n'a jamais appartenu au Parti communiste qui était totalement éloigné de ses idées[47]. » Le résumé du jugement du tribunal militaire confirme que c'est bel et bien pour activité proallemande qu'il est condamné à mort le 13 novembre 1941[48]. Des lacunes dans les mesures de sécurité font que, parfois, des informations parviennent aux familles, ce qui menace le secret de la procédure. La possibilité que les Allemands soient renseignés par les familles est bien démontrée par une correspondance envoyée à la commission allemande de Limoges par une dénommée Anna Kern, de Bâle, en Suisse. Dans cette lettre, interceptée par le contrôle technique, celle-ci essaie d'inciter les Allemands à intervenir en faveur de son mari : « Je suis passée chez vous à Limoges lors de mon séjour du 6 au 9 octobre 1941 au sujet de mon mari, qui se trouve à l'asile de Naugeat. Il a été de nouveau arrêté par les Français comme espion et pour son amitié pour l'Allemagne et de ce fait dirigé sur le camp de concentration de Nexon, où il commit la sottise de vouloir se suicider, ce qui le conduisit à l'asile. Eh bien, mon mari souffre beaucoup dans cet asile. Le médecin-chef, Dr Calmette, le nomme "sale boche", "grand salopard", "cinquième colonne", "cinquième saleté !", ou bien il lui dit : "Espion allemand, tu n'as pas encore crevé ?" Par exemple, je ne croyais pas que cela fût d'accord avec les conventions de l'armistice[49] ! »

Mais les familles ne sont pas toujours en cause. Des gardiens mal payés acceptent de faire le messager entre le prisonnier et le monde extérieur. Les prêtres et les avocats représentent une autre possibilité de fuites. Me Castan, de Toulouse, est accusé d'avoir informé les autorités allemandes du lieu de détention de son client, l'espion allemand Van Eynden. Castan est donc lui-même traduit devant le tribunal militaire de Clermont-Ferrand le 10 novembre 1941, sous l'inculpation d'atteinte à la sûreté extérieure de l'État, et condamné à huit mois de prison. Après que le conseil de l'ordre des avocats de Toulouse a siégé entre avril et mai 1942 pour déterminer s'il y a faute professionnelle[50], Castan est radié du barreau des avocats.

Pour garder une incarcération secrète, certaines prisons sont reconnues plus sûres. Ainsi, jusqu'à l'été 1941, on transfère généralement les espions en Afrique du Nord afin de les éloigner des recherches allemandes[51]. L'occupant intervient pour mettre un terme à cette pratique. Néanmoins, les autorités françaises continuent de garder certains lieux secrets. C'est le cas d'un secteur de la prison de Castres, dans le Tarn. Une note envoyée par le ministère de l'Intérieur à la Direction des services de l'armistice, au début de 1943, concerne le cas d'un Belge, Paul Termonia, interné à Castres pour atteinte à la sûreté extérieure de l'État. Selon cette note, les Allemands sont intervenus pour savoir ce qu'est devenu Termonia. La DSA répond qu'il ne faut pas donner suite à la requête allemande, « l'affectation spéciale de la prison à Castres n'ayant jamais été signifiée aux autorités allemandes[52] ».

Pour mieux protéger le secret du lieu de détention, les inculpés sont déplacés de temps en temps, surtout dans les cas délicats. Marc Dreesen (parfois écrit « Dressen ») est de ceux-là. Son oncle est le propriétaire du Rheinhôtel Dreesen près de Godesberg, en Allemagne. Pour comprendre la portée de cela, il faut lire *À notre corps défendant* de De Acevedo : « À maintes reprises, Hitler est venu dans cet hôtel, où son appartement était toujours prêt, pour des séjours plus ou moins longs, sorte de retraite où il mûrissait ses projets de conquête[53]. » Les services de contre-espionnage sont tout à fait conscients du fait que Dreesen est une connaissance personnelle de Hitler[54]. Pendant les cinq mois de son incarcération, il change de prison à quatre reprises. Mais les précautions prises ne suffisent pas. Un des premiers actes de Klaus Barbie lors de son arrivée à Lyon à la fin de 1942 est d'organiser un commando de la police allemande pour entrer en force à la prison militaire de Lyon afin de repérer les inculpés d'atteinte à la sûreté extérieure de l'État. Les protestations du directeur de la prison n'empêchent pas Barbie de faire un inventaire complet des prisonniers détenus dans l'établissement et d'enlever tout de suite l'un d'entre eux, le dénommé Marc Dreesen[55].

Les Mémoires de Paillole décrivent une autre tactique destinée à préserver le secret de l'internement. Vichy accorde aux délégués de la Croix-Rouge allemande le droit de visiter les Allemands internés, à condition toutefois que, pour les espions, les visiteurs soient accompagnés par un officier de liaison français. Paillole raconte que, pour éviter tout risque, certains agents allemands dont la présence dans une prison n'est pas connue des Allemands sont extraits des prisons et cachés en ville jusqu'à la fin des visites. Ce fait semble confirmé par les dires d'Edgar Milk, agent interné d'abord à Marseille, puis à Oran. Lors de la visite d'un délégué allemand à la prison d'Oran, Milk explique à celui-ci que, alors qu'il était « incarcéré au fort Saint-Nicolas, à Marseille, avec seize autres détenus allemands, [ils ont] été camouflés à la commission allemande qui effectuait une visite de contrôle audit fort[56] ».

Ce qui précède démontre bien la difficulté de mener des actions de contre-espionnage dans un pays partiellement occupé. La situation politique et diplomatique de la France est aussi très loin d'être idéale pour l'organisation des procès d'agents allemands. Le système de la justice militaire marche au ralenti du fait du manque de personnel et d'une surcharge massive de travail due à la recrudescence de l'espionnage. Dans ces conditions, la justice est très approximative. La nécessité d'éviter d'attirer trop l'attention sur ces procès, ajoutée aux difficultés de communication, fait qu'il est très difficile de collecter tous les renseignements nécessaires. Par exemple, dans le rapport sur le Belge Jean Polome, on peut lire : « Renseignements de moralité : sont inconnus, l'inculpé résidant en Belgique[57]. » À propos de son procès, Édouard Fier regrette l'absence de témoins à décharge du fait de la division du pays en zones : « Malheureusement les personnes qui pourraient témoigner pour moi se trouvent ou en zone occupée ou en zone interdite[58]. » L'instruction et le jugement des affaires d'espionnage n'échappent pas aux facteurs humains. Au mois de juin 1942, Paul Paillole, du contre-espionnage français, se plaint qu'il y a « à Marseille un juge militaire qui lib[ère] assez facilement les détenus pour espionnage dont la culpabilité [est] nettement établie[59] ». Des facteurs politiques jouent également. Le BMA de Limoges considère que, dans le procès de Louis Rolland, l'inculpé n'échappe à la peine capitale que grâce à la position politique du juge d'instruction, « membre convaincu du PPF et collaborateur acharné[60] ».

Jusqu'à l'occupation totale du territoire en novembre 1942, les procès d'espions allemands ont lieu devant les tribunaux militaires ou maritimes dans la zone Sud ou dans les colonies. Ces tribunaux sont constitués de sept (puis cinq) officiers. Les agents de renseignements sont jugés aux termes des articles 75 et suivants du Code pénal sur l'espionnage, la trahison et l'atteinte à la sûreté extérieure de l'État. Les peines prononcées sont généralement de deux, cinq ou dix ans d'emprisonnement ou de travaux forcés (parfois à perpétuité). Depuis 1938, la peine maximale pour espionnage est passée de cinq ans d'emprisonnement à la peine de mort. Plus de cent individus sont condamnés à mort pour espionnage proallemand par les tribunaux de Vichy.

Après novembre 1942, les procès devant les tribunaux militaires ou maritimes sont abandonnés, suite à la suppression de l'armée de l'armistice. Cela ne veut pas dire qu'on arrête de juger les agents allemands, même s'il est vrai que les peines sont désormais allégées du fait de la suppression des peines de mort. Paradoxalement, ce sont les sections spéciales des cours d'appel, c'est-à-dire des tribunaux établis pour juger les communistes, qui servent désormais à juger les agents allemands. Ainsi, le 10 février 1943, Jean Foufounis est jugé devant la cour d'appel d'Aix pour non-dénonciation d'un réseau d'espions allemands et condamné à sept ans de travaux forcés[61]. Le 17 juillet 1943, la même cour condamne Pierre Arvaud, un agent du service allemand des renseignements maritimes[62]. Le 20 janvier 1943, la cour d'appel d'Agen prononce une peine de cinq ans de prison ferme à l'encontre de Léonie Schmid[63]. On pourrait multiplier les exemples. À notre connaissance, le dernier cas en date est celui de Maurice Lambin, jugé le 21 décembre 1943, à Aix, sous l'inculpation de trahison. Son dossier, et en particulier la correspondance échangée entre le garde des Sceaux et le procureur général, ne laisse absolument aucun doute sur le fait que sa condamnation sanctionne son travail d'agent de renseignements pour les Allemands[64]. Voici l'explication donnée pour son arrestation effectuée le 7 novembre 1942, par un agent de la ST, près de la ligne de démarcation :

Interrogé, cet individu déclarait que, dans le courant de l'année 1942, alors qu'il se trouvait à Paris, il avait été mis en relation avec certaines personnes qui, se disant agents du service français de renseignements, l'avaient chargé de recueillir, en zone non occupée, divers renseignements d'ordre militaire, relatifs notamment à l'organisation de la défense passive et de la DCA, à l'effectif des régiments et à leur garnison [...]. Au retour de la deuxième mission effectuée par lui, Lambin se rendait compte, a-t-il reconnu, que les agents avec lesquels il était en rapport appartenaient, en réalité, au service des renseignements allemand, et il avouait qu'il avait néanmoins accepté la troisième mission dont on l'avait chargé, qu'il exécutait au moment de son arrestation[65].

Il n'est pas sans intérêt de noter que, suite à une intervention allemande, il est proposé de ne pas révéler les motifs de l'inculpation de Lambin et de faire croire qu'il est jugé sous les termes d'une loi conçue pour juger les communistes et les anarchistes. C'est ce qui est signifié dans une correspondance que le ministre de la Justice adresse au chef du gouvernement : « En ce qui concerne la demande des autorités allemandes sur la nature de l'infraction qui motive la détention de Lambin, il pourrait, semble-t-il, être simplement répondu que cet individu est poursuivi pour infraction à la loi du 18 novembre 1942[66]. »

Aussi bien avant novembre 1942 qu'ensuite, les peines prononcées par les tribunaux ne sont pas toujours appliquées intégralement. Cela est vrai pour les peines de prison, et plus encore pour les exécutions capitales. Plusieurs facteurs jouent en faveur de la réduction des peines : les interventions des condamnés auprès des hautes personnalités de l'État, les décisions des commissions gouvernementales et les compromis diplomatiques de Vichy.

Les condamnés eux-mêmes ou bien leurs familles interviennent auprès de personnages importants de l'État français. Ils s'adressent généralement à Pétain, plus rarement à Laval ou à l'ambassadeur de Vichy à Paris, Fernand de Brinon. De Lyon, le 14 avril 1942, une Mme Rabis lance un appel désespéré à Pétain afin qu'il aide son mari, Roger, qui va passer au tribunal le mois suivant : « Monsieur le Maréchal, je suis seule à Paris avec ma fillette. Je ne connais personne. Je ne suis pas hardie. Je n'ai qu'un espoir : Vous[67]. » Cette foi en Pétain, mélangée à une foi chrétienne, est exprimée dans une lettre tragique que Guillaume Le Cunff envoie à un religieux :

> Je dois vous dire que j'ai passé mon jugement hier en cour martiale et mon aveu m'a conduit à la peine de mort. Je suis déçu de la justice de l'homme. Maintenant, je vais attendre la grâce du maréchal Pétain. J'espère que vous pensez toujours à moi dans vos prières, peut-être que j'aurai plus de chance avec notre grand chef. Je voudrais vivre encore pour ma chère maman, comme nous pouvons souffrir sur cette planète Terre, surtout quand nous tombons dans le malheur comme moi en ce moment, enfin, il faut prendre le courage, mais je vous assure que c'est bien dur. Je vais garder l'espoir jusqu'à la dernière minute. J'ai souvent prié la Sainte Vierge et tous les jours je fais deux chapelets *Je vous salue Marie*. Je suis sûr, elle viendra à mon secours dans mon malheur[68].

L'examen de quelques cas concrets de la correspondance envoyée aux hautes personnalités de l'État français par les espions internés donne une idée des tactiques employées pour obtenir une réduction de la peine. Commençons par le cas de René Prêtre. Le 1er avril 1942, à l'âge de dix-neuf ans, Prêtre est condamné à mort par le tribunal militaire de Lyon pour espionnage proallemand. Sa tante intervient auprès de Pétain un mois plus tard. Elle commence par faire appel à la compassion du Maréchal : « Ce que je veux seulement vous dire, Monsieur le Maréchal, c'est l'épouvantable peine, l'immense douleur de sa mère et de toute sa famille en présence de la terrible condamnation prononcée contre lui. » Puis elle poursuit en minimisant le crime de son neveu et sa part de responsabilité : « C'est un enfant, un enfant inconscient qui s'est laissé égarer et a entendu la voix du mal et de la tentation. S'il a reconnu avoir reçu de l'argent de l'étranger, il a toujours nié avoir trahi son pays, et les renseignements qu'il a fournis sont sans importance. J'espère donc, Monsieur le Maréchal, que votre cœur sera touché par les larmes et la désolation de braves gens et que vous accorderez une remise de peine à ce malheureux[69]. »

Il est difficile de savoir si cette intervention a joué un rôle dans la réduction de la peine, mais le fait est que la décision d'une commutation en « travaux forcés à perpétuité » intervient le 11 juin[70].

Les cas de Maurice Petit et de Jacques Grandidier nous fournissent d'autres éclaircissements sur les systèmes de défense employés. Tous deux invoquent l'argument que leur trahison incombe à quelqu'un d'autre. Avant la guerre, ils travaillaient pour le cinquième bureau des forces maritimes, c'est-à-dire le CE naval. Pendant la campagne de 1940, les chefs des services spéciaux navals quittèrent Paris précipitamment, laissant derrière eux une liste nominative de leurs agents, ainsi que leurs coordonnées. Les personnes mises en danger par cet oubli ne sont nullement informées de la menace qui pèse sur elles. Leur identité connue, elles sont contactées par les Allemands qui leur ordonnent de travailler pour leurs anciens ennemis. Une fois embauchées, elles sont envoyées en zone Sud pour recueillir des renseignements. Sur ce point, les deux hommes utilisent une défense fréquemment employée dans les demandes de réduction de peine. Ils soulignent que leur activité n'était pas dirigée contre Vichy et de ce fait n'était pas antifrançaise. Pour citer Grandidier : « Toute mon action n'a été orientée que dans un sens antibritannique, et aussi bien contre les ressortissants de la Grande-Bretagne que contre les sympathisants français qui, civils ou militaires, pouvaient se trouver à Toulon ou dans les cadres mêmes de la marine et préparaient des mouvements qui ne pouvaient que nuire à une collaboration franco-allemande déjà esquissée. » Grandidier ajoute un élément personnel censé confirmer son honorabilité : « Petit-fils de l'explorateur Alfred Grandidier, membre de l'Institut, moi-même ancien compagnon du commandant Jean Charcot au cours de ses missions dans l'Arctique à bord du *Pourquoi pas ?*, n'ayant jamais encouru aucune condamnation ni civile ni militaire, marié à la veille de la guerre et laissant à Paris une femme sans soutien et sans ressources. » Les circonstances atténuantes évoquées par Petit et Grandidier leur ayant déjà valu une réduction de dix à cinq ans d'emprisonnement, aucune suite n'est donnée à leur intervention auprès de Pétain[71].

Dans sa lettre du 7 décembre 1943 adressée à Laval et envoyée de la prison de Nontron, Pézard met en avant une défense très souvent utilisée et fort compréhensible par rapport à la politique vichyste. C'est l'idée qu'en collaborant avec les Allemands il ne fait que suivre la politique générale du gouvernement français : « Les directives gouvernementales publiques d'alors concernant la collaboration, directives toujours réitérées depuis, sans modifications, tant sous M. Darlan qu'après votre bienheureux retour à la direction des affaires, ne contenaient nulle restriction et semblaient même de ce fait inviter à une très large interprétation ; elles ne pouvaient en tout cas guère alerter notre méfiance et nous permettre de supposer que l'action qu'on attendait de nous n'était peut-être pas d'une légalité parfaite. »

Pézard ne nie pas qu'il renseigne les Allemands, mais se plaint du traitement que la police lui a fait subir : « Un de ces interrogatoires savants dont la longueur, les répétitions multiples, les incidences habiles, les interpellations compliquées corrodent la volonté du "patient", embrouillent le fil de sa déposition, pour l'amener à lui faire dire ce qui n'est pas sa pensée réelle, à abandonner toute résistance aux assauts des policiers acharnés à ne pas comprendre ses véritables mobiles et à défigurer le sens de son action, mettant l'accent sur les points qui, isolés et montés en épingle, semblent le condamner en laissant dans l'ombre les circonstances qui l'absolvent, enfin, pour arriver à donner à sa déclaration un aspect exactement contraire à ce qu'il aurait voulu dire, déclaration que, las de lutter en vain, il signe. » Les policiers auraient donc aggravé son cas. Il en va de même pour la justice militaire, dont les tribunaux seraient, à en croire Pézard, de sensibilité gaulliste. Il compare son propre jugement avec ceux des dissidents : « À d'autres audiences mémorables d'indulgence, ces mêmes tribunaux montraient une infinie mansuétude à l'égard des dissidents notoires à qui on n'avait tout de même pas pu accorder un rapide non-lieu, officiers félons, ou souvent même, pour tout dire, véritables espions anglais qui, par ailleurs, avaient largement bénéficié, jusqu'à leur comparution, d'un régime pénitentiaire très sensiblement adouci et qui se trouvaient frappés de peines minimes et libérés immédiatement leurs condamnations rendues sans effet, par l'exemption qui leur était libéralement accordée. » Pézard se déclare prêt à continuer son travail anticommuniste au cas où Laval accepterait de le libérer, revendiquant « le droit d'avoir [s]a place dans la lutte décisive qui se livre actuellement contre le terrorisme et le communisme pour le salut du pays, de notre civilisation et du simple bonheur humain menacés [72] ». Son intervention auprès de Laval n'aboutit pas, et le 25 janvier 1944 « le chef du bureau des requêtes du secrétariat général auprès du chef de gouvernement » l'informe officiellement qu'il n'y a pas lieu de réduire la peine de « travaux forcés à perpétuité » prononcée contre lui. Néanmoins, quatre mois plus tard, sa libération est organisée par l'ambassadeur Otto Abetz, à la suite de négociations avec Laval [73].

Les inculpés et condamnés essaient donc de minimiser leur délit ou de rejeter la responsabilité sur quelqu'un d'autre. Ils invoquent des circonstances atténuantes : la jeunesse, l'état de santé, le besoin, le fait qu'ils suivaient la politique du gouvernement ou travaillaient seulement contre les Anglais. Souvent, ils doivent écrire à Pétain plusieurs fois avant de recevoir une réponse. Parfois, l'intermédiaire qu'ils emploient pour le contacter ne coopère pas de la façon attendue. Par l'entremise d'un prêtre, Édouard Fier réussit à faire parvenir une lettre au chanoine Moncelle, du cabinet militaire de Pétain, pour lui demander d'intervenir auprès du Maréchal. Le chanoine Moncelle est l'ancien professeur d'histoire de Fier. Malheureusement pour l'inculpé, le prêtre accompagne la lettre que Fier lui adresse de son propre commentaire : « Et si je vous la confie [la lettre], pour le cas où M. le Maréchal voudrait prendre une mesure de révision, ce n'est pas [...] pour prendre parti, puisque je ne connais pas les faits, et que l'ancien élève qui en appelle à son professeur ne me laisse pas un souvenir de sécurité telle que je puisse déclarer les faits reprochés impossibles [...]. J'ai trop conduit de condamnés au poteau d'exécution pendant la grande guerre pour ne pas affirmer que le rôle de prêtre dans la circonstance est de s'abstenir de ce qui ne le regarde pas, pour rester dans sa mission de restauration de l'espérance pour les âmes repentantes[74]. » La documentation disponible donne l'impression que les appels à l'homme providentiel n'aboutissent que rarement. En réalité, si la plupart des peines ne sont pas entièrement appliquées, cela tient plus à deux autres facteurs : les décisions de commissions gouvernementales et les compromis diplomatiques de Vichy.

Jusqu'en novembre 1942, c'est Pétain qui a le dernier mot sur les réductions de peine dans les affaires graves d'espionnage. Il prend sa décision d'après les recommandations d'une série de personnes ou d'institutions : le commissaire du gouvernement auprès du tribunal militaire, le général commandant la région militaire où a lieu le procès, la commission des grâces du département de la guerre, le conseil d'administration du secrétariat d'État à la Guerre et l'amiral Darlan (d'abord en tant que vice-président du Conseil et ensuite en tant que commandant en chef des forces militaires). Nous ne connaissons pas de cas où la décision de Pétain va à l'encontre de la recommandation qui lui est soumise, même si en théorie il a le droit de l'ignorer. Après décembre 1942, la situation change, puisque Laval crée une nouvelle commission interministérielle des grâces. Cette commission statue sur deux genres d'affaires. D'une part, elle reconsidère les jugements prononcés contre les « défaitistes-pacifistes » de la campagne de 1939-1940 dont les procès se poursuivent jusqu'en 1943 (si paradoxal que cela puisse paraître sous un gouvernement « défaitiste » comme Vichy). D'autre part, jusqu'à la fin de 1943, elle revoit le cas de quatre cents agents allemands arrêtés depuis l'armistice. La commission, constituée de représentants de Laval ainsi que d'autres ministères, réduit la peine dans 57 % des cas d'atteinte à la sûreté extérieure de l'État, mais ne gracie que très rarement[75].

Les enjeux diplomatiques jouent un rôle essentiel dans les réductions de peine. Pour des raisons diplomatiques, il est évidemment délicat d'exécuter les espions allemands, surtout ceux de « nationalité ou de race allemandes ». Le dossier de Hans Goepel, par exemple, comprend l'appréciation suivante, que le général Huntziger envoie à Joseph Barthélemy, garde des Sceaux, au mois de septembre 1941 :

> L'intéressé a été effectivement employé comme agent par le service de renseignements allemand, et la commission allemande d'armistice a déjà, à deux reprises (le 31 janvier et le 24 février 1941), demandé des renseignements sur les raisons de son incarcération, en rapprochant ces demandes du désir d'être rapatrié en Allemagne qu'avait exprimé à l'époque ce détenu. Enfin, dans les circonstances actuelles, et en particulier en raison des conséquences que l'exécution capitale d'un ressortissant allemand aurait sur l'accueil réservé par les autorités du Reich aux demandes de mesures de grâce présentées par le gouvernement français en faveur de ses ressortissants de la zone occupée condamnés à mort, j'estime qu'il ne doit pas être procédé à cette exécution[76].

Au début de 1942, une réunion interministérielle siège pour discuter de la question épineuse de l'exécution des espions de nationalité allemande. Sont présents à cette réunion des représentants du BMA (service officiel de CE), la Direction des services de l'armistice, le ministère des Affaires étrangères, la justice militaire et l'amirauté. Le déroulement de cette réunion est assez curieux et témoigne d'un esprit de compromis. Il y est dit que les nationaux allemands n'ont jamais été exécutés de peur de représailles contre des Français en zone Nord : « Jusqu'au mois de septembre 1941, le chef de l'État français s'est de lui-même, et sans intervention de la commission allemande d'armistice, prononcé favorablement pour le recours en grâce des Allemands du Reich ou "de race" condamnés à mort par les tribunaux français. L'exécution d'une sentence capitale aurait pu exercer une influence fâcheuse sur l'attitude des autorités allemandes envers les demandes de grâce formulées par le gouvernement français en faveur de ses propres ressortissants condamnés à la peine capitale par les tribunaux allemands. » L'échec de cette politique a été démontré par les nombreuses exécutions effectuées par les Allemands : « Certaines exécutions en zone occupée, à la suite de soi-disant affaires d'espionnage (affaire Estienne d'Orves, par exemple), les mises à mort d'otages à la suite d'attentats ont semblé prouver que la mansuétude des autorités françaises n'avaient été d'aucun effet sur les décisions des autorités occupantes[77]. » Cet échec a été suivi, au mois de novembre 1941, par l'impossibilité de trouver un accord franco-allemand sur un principe réciproque de non-exécution des nationaux de l'autre pays. Il est curieux que, malgré ces impasses diplomatiques, la réunion interministérielle décide que, même sans contrepartie, il faille surseoir à toute exécution de nationaux allemands. Les vingt-six espions de nationalité allemande attendant l'application de leur peine de mort à ce moment-là ne seront donc pas exécutés.

La nationalité joue ainsi un rôle déterminant dans l'application des peines de mort. Jusqu'à l'occupation totale, il reste possible d'appliquer les peines de mort contre les nationaux français et, dans un cas, contre un Italien. Après l'invasion de la zone Sud, aucune exécution officielle n'a lieu. Cependant, une série de correspondances échangées entre les mois de novembre 1942 et avril 1943 entre Guérard, du secrétariat général du gouvernement, Pétain et Laval montre que, dans un premier temps, les hautes personnalités de l'État, y compris Laval, ont pensé pouvoir continuer l'application de peines de mort contre les espions nazis de nationalité non allemande. Mais rapidement cette fermeté a fait place à l'hésitation et, Vichy étant Vichy, au compromis. La question est définitivement réglée par la lettre suivante que Laval envoie à Pétain le 17 avril 1943 :

> J'ai l'honneur de vous transmettre à nouveau sept dossiers de la justice militaire relatifs aux recours en grâce instruits en faveur des nommés : de Gelobert, Henri ; Decreton, Henri [*sic*] ; Fuchy, Marie ; Richelmi, Jeanne [*sic* = Floria] ; Christin, Joseph ; Vilain, René ; Cole, Harold, condamnés à mort pour faits de trahison ou d'espionnage au profit de l'Allemagne.
>
> Je vous avais précédemment transmis ces dossiers en me rangeant aux avis émis par les autorités compétentes dans un sens défavorable à la commutation. Mais cette prise de position procédait d'une insuffisante information sur les circonstances particulières aux affaires en cause et sur les répercussions qu'entraînerait l'exécution de la peine prononcée. Mon attention a été appelée sur ces circonstances et sur ces répercussions postérieurement à la décision par laquelle vous rejetiez les recours en grâce des sept intéressés. Les autorités allemandes ont demandé que ceux de ces condamnés qui sont de nationalité étrangère soient tenus à leur disposition ; dans ces conditions, l'exécution de la peine de mort ne manquerait pas de soulever de graves incidents. D'autre part, des pourparlers sont en cours pour parvenir à l'échange de certains condamnés contre des Français condamnés à mort par l'autorité allemande.

Dans ces conditions, j'ai l'honneur de vous prier de vouloir bien examiner à nouveau la situation des sept condamnés en cause. J'émets, en ce qui me concerne, un avis favorable à la commutation de leur peine en celle de travaux forcés à perpétuité[78].

Outre la réduction des peines, on en vient carrément à rendre aux Allemands les espions détenus. La remise d'espions allemands aux nazis se fait en plusieurs étapes. Les termes de l'article 19 de l'armistice clarifient la position de ceux qui ont été arrêtés avant la défaite : « Tous les prisonniers de guerre et prisonniers civils allemands, y compris les prévenus et condamnés qui ont été arrêtés et condamnés pour des actes commis en faveur du Reich allemand, doivent être remis sans délai aux troupes allemandes. » Les espions internés avant la défaite sont donc livrés aux Allemands dès 1940. Pour ce qui est des arrestations postérieures à l'armistice, la situation est plus compliquée. Avant l'été 1941, seuls quelques rares agents de nationalités allemande ou italienne sont rendus. Mais, après l'échec des protocoles de Paris, l'amiral Darlan cherche de nouveaux moyens pour intéresser les Allemands à la collaboration. Darlan considère la possibilité de retrouver faveur auprès des Allemands en leur livrant, d'emblée, certains prisonniers. Une grande proportion de ceux qui sont considérés comme nationaux allemands sont remis entre mars et août 1942 aux Allemands, qui les attendent à Chalon-sur-Saône. Une autre possibilité est d'échanger des espions condamnés contre des citoyens français condamnés dans la zone Nord (pour espionnage, passage clandestin de la ligne de démarcation, etc.). Des échanges ont lieu, mais les Allemands ne font pas vraiment preuve de générosité dans ces négociations. Soit les prisonniers qu'ils cèdent ne sont pas de la même valeur que ceux que rendent les Français, soit ils refusent d'honorer leurs obligations. Contre Karl Rumbold, un agent allemand d'une certaine envergure, les Français récupèrent deux lycéens – les frères Lapeyronie, fils d'un ancien combattant –, mais dont l'activité d'espionnage est moindre[79]. Un échange est organisé pour livrer l'espion allemand Albert Reymann contre Pierre Gemin, un Français condamné à mort par le tribunal allemand de Bordeaux pour son travail de renseignement en faveur des services spéciaux français. Les Français rendent donc Reymann, mais le lendemain ils sont informés de l'exécution de Pierre Gemin (qui a eu lieu huit jours auparavant)[80]. L'amiral Darlan proteste lui-même contre l'inégalité d'un échange proposé par le ministre des Finances, Pierre Cathala, qui prévoit de donner deux espions allemands de longue date, impliqués aussi dans des affaires de marché noir, Combatti et Duffaux, contre Mme d'Autrevaux, femme de l'intendant de police de Lyon, arrêtée à cause de la coopération offerte par son mari au deuxième bureau[81].

Le BMA exprime des doutes au sujet de la libération des espions. À son avis, les individus rendus seraient en mesure de donner aux Allemands des précisions sur les méthodes et personnels des services spéciaux français[82]. Le risque existe aussi que ces agents ne recommencent leur travail d'espion. Les services de contre-espionnage reçoivent rapidement la confirmation que leurs craintes étaient bien justifiées. Dès sa libération, le sujet belge Jamar reprend son activité proallemande et tente de renouer avec les milieux qu'il connaissait avant son arrestation[83]. L'arrestation à Lille pendant l'été 1942 de Robert Dumas, écrivain de romans d'espionnage mais également agent des services spéciaux français, est attribuée aux renseignements donnés par un agent libéré[84].

Malgré l'opposition des services de CE, les libérations d'espions continuent. Avec des hommes comme Darlan, puis Laval, au pouvoir, cela n'est guère surprenant. Le plus étrange est que nombre d'espions ne soient pas rendus. Lors de l'invasion de la zone Sud, quarante-huit sont toujours incarcérés dans la seule prison de Marseille[85]. En janvier 1944, la Direction des services de l'armistice donne l'instruction suivante au sujet de l'agent allemand interné Jean Jobet : « Si la police allemande demandait à visiter le détenu dans sa prison ainsi qu'à prendre connaissance du dossier de procédure, il y aurait lieu d'opposer un refus à chacune de ces demandes[86]. » D'autres agents sont toujours en prison pendant l'été 1944, bien qu'aient été passés des accords sur la remise d'agents tels que Jean Pézard au mois de mai. Ainsi, Léonie Schmid, condamnée par la section spéciale de la cour d'Agen en janvier 1943 pour avoir dénoncé deux prétendus gaullistes aux Allemands, est toujours détenue en juillet 1944, et le général Debeney, de la DSA, souligne son intention de refuser sa remise aux Allemands[87]. D'ailleurs, les Allemands essaient toujours de récupérer leurs agents à la veille même de la Libération. Le 19 août 1944, une note est envoyée par la Feld-gendarmerie à Paris au consul de Suède, Nordling, afin d'essayer d'obtenir la libération d'un certain Marcel Ricourd. Cette demande est ainsi formulée : « Le Français Marcel Ricourd, né le 23 juin 1921, est agent de renseignements du service de sécurité (allemand) et a été fait prisonnier par la police française au cours d'une mission accomplie pour le compte dudit service. Il veut se placer sous la protection de la Wehrmacht. La présente atteste que le nommé R... recevra protection et aide de la part de la Wehrmacht[88]. »

Par ailleurs, de nombreuses condamnations à mort sont effectivement appliquées. Selon Paul Paillole, ancien chef des services de CE, il y aurait eu deux sortes d'exécutions d'espions nazis : un processus officieux et un autre officiel. Dans le premier cas, les exécutions sont organisées hors du cadre judiciaire par les services spéciaux et mises en œuvre par des gangsters. Ces liquidations officieuses sont connues sous l'euphémisme de « mesures D ». Paillole prétend qu'une cinquantaine de ces « mesures D » ont été appliquées[89]. Il est extrêmement difficile de confirmer ce renseignement, des actions de ce genre ne laissant généralement que peu de traces dans les archives. Nous n'avons vu qu'une seule référence aux liquidations officieuses d'espions nazis, et elle est plutôt surprenante. Il s'agit d'un rapport de novembre 1943 de la police allemande, document établi par le Sicherheitsdienst après dépouillement des archives des services spéciaux vichystes saisies au début de 1943, où il est dit : « Parmi les documents saisis se trouvait une note de l'amiral Darlan dans laquelle celui-ci réclamait la mesure D contre un agent allemand de nationalité française, en état d'arrestation[90]. » En l'absence d'autres preuves, nous préférons ne pas nous prononcer sur la véracité du chiffre avancé par Paillole concernant les « mesures D ».

Quant aux exécutions officielles d'espions allemands jugés par les tribunaux militaires de Vichy, il est également difficile d'établir avec certitude le nombre exact de ceux qui sont passés devant les pelotons d'exécution de l'armée de l'armistice. Paillole prétend qu'il y en a eu quarante-deux[91]. Dans le cadre de cette étude, nous avons trouvé des preuves formelles de huit exécutions d'espions allemands, mais le chiffre de Paillole nous semble crédible pour deux raisons. D'une part, dans le cadre du procès Pétain en 1945, Ernest Lagarde, ancien directeur des affaires politiques au ministère des Affaires étrangères, avance le chiffre d'une trentaine d'exécutions pour l'année 1941 – ce qui n'exclut donc pas quarante-deux pour les deux années 1941-1942[92]. D'autre part existe un registre des décisions de Pétain concernant la grâce des condamnés à mort (pour communisme, mutinerie, espionnage, etc.)[93]. Même si le registre ne spécifie pas, dans les cas d'espionnage, pour quel pays l'espion travaillait, après recoupement des noms figurant dans ce registre avec l'ensemble des sources utilisées dans cette étude, il apparaît que cinq espions de l'Axe condamnés à mort avant l'armistice ont vu leur grâce refusée, et vingt-deux après l'armistice. Dans vingt-trois autres cas, il s'agit probablement d'espions de l'Axe pour lesquels le chef de l'État décide d'appliquer la peine de mort. Même si l'on tient compte des quelques cas où la peine n'est pas appliquée à cause de l'invasion de la zone Sud par les Allemands, ce registre rend plus crédible l'estimation de Paillole.

La plus célèbre de ces exécutions officielles est celle d'Henri Devillers[94]. Cet individu est arrêté en février 1942 par le commissaire Louis Triffe, de la ST, à Lyon. Après un rapide procès, il est condamné à mort le 16 avril 1942. Sa grâce est rejetée par Pétain le 12 juin 1942 et il est exécuté la semaine suivante dans la cour du fort Montluc[95]. Une annonce laconique dans le *Progrès de Lyon* rend compte anonymement de son exécution : « Le 19 juin 1942 à 15 h 15, un individu de nationalité française, condamné à la peine de mort par le tribunal militaire de la 14ᵉ division militaire, a été passé par les armes. Le peloton d'exécution a été fourni par un corps de la garnison de Lyon [96]. » Que Devillers ait été exécuté pour avoir infiltré le mouvement Combat pour le compte des Allemands est confirmé non seulement par son dossier, mais aussi par le général Bridoux, ministre proallemand de la Défense, dans son journal : « Un autre fait délicat est le cas Devillers, agent français du service du SR allemand, qui a rendu des services aux deux pays en signalant l'activité de groupements gaullistes et qui a été condamné ici et fusillé comme espion[97]. » Les dessous de la politique de Vichy dans ce genre d'affaires seront examinés dans le chapitre suivant. Notons que cette exécution est connue dans les milieux de la Résistance – Frenay, chef du mouvement Combat, affirme en avoir été informé par Paillole[98]. Plusieurs références à cette exécution figurent également dans les Mémoires d'anciens résistants et dans d'autres livres relatifs à la période[99].

Comme pour toute répression, le contre-espionnage de Vichy est donc sujet à de très grandes inégalités. Entre mille cinq cents et deux mille cinq cents individus sont arrêtés sous l'accusation d'espionnage proallemand, dont certains sont soumis à de mauvais traitements et parfois sévèrement punis. Mais la majorité de ceux qui informent les Allemands ne sont jamais arrêtés. Soit ils ne sont pas détectés, soit ils réussissent à éviter les plus sévères punitions faute de preuves ou grâce à l'immunité diplomatique. La politique de Vichy dans ce domaine oscille entre une sévérité surprenante et un esprit de compromis qui lui est très familier.

CHAPITRE 8
LES DESSOUS DE LA POLITIQUE DE VICHY

Quelle a été l'attitude du gouvernement de Pétain à l'égard de l'activité antiallemande de ses services spéciaux ? De façon peu étonnante, les Mémoires des anciens agents de ces services présentent généralement leur propre activité comme une forme de Résistance[1]. Au mieux, ils dépeignent Vichy comme ambigu dans ce domaine ; au pire ils décrivent une lutte permanente entre gouvernement et services spéciaux[2]. Cette version est d'autant plus facilement acceptée par les historiens qu'elle corrobore le préjugé qui veut que l'activité des services secrets soit toujours indépendante pour pouvoir se passer de caution officielle. Il est vrai que le fonctionnement quotidien de ces services est autonome. Cependant, l'idée que cette activité antiallemande est inconnue à l'échelon gouvernemental ou qu'elle est en opposition à la politique vichyste ne résiste pas à l'examen. L'activité antiallemande des services spéciaux entre dans une optique vichyste, même s'il convient de noter que les rapports entre Vichy et les services spéciaux sont extrêmement compliqués.

Les Mémoires des anciens membres des services spéciaux négligent généralement les complicités administratives nécessaires à tout travail de contre-espionnage. Sous Vichy, les structures militaires, marines et policières qui participent à la répression de l'espionnage sont aidés par d'autres administrations. Le contrôle postal leur transmet des lettres de personnes soupçonnées d'espionnage et surveille la correspondance échangée entre le public et les délégations de l'Axe. Les préfets et la police régulière envoient aux bureaux des menées antinationales des rapports sur des individus suspects. La Direction des services de l'armistice en fait de même pour les renseignements obtenus par ses officiers de liaison placés au sein des commissions allemandes. La condamnation d'agents arrêtés nécessite la coopération des tribunaux et prisons militaires et civils. Si Vichy avait voulu mettre un terme au contre-espionnage anti-allemand, des instructions plus fermes auraient pu être données afin de décourager toute complicité administrative.

L'autre considération qui contredit la thèse de l'indépendance totale est le fait que la peine à laquelle ont été condamnés les espions n'est pas interrompue lorsque, après l'occupation totale, les membres des services secrets choisissent entre l'exil en Afrique du Nord ou le passage vers la clandestinité complète. En outre, comme il a été vu précédemment, les procès des espions allemands se poursuivent dans la zone Sud jusqu'en décembre 1943[3]. Ce ne sont plus les tribunaux militaires mais des cours civiles qui les jugent, et il est indiscutable que certains ministres ont connaissance de ces procès[4]. En outre, une commission interministérielle est établie par Pierre Laval au mois de décembre 1942 pour revoir les procès de quatre cents agents de l'Axe arrêtés depuis l'armistice. La commission, constituée de représentants de Laval ainsi que d'autres ministères, réduit la peine dans 57 % des cas, mais ne gracie que très rarement[5]. Jusqu'à l'été 1944, quelques espions nazis sont détenus dans les prisons de Vichy[6]. Les services spéciaux, qui ne sont plus présents sur le territoire métropolitain, ne sont nullement responsables de ces mesures.

L'argument final et décisif confirmant que ce contre-espionnage ne va pas entièrement à l'encontre des desseins gouvernementaux se trouve dans les correspondances ministérielles. Il est sans doute vrai, comme le prétend le colonel Rivet, chef du cinquième bureau, que, pendant l'été 1940, le gouvernement hésite à soutenir le contre-espionnage antiallemand[7]. Mais à l'automne de cette année, il semble que la nécessité en soit plus reconnue. La correspondance gouvernementale fait désormais référence au besoin de développer le contre-espionnage[8]. Par exemple, une série de correspondances échangée pendant le printemps 1941 entre Weygand, délégué général en Afrique du Nord, et Darlan à Vichy insiste sur la nécessité de renforcer le service de la Surveillance du territoire[9]. La réponse du cabinet de Darlan démontre que ce n'est pas seulement l'espionnage allié qui est visé par ces propositions : « Le délégué général estime, et je partage son sentiment, qu'il y a lieu, devant l'ampleur de la tâche à accomplir, de procéder par étapes en commençant par la police de surveillance du territoire, et tout d'abord par celle du Maroc, point sensible de l'Afrique du Nord, directement menacée, semble-t-il, par l'Allemagne[10]. » Il faut également noter le rôle des ministres dans les recours en grâce des condamnés envoyés à Pétain lui-même, à qui il revient de décider de toute mesure de clémence[11]. Pour ce, le chef de l'État consulte les dossiers individuels ainsi que les commentaires de représentants d'autres ministères. Des documents signés par Pétain et Darlan existent, dans lesquels est ratifiée la décision des tribunaux militaires de faire exécuter des espions allemands. Même Pierre Laval se déclare prêt à envisager des exécutions[12].

Un rapport rétrospectif sur les services spéciaux français, rédigé par le Sipo-SD en novembre 1943 après dépouillement des archives des services spéciaux français saisies, confirme d'ailleurs l'implication du gouvernement dans cette politique :

> Il est certain que, du point de vue politique, ce service secret dirigé contre le SRA était connu et soutenu par la totalité du gouvernement français. Lors de la création du BMA comme organisme uniquement militaire, le ministre de l'Intérieur

avait donné son accord le 16 novembre 1940. Dès le début, le maréchal Pétain, chef de l'État, fut mis au courant de l'existence de ce SR, ainsi que l'on a pu le constater dans une lettre adressée à lui par le général Weygand, en date du 7 décembre 1940[13]. Parmi ces documents figuraient des copies des décrets secrets et ordonnances confidentielles signées de Pétain, Laval, Darlan, il était notamment question d'une ordonnance secrète du Maréchal en date du 15 août 1941 par laquelle il confie les divers postes du SR au vice-président du gouvernement (lequel était également à l'époque ministre de la Marine) et par laquelle il règle la question financière. Par ailleurs, d'autres décrets du 24 août 1942 concernant la dissolution du BMA et la mise sur pied de la nouvelle organisation SSM sont signés par Pétain, Laval et Darlan[14].

En réalité, le gouvernement est plus divisé sur cette question que ce rapport allemand ne le laisse entendre, et certains éléments de la politique de Vichy affaiblissent le contre-espionnage antiallemand. Mais, avant d'examiner les causes de la faiblesse de cette politique, il faut noter que Vichy fait preuve de plus de fermeté sur la question du contre-espionnage que dans l'ensemble de ses relations avec les Allemands. Cela est dû essentiellement à un reste de sentiment antiallemand dans les milieux militaires à Vichy et surtout à la volonté de sauvegarder la souveraineté française et de mener une politique autonome.

Réduire le Vichy de l'été 1940 au printemps 1942 à un bloc homogène d'éléments proallemands serait une simplification. Cela n'implique nullement que l'orientation de Vichy dans son ensemble soit antiallemande, loin de là. Mais n'oublions pas que beaucoup de membres de ce gouvernement sont des sympathisants d'une Action française qui a longtemps désigné l'Allemagne comme l'ennemi principal[15]. Un réel sentiment d'antigermanisme persiste dans les couloirs de certains ministères, notamment parmi les éléments d'origine militaire. Dans une lettre envoyée à von Ribbentrop au printemps 1943,

Fernand de Brinon, délégué général de Vichy dans les territoires occupés, revient sur l'esprit antiallemand de quelques ministres des premiers cabinets de Vichy. Il range notamment dans cette catégorie le général Huntziger, secrétaire d'État à la Guerre de septembre 1940 jusqu'à sa mort en novembre 1941. « Le général Huntziger était certainement un honnête homme ; en raison de sa nature et de son origine [alsacienne], il a été un grand adversaire de l'Allemagne et a laissé l'armée aux prises avec son animosité contre l'Allemagne, ce qui a conduit forcément au petit coup d'État du 13 décembre 1940. Dans ces conditions, on peut affirmer que la politique amorcée à Montoire a fait faillite. Vos ennemis tenaient beaucoup trop de postes importants au sein de ce qu'on a appelé le nouveau gouvernement [16]. » Il est significatif que des personnages d'une hostilité extrême envers les Allemands soient nommés à des postes de la plus grande importance stratégique pour le contre-espionnage. Ainsi, l'Afrique du Nord est confiée au général Weygand, et la direction des services policiers de contre-espionnage à Henri Rollin.

Weygand est peut-être parmi ceux qui cherchent un armistice en 1940 mais il considère celui-ci comme une mesure provisoire qui donnera à la France la possibilité de se reconstruire avant de reprendre les armes [17]. Dans une lettre qu'il adresse au maréchal Pétain le 26 mars 1941, il revient sur les prétentions du diplomate allemand Hemmen avant d'insister sur le fait que la France est toujours en guerre contre l'Allemagne : « M. Hemmen semble oublier que l'armistice n'est pas la paix, que les Allemands sont encore des ennemis [18]. » Weygand parle parfois des Allemands comme d'« ex-ennemis » mais le mot « ennemi » revient souvent dans sa correspondance [19]. Ainsi, son courrier à Darlan du 15 novembre 1941 fait référence aux « commissions allemandes ennemies ». Weygand n'est pas hostile à l'idée de collaboration, qu'il voit comme une nécessité à court terme, mais il considère qu'il faut limiter les prétentions allemandes. Il explique dans cette même lettre que « M. Hitler lui-même a en effet exprimé cette pensée que trop de soumission chez le vaincu encourage le vainqueur à des exigences toujours plus grandes ». Il conclut ainsi cette lettre écrite la veille de son renvoi de son poste en Afrique du Nord : « En agissant avec fermeté pour maintenir les Allemands dans les limites fixées par la convention d'armistice, j'ai accompli mon devoir de soldat et de Français[20]. » Donner à Weygand la responsabilité de l'Afrique du Nord tandis qu'il aurait été facile d'insister sur sa mise à la retraite montre clairement que le Vichy de 1940 comprend que laisser carte blanche aux Allemands dans les colonies poserait problème[21]. Évidemment, Weygand possède aussi d'autres « qualités », d'un point de vue vichyste, qui font de lui un excellent candidat pour gouverner l'Afrique du Nord. Même si les Allemands et les Italiens sont ses bêtes noires, en vrai xénophobe il n'aime pas les Anglais non plus[22]. Weygand est également un réactionnaire, et donc un des plus grands partisans de la Révolution nationale, dont il fait appliquer les mesures avec zèle. Son maintien comme délégué général en Afrique du Nord pendant plus de quatorze mois témoigne de ce que son énergie dans tous ces domaines est appréciée en haut lieu. D'ailleurs, cela est explicitement noté dans une correspondance de Pétain à Weygand au printemps 1941. En réponse à une série de lettres de Weygand sur le besoin de rester ferme à l'égard de l'activité extraconventionnelle des Allemands en Afrique du Nord, Pétain répond : « Je vous souhaite la continuation de votre succès en Afrique que tout le monde s'accorde à constater[23]. »

Si l'installation de Weygand aux commandes de l'Afrique du Nord n'est pas assez révélatrice du souhait de Vichy de limiter, dans une certaine mesure, la mainmise des Allemands sur la France, que dire du choix d'Henri Rollin comme directeur général adjoint au secrétariat général à la Police avec comme responsabilité particulière le contre-espionnage ? Cette nomination fait suite à un rapport écrit par Rollin, chargé de mission au ministère de l'Intérieur, pour Darlan, au mois de mai 1941. Dans ce rapport sur la réorganisation des services policiers de contre-espionnage, il est fait onze références explicites à des mesures contre l'espionnage allemand[24]. Plusieurs sources affirment que Rollin est lui-même un agent de l'Intelligence Service depuis 1939, sans toutefois préciser ni la nature ni l'étendue exactes de son engagement[25]. Ce fait n'est sans doute pas connu de Darlan au moment de sa nomination. Mais ce qui n'a pas pu échapper à l'attention de l'amiral est que Rollin est l'auteur du livre *L'Apocalypse de notre temps*, paru en 1939[26]. De 1940 à 1942, ce livre figure sur la liste des publications interdites par les autorités occupantes, puisque le texte de Rollin est une condamnation sans ambiguïté de la propagande nazie et de la politique étrangère allemande. Le comportement à la fois anticommuniste et anti-allemand de Rollin sous Vichy indique qu'il n'a pas changé d'avis sur ce qu'il a écrit en 1939 : « Si la propagande communiste peut éventuellement devenir un danger pour notre cohésion nationale, celui que représentent les conceptions de Hitler et de certains de ses alliés qui vivent parmi nous est, dans les circonstances actuelles, beaucoup plus immédiat et plus direct[27]. » Lui donner le contrôle du contre-espionnage prouve qu'en 1941 le danger allemand est pris au sérieux.

Dans la politique globale de Vichy, ce qui entre en jeu dans la nomination d'hommes comme Weygand ou Rollin à des postes clés, c'est la volonté de préserver l'indépendance du gouvernement. La politique de collaboration est acceptée par tous les membres du gouvernement de Vichy, y compris par ceux qui sont instinctivement hostiles à l'Allemagne comme Huntziger, Weygand et Rollin. Mais il est très clair que, jusqu'au sommet de l'État, il existe, initialement, un certain malaise à l'idée de vivre trop dans l'ombre des Allemands. Vichy se considère comme un gouvernement souverain indépendant des Allemands. Le modèle politique des pétainistes est beaucoup plus proche de l'Espagne de Franco ou du Portugal de Salazar, régimes autoritaires qui ont pu se maintenir sans occupation étrangère, que de l'Allemagne de Hitler. Ce n'est pas parce que le régime de Vichy est ensuite devenu un gouvernement fantôme que tous ses membres ont eu dès le début l'intention de servir inconditionnellement les Allemands.

Depuis l'ouvrage pionnier de Robert Paxton, la volonté de préserver sa souveraineté est reconnue par les historiens comme un des objectifs principaux du régime[28]. Pour ce qui est du contre-espionnage, trois sortes de souveraineté sont directement concernées : la souveraineté de l'État sur l'individu, la souveraineté administrative et la souveraineté territoriale.

Pour Vichy, la souveraineté de l'État sur l'individu dans le domaine de la collaboration est primordiale. Si l'État a le droit, même le devoir, de collaborer, il se montre réticent, au moins jusqu'en 1943, devant les individus qui s'approprient le droit de collaborer de façon non contrôlée. Considérant la réorganisation des services de contre-espionnage, Henri Rollin écrit ceci : « Une note de M. l'Inspecteur général de la Surveillance du territoire fait remarquer d'ailleurs que 80 % des agents de l'Allemagne arrêtés par son service [...] sont des Français. Il souligne que la "plupart ont été recrutés sous le couvert de la collaboration", amorçage qui a permis de les conduire progressivement à la trahison pure et simple[29]. » Cette critique des dangers de la collaboration individuelle de la part d'un des protégés de François Darlan peut être rapprochée d'une correspondance envoyée par Laval à Pétain à la fin de novembre 1942. La lettre de Laval concerne le sort de sept individus condamnés à mort par des tribunaux militaires pour espionnage proallemand. Pour les six premiers individus, Laval plaide pour une commutation de la peine de mort en celle de travaux forcés à perpétuité. Pour le septième individu, il donne le commentaire suivant : « En ce qui concerne le condamné Legras, il semble particulièrement coupable puisqu'il a contribué à l'arrestation de citoyens français par les autorités allemandes, et, avant de vous adresser mes propositions, j'estime nécessaire de savoir quel a été le sort réservé à nos compatriotes victimes de ses dénonciations[30]. » Étant donné que Laval a livré nombre de ses compatriotes aux Allemands, la seule conclusion que l'on puisse tirer de cette lettre est que ce qui le choque dans le comportement de René Legras, c'est qu'il a agi de sa propre initiative sans l'accord du gouvernement.

Plusieurs ministres ressentent une hostilité pragmatique à l'encontre des initiatives de collaboration venues d'en bas. Lorsque des individus tels que Legras contournent les filières officielles en collaborant directement avec les Allemands d'une façon qui n'est pas contrôlée par Vichy, le gouvernement ne peut pas marchander leur collaboration lors des négociations franco-allemandes. Vichy cherche, en réprimant de telles initiatives, à centraliser la collaboration. Aux services de contre-espionnage revient la tâche de faire savoir à ces individus qu'ils doivent attendre une autorisation officielle avant de s'engager dans la collaboration[31].

Les historiens font très souvent référence à la volonté de Vichy de s'assurer que l'administration de la France reste aux mains des institutions autochtones[32]. Cette souveraineté administrative ou institutionnelle finit par devenir le sacré Graal du régime. Jusqu'à l'été 1944, Vichy essaie de maintenir cette fiction même lorsqu'il devient évident que les institutions françaises sont utilisées pour imposer les ordres nazis et pour faire le sale boulot à leur place. Dès le début, la volonté de Vichy d'empêcher toute entrave à son indépendance institutionnelle est évidente. Seules les administrations françaises doivent être compétentes en zone Sud. Une instruction de Darlan aux préfets, le 5 juillet 1941, est sans équivoque sur ce point : il insiste sur la nécessité de « faire comprendre à la population de la zone libre que le fait de se présenter librement, en solliciteur, à un représentant de la puissance occupante constitue un acte répréhensible et ne peut pas être toléré par le gouvernement français[33] ». À cet égard, le contre-espionnage doit limiter les contacts entre la population et les organismes de l'Axe. Un autre aspect de la souveraineté administrative doit être pris en compte en matière de contre-espionnage : il s'agit de préserver l'indépendance des administrations en limitant le noyautage allemand en leur sein. C'est aussi pour des raisons de souveraineté administrative que Vichy réprime les tentatives allemandes d'infiltrer directement les mouvements résistants en territoires non occupés. Un tel noyautage menacerait le monopole de Vichy dans la répression de l'activité résistante.

La défense de la souveraineté territoriale, et donc de l'indépendance des territoires non occupés, est un enjeu important de la politique de contre-espionnage antiallemand. Le gouvernement a perdu une partie importante du pays au nord de la ligne de démarcation, il lui reste donc à préserver sa toute-puissance dans la partie non occupée. Pour citer Jean-Baptiste Duroselle : « Le maintien d'une aire soi-disant indépendante sur une part du territoire national était, [...] une idée maîtresse du Maréchal et de Weygand [34]. » Le vocabulaire utilisé pour rendre compte des militaires allemands présents dans les territoires non occupés témoigne de la délicatesse du sujet. Une note de septembre 1941 de Huntziger insiste sur le fait qu'en aucun cas on ne doit se référer aux délégations d'armistice en termes de troupes d'occupation [35]. Même après l'occupation totale, Vichy essaie de maintenir cette fiction en insistant sur l'utilisation de l'expression « troupes d'opération » plutôt que « troupes d'occupation » pour désigner les troupes stationnées dans le Sud. Du fait de leur formation professionnelle, cette idée de défense territoriale est peut-être plus chère aux militaires du régime qu'aux dirigeants issus de la marine ou du monde civil tels que Darlan ou Laval. Même avant novembre 1942, ces deux hommes font des concessions importantes au principe de la souveraineté territoriale. Dès 1941 Darlan offre des bases militaires aux Allemands en Afrique du Nord ou permet le survol des avions nazis. Quant à Laval, il fait une immense concession en ce qui concerne la sauvegarde de la souveraineté territoriale pendant l'été 1942, concession connue sous le nom de l'affaire Desloges. Dans le contexte des accords sur la collaboration policière, Laval et Bousquet accordent aux Allemands une protection officielle, sous la direction du capitaine Desloges, pour accomplir en zone Sud une mission limitée dans le but de détecter les transmetteurs alliés et gaullistes. De septembre à novembre 1942, deux cent quatre-vingts agents de l'Abwehr, du Sipo-SD et de l'Ordnungspolizei opèrent donc en zone Sud avec l'accord de Vichy[36]. Mais l'important, pour Darlan ou Laval, est que les infractions de l'Axe au principe de la souveraineté du territoire dans la zone libre et dans les colonies sont négociées – c'est-à-dire que le gouvernement compte ne pas abandonner sa souveraineté gratuitement. Il incombe donc au contre-espionnage de limiter les infractions non autorisées.

Le territoire non occupé est censé observer une stricte neutralité durant la guerre[37]. En réalité, à bien des égards, la neutralité de Vichy n'est qu'une prétention. Robert Frank emploie l'expression de « neutralité dissymétrique » pour la décrire[38]. Le gouvernement ne facilite jamais l'effort de guerre allié et demande même à ses troupes de tirer sur les Alliés ou les gaullistes en Syrie, en 1941, et en Afrique du Nord, en 1942. En revanche, il existe un dialogue de tous les jours entre Vichy et les Allemands, et de l'aide est offerte au Reich à de nombreuses reprises. Des facilités sont proposées à l'Afrika Korps du maréchal Rommel. Pendant l'été 1941, Darlan soulève même la question d'une entrée en guerre aux côtés de l'Allemagne contre les Alliés. Vichy négocie une collaboration à tous les niveaux : économique, administratif, etc.

Si la réalité de la neutralité de Vichy mérite d'être mise en cause, il est clair que le gouvernement pense tirer avantage du fait de prétendre à une ligne neutraliste[39]. Il est reconnu qu'une pénétration allemande trop étendue dans la zone de vichy risquerait de donner des armes à une propagande anglo-gaulliste qui insiste sur la subordination de Vichy à l'égard des nazis[40].

Les Américains, pour leur part, exercent une pression directe sur le gouvernement de Vichy afin de limiter toute activité allemande dans les territoires non occupés. L'aide en ravitaillement, offerte à la suite des accords Murphy-Weygand de février 1941, est à ce prix[41]. Le maintien de la neutralité peut également avoir des conséquences sur la politique intérieure. L'activité allemande dans les territoires non occupés risque à la fois de miner le prestige du gouvernement et de provoquer des remous. Les services spéciaux peuvent profiter de ces prétentions dans leur lutte contre le SRA.

Si, par une volonté de défendre sa souveraineté, Vichy est prêt à tolérer le contre-espionnage antiallemand, comment expliquer l'hostilité exprimée contre ce gouvernement dans les Mémoires des anciens des services spéciaux ? D'une part, les auteurs s'efforcent sans doute de prendre leurs distances *a posteriori* par rapport à des liens devenus gênants. D'autre part, il faut admettre qu'entre les services de contre-espionnage et le gouvernement il existe des différences importantes sur la lutte à mener. Les divergences proviennent essentiellement des méthodes des services de contre-espionnage ainsi que des compromis diplomatiques du gouvernement. Il ne faut pas non plus perdre de vue que le gouvernement de Vichy n'est pas un bloc homogène et que différentes positions y sont représentées.

Vichy a de bonnes raisons d'accepter le contre-espionnage anti-Axe, comme l'explique Paillole à ses subordonnés dans les services spéciaux militaires en avril 1942 : « Il faut que vous sachiez aussi que de l'efficacité des services de contre-espionnage dépend le libre exercice de notre souveraineté nationale[42]. » L'indépendance gouvernementale est, en partie, conditionnée par la capacité des services spéciaux d'éviter un noyautage complet des administrations par les Allemands. Néanmoins, le gouvernement a du mal à supporter les conséquences diplomatiques de l'action des services spéciaux. Pendant l'été 1941, les policiers de la Surveillance du territoire à Alger provoquent un incident grave en essayant d'arrêter un Alsacien du nom de Friedrich Strohm, agent présumé des services de renseignements allemands, dans le bâtiment même occupé par la commission allemande d'armistice. Les Allemands s'interposent et obtiennent un sursis pour leur espion. Mais, quelques jours plus tard, Strohm est interné dans une prison française. Une lutte diplomatique débute, qui jette une ombre sur les discussions entamées par Darlan pour trouver une suite aux protocoles de Paris avortés. L'insistance allemande pour que soit rendu Strohm finit par être couronnée de succès, mais s'ensuit un débat animé sur le fait de savoir si Strohm a été torturé ou non. La conséquence de l'incident provoque la démission du général Paul Doyen de son poste de président de la délégation française à Wiesbaden et des réprimandes furieuses de Darlan adressées aux services secrets français à cause de la brutalité de leurs méthodes[43].

La colère de Laval à l'encontre des services de contre-espionnage pendant l'été 1942 est largement due à une série d'incidents diplomatiques qui débute avec l'exécution à Lyon de l'agent allemand Henri Devillers[44]. Travaillant pour l'Abwehr, Devillers noyaute le mouvement Combat d'Henri Frenay. Son arrestation par la Surveillance du territoire à Lyon est suivie de son exécution par l'armée de l'armistice deux mois plus tard. La rapidité de cette mise à mort défie les normes légales en vigueur. Ce qui aggrave l'affaire Devillers est le fait que, le 20 juin, des quotidiens autorisés dans la zone libre font état de l'exécution de cet individu pour trahison[45]. Le journal intime du général Bridoux, secrétaire d'État à la Guerre, laisse peu de doute sur la tension diplomatique engendrée par l'affaire Devillers[46]. En effet, il y est fait référence à onze reprises à des difficultés diplomatiques provoquées par les services spéciaux entre avril et novembre. Bridoux souligne les conséquences de cette activité : « M. de Brinon a adressé au chef du gouvernement un rapport faisant ressortir les réclamations allemandes contre les agissements des services de renseignements. Leurs pratiques maintiennent et aggravent près du Führer la suspicion à l'égard du gouvernement français[47]. » Darlan et Laval ont l'impression que leur position politique est minée par les incidents répétés dus aux méthodes des services de contre-espionnage. Leurs tentatives respectives de limiter l'autonomie des services secrets pour mieux les contrôler indignent profondément le personnel de ces services.

Quand Vichy s'engage dans une série de compromis concernant le contre-espionnage, la tension entre le gouvernement et ses services spéciaux atteint son sommet. En 1940, la position gouvernementale est que l'emprisonnement d'espions doit être entouré du secret le plus complet et que les Allemands n'ont pas le droit de rendre visite à ces individus dans leurs prisons ni même de savoir dans quel établissement ils sont détenus[48]. Au mois d'août 1941, un accord intervient donnant aux représentants de la Croix-Rouge allemande le droit, sous réserve de quelques restrictions, de rendre visite aux espions arrêtés[49]. Les conséquences pour le contre-espionnage sont désastreuses : lors des visites, les prisonniers peuvent communiquer aux représentants allemands le nom de ceux qui les ont dénoncés ou arrêtés[50]. À partir de septembre de cette même année, Vichy accepte l'obligation d'informer les Allemands, sous trente jours, de l'arrestation de leurs ressortissants[51]. Au mois de mars 1942, Darlan recule encore un peu plus en rendant aux Allemands un nombre important d'espions arrêtés[52]. Il envisage également la possibilité d'échanger ces espions contre des prisonniers politiques détenus par les Allemands. Des échanges ont lieu, mais les Français perdent au change : soit les prisonniers qu'ils récupèrent sont de moindre valeur par rapport à ceux qu'ils cèdent, soit les nazis ne respectent pas leur engagement. On peut citer, à titre d'exemple, le cas de l'échange de l'espion allemand Albert Reymann contre Pierre Gemin, un agent des services spéciaux condamné à mort par le tribunal allemand de Bordeaux[53]. Le BMA accepte mal de devoir rendre des individus accusés d'espionnage[54], car il craint qu'ils ne donnent aux Allemands des renseignements de première main sur le fonctionnement des services qui les ont appréhendés ou qu'ils ne soient réembauchés par les services allemands. La marche en arrière s'accélère avec le retour au pouvoir de Pierre Laval au mois d'avril 1942. La libération intensive d'espions internés est suivie par le plus grand des compromis qu'ait connus le contre-espionnage : l'affaire Desloges, à laquelle il a déjà été fait référence.

Deux facteurs expliquent les compromis : d'abord, la nature hétérogène du gouvernement qui fait que le soutien accordé aux services spéciaux varie selon les différents ministères[55] ; ensuite, la place centrale de la politique de collaboration et la volonté de ne pas la compromettre.

De tous les ministres de Vichy, il est évident que les partisans les plus convaincus de la mission antiallemande des services spéciaux sont les généraux Weygand et Huntziger. Presque tous les Mémoires des anciens des services spéciaux s'accordent sur ce point, et les archives leur donnent raison[56]. Weygand est l'un des principaux partisans de l'armistice en 1940, un armistice qu'il voit comme inéluctable tellement la victoire allemande semble irrésistible. Mais, dès sa nomination comme secrétaire d'État à la Guerre, il enfreint par deux fois les dispositions de ce document. D'une part, il organise des dépôts d'armes clandestins pour protéger le patrimoine militaire[57]. Le rôle de Weygand dans l'organisation de ces dépôts est confirmé par plusieurs sources y compris, le journal du général Bridoux : « Les Italiens ont, paraît-il, découvert des dépôts d'armes à Gap et en Corse. Il y en a d'autres, d'ailleurs. Ces dépôts ont été constitués en 1940 sur l'ordre du général Weygand. Depuis, on les a conservés. Lorsque j'en ai eu connaissance, j'en ai rendu compte au président [Laval] et il avait été convenu qu'il les déclarerait aux Allemands à la première occasion favorable ; il considérait comme telle son entrevue avec le Führer[58]. » D'autre part, contrevenant à l'article 10 de l'armistice, Weygand organise la résurrection des services spéciaux opérant en partie contre l'Allemagne[59]. Après son renvoi du gouvernement pendant l'automne 1940, il est nommé délégué général du gouvernement en Afrique du Nord, une position de la plus grande importance stratégique, dans laquelle il démontre sa volonté de défendre l'empire contre quiconque. À Pétain il présente la propagande allemande en Afrique du Nord comme un « danger mortel » pour les intérêts français et explique qu'il « estime indispensable de lutter contre elle par tous les moyens en [son] pouvoir[60] ». Ce qui distingue Weygand des autres ministres, sur ces questions, est qu'il est prêt à provoquer des incidents pour combattre l'espionnage et la propagande allemands. Comme il l'explique à Pétain dans une correspondance de mars 1941 : « Il est possible que l'application stricte des mesures que j'ai ordonnées amène de légers incidents. Je crois qu'il faut accepter ce risque[61]. » Weygand exerce une grande influence sur Huntziger, qui le remplace en tant que secrétaire d'État à la Guerre, et il l'encourage à soutenir les services spéciaux[62]. Une correspondance de Huntziger du 25 février 1941 contient une liste des mesures destinées à mettre fin à l'espionnage pratiqué par les commissions d'armistice de l'Axe. Ces décisions vont jusqu'à l'arrestation : « Il sera procédé à l'arrestation immédiate des individus en rapport avec ces commissions, qui tomberaient sous le coup de la loi sur l'espionnage[63]. »

Il est clair que les trois principaux personnages de Vichy – Pétain, Darlan et Laval – ont une position plus nuancée sur la question. À la fin du mois d'août 1940, le Maréchal signe des documents donnant un statut spécial au personnel des services spéciaux (ce qui permet la continuation officieuse de leurs émoluments)[64]. Il ratifie également les décisions de condamnations à mort d'espions allemands arrêtés[65]. Mais, d'après un document envoyé par Fernand de Brinon à von Ribbentrop, Pétain s'inquiète de la trop grande influence de Darlan sur les services spéciaux[66].

En effet, l'amiral est un personnage clé dans ce domaine. Sa position varie selon les luttes de pouvoir et les enjeux diplomatiques du moment. Pour mieux comprendre sa stratégie, il faut considérer trois choses. Premièrement, il garde de son passé d'officier de la marine une hostilité à l'égard des Britanniques. Pour cette raison, il essaie généralement de limiter les contacts entre les services spéciaux et leurs confrères alliés à ceux qui sont strictement nécessaires pour le fonctionnement technique des services[67]. Deuxièmement, et même chez Darlan, être antibritannique ne veut pas dire être un partisan inconditionnel de l'Allemagne. Il est prêt à engager profondément la collaboration, mais tient à préserver son autonomie à l'égard de l'occupant[68]. Très conscient du risque d'incidents diplomatiques, il s'oppose aux méthodes brutales des services spéciaux, notamment dans une réunion du cabinet, à l'apogée de l'affaire Strohm au mois de juillet 1941, même s'il n'abandonne pas entièrement ces services[69]. La dernière chose à retenir au sujet de Darlan est qu'il est extrêmement opportuniste. Pour l'amiral, les services spéciaux représentent à la fois une difficulté et une opportunité. Après l'affaire Strohm, il crée auprès de son cabinet un « centre d'information gouvernemental » pour mieux contrôler les services spéciaux[70]. Désormais, il voit en eux une source personnelle de pouvoir. Une fois écarté du gouvernement après le retour de Laval au printemps 1942, Darlan, alors commandant en chef, continue de contrôler ces services et compte en profiter dans son bras de fer avec Laval.

Pour les anciens des services spéciaux, Laval est toujours présenté comme une bête noire[71]. En réalité, il ne se prononce que rarement sur la question qui nous concerne. Il est certain qu'il espère limiter sérieusement le nombre d'incidents provoqués par l'activité des services spéciaux. Il se prépare donc à épurer ces services pendant l'été 1942[72]. Au cours de l'été 1943, il se prononce clairement contre toute reconstitution clandestine des services de renseignements dissous après l'occupation totale[73]. Mais, selon le journal du général Bridoux, ainsi que la lettre de Fernand de Brinon à von Ribbentrop, Laval est surtout coupable d'un manque d'action décisive dans le domaine des services spéciaux. Le 1ᵉʳ décembre 1942, Bridoux se plaint de l'indécision de Laval dans les termes suivants : « Il y a trois mois que les pouvoirs de Darlan devaient être réduits et que les services de renseignements devaient être réorganisés ; il a toujours différé les décisions[74]. » Le témoignage de Fernand de Brinon souligne aussi l'incapacité de Laval à s'attaquer à ce fief de Darlan :

> En réalité, M. Laval était le chef du gouvernement, mais il avait à ses côtés, en la personne de l'amiral Darlan, qui le méprisait comme M. Laval le méprisait en retour, un chef des forces terrestres, navales et aériennes, qui était indépendant de lui et dont dépendaient les rouages de l'armée et tout spécialement le service de renseignements. À cette époque-là, en compagnie du général Bridoux qui pensait exactement comme moi et qui me tenait au courant des affaires militaires, j'avais fréquemment l'occasion de dire à M. Laval qu'il était absolument nécessaire de délimiter le domaine des activités de l'amiral Darlan. Le maréchal Pétain n'aurait pas demandé mieux que de réaliser cette réforme, et spécialement de supprimer les crédits énormes que le commandant en chef militaire avait à sa disposition pour le fonctionnement du service de renseignements[75].

Les documents déjà cités relatifs à des cas individuels de condamnés, ainsi que le fait que Laval ne remet pas en liberté systématiquement les espions arrêtés, suggèrent qu'il n'est pas totalement opposé à l'internement des espions allemands. Il est, certes, proallemand, mais il reste attaché à une certaine vision de la souveraineté, du moins en ce qui concerne la souveraineté administrative. Laval est aussi très conscient du besoin de centraliser la collaboration. Les Français qui prennent une initiative de collaborer sans passer par les canaux gouvernementaux privent son gouvernement de la possibilité de marchander leur collaboration.

Le contre-espionnage antiallemand doit être replacé dans le contexte plus large de la collaboration. Il est considéré par

Weygand et Huntziger comme un moyen d'empêcher la colonisation totale de la France et de maintenir les Allemands dans le cadre établi par l'armistice. Huntziger y fait également référence lorsqu'il rappelle à Darlan la mauvaise foi allemande. Au mois de juin 1941, suite à l'échec des protocoles de Paris, il écrit à l'amiral au sujet de l'arrestation des agents nazis dans les termes suivants : « La mise en œuvre de la politique de collaboration implique l'établissement de rapports franco-allemands basés sur une mutuelle confiance. Dans la situation présente, on pouvait donc s'attendre à une diminution de l'activité des services de renseignements allemands dans les territoires français non occupés. Or il n'en est rien, bien au contraire, cette activité s'est accrue ces derniers temps, d'une manière très importante. » Et il ajoute la mise en garde suivante : « Il est bon, je pense, que vous connaissiez au cours de vos négociations quelle attitude, en la matière, l'Allemagne observe à notre sujet[76]. » L'idée de se servir du contre-espionnage pour préserver l'autonomie du gouvernement s'accompagne, à partir de la seconde moitié de 1941, de la volonté d'utiliser l'arrestation d'espions allemands dans les négociations franco-allemandes. Darlan lance alors un processus d'échange de prisonniers. C'est-à-dire que ces espions deviennent eux-mêmes une monnaie d'échange dans les négociations, et paradoxalement servent ainsi à renforcer la collaboration.

Si le régime de Vichy peut paraître assez ferme sur la question du contre-espionnage au vu de l'ensemble de ses relations avec les Allemands, il essaie tout de même de ne pas compromettre l'ensemble de sa politique de collaboration par le contre-espionnage. C'est de là que vient le souci d'éviter les incidents diplomatiques. La collaboration est essentielle aux yeux de Vichy, parce que le gouvernement cherche un statut privilégié dans une Europe désormais dominée par les Allemands. Une autre justification de la collaboration, de la part de Vichy, tient aux importantes connivences idéologiques entre les deux régimes. Les ennemis de Vichy – francs-maçons, Juifs et communistes – sont aussi les ennemis du Reich. Il y a également nécessité économique, puisque l'Allemagne représente le seul véritable débouché ouvert aux produits français. Mais la collaboration n'est jamais un vrai partenariat. Dans les négociations, les Allemands disposent de moyens de pression importants, tels que les prisonniers de guerre ou une ligne de démarcation qui peut être assouplie au gré de l'occupant. Avec le temps, le gouvernement est pris dans l'engrenage de cette collaboration, et une véritable défense de souveraineté a souvent du mal à s'accommoder des choix diplomatiques.

Ce n'est que lorsqu'on replace le contre-espionnage anti-allemand dans le cadre plus général d'une politique vichyste fondée sur une collaboration sincère que l'on commence à comprendre la relative modération de la réaction allemande devant cette violation flagrante de l'article 10 de l'armistice. Un examen plus minutieux de cette réaction servira à éclairer ce point.

Les Allemands se plaignent à de nombreuses reprises de la pratique d'un contre-espionnage qui, à leurs yeux, vise plus leurs espions que ceux des Alliés[77]. Ils obtiennent la suppression des BMA au mois d'août 1942 (Darlan et Laval se mettent d'accord pour les remplacer clandestinement par le service de sécurité militaire)[78]. Immédiatement après l'occupation totale du pays, la police allemande se rend même dans les prisons militaires de Toulouse et de Lyon afin de repérer les espions allemands internés[79]. Mais on pourrait s'étonner que leur réaction ne soit pas plus violente.

L'opération montée en décembre 1942 contre la prison militaire de Lyon est particulièrement révélatrice à cet égard. Un groupe de policiers allemands mené par Klaus Barbie pénètre dans la prison en menaçant les gardes[80] et fait un recensement complet des prisonniers[81]. Il est intéressant de noter que, malgré la présence de plusieurs espions allemands, un seul d'entre eux est immédiatement emmené. Il s'agit de Marc Dreesen, alias Paul Fabre, connaissance personnelle d'Adolf Hitler. Parmi les autres recensés ce jour-là se trouvent trois agents allemands d'origine étrangère : Harold Cole, Henri Deu Gelabert et Émile Decreton[82]. Pierre Laval écrit à Pétain, quelques mois après cet incident, pour expliquer que l'application de la peine de mort contre ces individus est désormais impossible puisque les Allemands les ont repérés[83]. Le risque d'incident diplomatique serait trop grand. Laval décide plutôt de négocier l'échange de ces prisonniers contre des Français détenus par l'occupant. Comment expliquer que la police allemande laisse entre les mains des Français des individus qui vont servir de monnaie d'échange dans des négociations franco-allemandes ? D'abord, les services de renseignements allemands se désintéressent généralement du sort de leurs agents arrêtés lorsque ceux-ci ne sont pas de nationalité allemande. Une fois arrêtés, ils sont « brûlés » et donc peu utiles. Ce n'est qu'au printemps 1944 que les Allemands commenceront à s'intéresser de nouveau à ces agents, et ce dans la perspective d'un débarquement allié où ces espions pourraient éventuellement servir, faute de mieux, de cinquième colonne. Mais sans doute plus importante que cette indifférence est l'idée qu'il ne faut pas trop contrarier Vichy dans un domaine qui, vraisemblablement, lui est très cher : celui de la défense de la souveraineté. Derrière ce calcul se cache le fait incontournable que, malgré le désir d'indépendance de Vichy, ce gouvernement apporte une contribution très importante à l'occupant, notamment dans deux domaines idéologiques d'importance croissante aux yeux des nazis : la persécution des Juifs et la répression des menées communistes.

Le contre-espionnage antiallemand irrite certes les Allemands et accroît leur méfiance instinctive contre les Français. Même Vichy n'échappe pas entièrement à cette méfiance. En témoignent l'interdiction en zone occupée de certaines formations de la Révolution nationale, tels la Légion des anciens combattants ou les Chantiers de la jeunesse, ainsi que le développement massif de l'espionnage allemand en zone non occupée. Si, malgré cette méfiance et l'arrestation d'environ deux mille agents allemands par Vichy entre 1940 et 1942, les Allemands continuent à traiter avec le gouvernement de Pétain, c'est tout simplement parce qu'il représente la meilleure option pour eux. Les dirigeants nazis ont compris comment jouer avec Vichy. En nourrissant les illusions des dirigeants français, en leur faisant croire que leur politique sert à défendre la souveraineté du pays, ils obtiennent une collaboration sans faille. Sur l'échelle politique, le sacrifice de certains espions non allemands et de petite envergure est certes regrettable, mais finalement de peu d'importance par rapport à ce que Vichy concède à l'occupant.

En fin de compte, la politique de Vichy en ce qui concerne le contre-espionnage antiallemand oscille entre la fermeté et la timidité, le gouvernement essayant de concilier les intérêts souvent conflictuels de défense de la souveraineté et de collaboration. Il est vrai que, sur cette question, il fait preuve de plus de volonté de contrer l'Axe que dans d'autres domaines et qu'il est prêt, jusqu'à un certain point, à soutenir une activité clandestine de contre-espionnage, ce qui représente une contravention à l'article 10 de l'armistice. Des ministres connaissent et, en principe, approuvent l'arrestation d'espions allemands se trouvant en zone non occupée. Pourtant, le personnel des services spéciaux critique fortement la timidité du gouvernement. Vichy joue sur des thèmes patriotiques et, insistant sur le besoin de maintenir la souveraineté, prône sa neutralité. Mais le gouvernement pourrait-il défendre ces idées jusqu'au bout dans le cadre de la politique de collaboration ? De fait, la position de Vichy est affaiblie par son désir de ne pas compromettre celle-ci. Aussi, en cas d'incidents diplomatiques, le gouvernement a-t-il tendance à recourir au compromis et parfois à sacrifier l'action des services spéciaux.

CONCLUSION

Le point de départ de cette étude a été notre découverte, dans les archives, de documents relatant la torture que la police de Vichy pratiquait contre les agents allemands. Nous n'étions pas au bout de nos surprises. Il apparut ensuite que, dans le dessein d'empêcher l'espionnage pour le compte des commissions d'armistice, les services spéciaux avaient effectué quelques tontes de femmes en Afrique du Nord pendant l'automne 1941, vraisemblablement avec l'aval du général Weygand. Nous savions que des espions allemands avaient été fusillés par l'armée de l'armistice, mais quelle surprise de trouver que, même après l'occupation totale du pays, Laval et Pétain discutaient toujours de la possibilité de poursuivre ces exécutions ! Et que dire de la continuation des procès d'agents allemands par les cours d'appel de Vichy jusqu'en décembre 1943 ? Étonnant aussi de voir les Allemands toujours en train de négocier la libération de certains de leurs espions pendant l'été 1944. La chasse aux espions allemands sous Vichy est une histoire parfois surprenante et souvent complexe.

L'espionnage allemand en France croît de façon spectaculaire après l'armistice, aussi bien en ce qui concerne le nombre de postes du SRA travaillant contre le pays que le nombre d'agents allemands employés. Cela s'explique, en partie, par une lutte d'influence entre services rivaux, entre les organismes militaires et ceux issus du parti nazi, c'est-à-dire entre l'Abwehr et le Sipo-SD. La rivalité stimule le zèle dans le domaine du renseignement comme dans les autres secteurs de l'administration allemande des pays occupés. Mais, plus encore, le développement massif de l'espionnage témoigne de la tension des rapports franco-allemands malgré la volonté de collaboration de Vichy. Le vainqueur se méfie du vaincu. Outre-Rhin, la France est considérée comme un ennemi héréditaire. Les Allemands ont une raison fondamentale de rester sur leurs gardes : ils se souviennent que, après la Première Guerre mondiale, eux-mêmes se sont affranchis du carcan imposé par un accord diplomatique, dans leur cas un traité de paix, pour se reconstruire clandestinement. Ils tiennent donc à ligoter solidement les vaincus. Ce souvenir est particulièrement vif dans les services secrets militaires, qui n'ont pas respecté longtemps l'interdiction d'opérer imposée à Versailles.

L'espionnage s'inscrit dans le cadre d'une politique allemande qui vise à exploiter la France, à la diviser, à l'affaiblir définitivement, et surtout à la neutraliser. Les SRA se renseignent sur le gouvernement français, notamment en plaçant des agents auprès des principaux personnages de l'État. Ils recherchent les infractions aux prescriptions de l'armistice, surtout en ce qui concerne les mobilisations clandestines, les dépôts d'armes non déclarés et la reconstitution des services spéciaux français. Leurs questionnaires demandent aussi aux espions de mesurer les mouvements d'opinion et de détecter toute velléité de résistance. Les SRA surveillent enfin l'activité des Alliés dans les territoires non occupés et préparent les campagnes militaires futures. Sans oublier, évidemment, leur rôle économique : les services secrets allemands participent activement au marché noir en France et préparent le pillage économique et culturel du pays en repérant les butins de guerre.

L'espionnage allemand repose sur la trahison : 80 % des espions sont de nationalité française. Comment expliquer cela ? Comme dans toute époque, l'esprit de lucre est la principale motivation des espions. Cet aspect est encore plus important sous Vichy, puisque, après la défaite, le pays est confronté à un problème aigu de chômage, particulièrement parmi les démobilisés, dont le recrutement est prisé par les services secrets allemands. L'intérêt matériel que représente l'espionnage est d'autant plus grand que les Allemands disposent de fonds pratiquement illimités grâce à leur exploitation économique de la France. Auprès d'eux, même un agent d'envergure moyenne peut trouver une excellente rémunération, ainsi que des facilités administratives telles que des laissez-passer permettant de se rendre en zone libre. D'autres facteurs plus spécifiques expliquent le recrutement d'espions. La période de l'entre-deux-guerres a vu se multiplier films et livres d'espionnage. Il est difficile de croire que ce genre littéraire et cinématographique n'ait joué aucun rôle sur le recrutement d'individus en quête d'aventure. Cette même période a aussi vu la montée des idéologies extrémistes. Or la sympathie pour les régimes d'extrême droite est une cause de l'engagement d'individus venus des milieux collaborationnistes, notamment le PPF. De plus, la propagande de Vichy en faveur de la collaboration semble également donner une caution officielle à l'espionnage. Autre facteur, la défaite, en soulignant la vulnérabilité française, encourage le nationalisme arabe dans les pays de l'Afrique du Nord. Le SRA, dans le dessein d'affaiblir la France, fait les yeux doux aux nationalistes, dont certains sont prêts à répondre en donnant des renseignements. Enfin, la présence en France de soldats, de policiers et de fonctionnaires allemands fait naître des liaisons amoureuses franco-allemandes qui mènent parfois à un échange de renseignements.

Les espions s'implantent dans les territoires non occupés sous différentes couvertures. Les missions diplomatiques, notamment les commissions d'armistice, s'engagent massivement dans une activité extraconventionnelle (propagande, espionnage, marché noir) dépassant largement leur mission officielle. Certaines professions facilitent le travail de renseignements : ainsi, les journalistes, les représentants de commerce ou les hommes d'affaires ont une mobilité professionnelle qui facilitent les déplacements nécessaires au travail d'espion. D'autres profitent d'une couverture politique et font semblant d'être gaullistes dans des territoires où la population est majoritairement hostile aux Allemands. Parfois, c'est l'identité de réfugiés (rescapés de l'exode, Juifs, etc.) qui est usurpée.

Face à ces vastes réseaux allemands, plusieurs organismes organisent le contre-espionnage. En premier lieu, bien entendu, les services spéciaux, c'est-à-dire les structures spécialisées au sein de l'armée (BMA, TR, deuxième bureau), de la marine (CRM, SSD, Sûreté navale) et de la police (ST). Les militaires recueillent des informations, les policiers effectuent les arrestations. Mais il est évident que le contre-espionnage dépasse largement le cadre des services spéciaux pour englober les préfectures, la police régulière, la gendarmerie, le contrôle technique, la Direction des services de l'armistice ainsi que la justice militaire et civile.

Le contre-espionnage prend plusieurs formes. Les services spéciaux effectuent un travail de prévention en essayant de combattre la propagande allemande et en organisant une instruction contre l'espionnage dans les unités militaires. Avec le concours d'autres administrations, ils tentent de limiter les indiscrétions, notamment en empêchant les contacts directs entre la population et les Allemands. Un système de vigilance policière est mis en place autour des missions diplomatiques allemandes dans les territoires non occupés. Il s'agit, d'une part, d'organiser la protection de ces bâtiments afin d'empêcher les attentats et, d'autre part, d'intercepter des citoyens français qui essaient de contacter les membres de ces commissions. Les policiers en faction notent l'identité de ces Français, qui, après enquête, sont parfois invités à s'expliquer au commissariat. Une surveillance est également effectuée par le biais d'agents des services spéciaux introduits au sein d'organismes de l'occupant et par des moyens plus techniques, tels que la pose de micros dans les bureaux allemands ou l'interception de la correspondance. Le contre-espionnage consiste enfin à surveiller les milieux suspects tels que les collaborationnistes, les prisonniers de guerre « évadés » ou les milieux nationalistes.

Il faut souligner que, malgré la multiplicité des méthodes et des services engagés dans le contre-espionnage, le dispositif est loin d'être parfait. Il n'offre pas de protection totale. Tout au plus les services spéciaux français gênent-ils leurs confrères allemands, sans vraiment les empêcher de travailler dans les territoires non occupés. Plusieurs facteurs expliquent l'inefficacité du contre-espionnage. Ils sont d'abord d'ordre politique. L'aspect antiallemand du contre-espionnage va à l'encontre des positions diplomatiques ouvertement déclarées du gouvernement et, de ce fait, doit se faire sans le soutien total d'un public non averti. Pis encore, une partie de la population imagine que la propagande vichyste lui donne une caution pour renseigner les Allemands. Ensuite, d'un point de vue technique, la coopération entre les différents organismes (militaires, marins, policiers, etc.) de contre-espionnage est affaiblie par des rivalités puériles. D'autres difficultés sont dues aux faits de guerre. L'occupation d'une partie du pays oblige les services spéciaux de déplacer leurs quartiers généraux vers le sud du pays. Ils doivent se réorganiser, mais de telles réorganisations nécessitent une période de rodage. Enfin, le manque de ressources et la pénurie des effectifs des services spéciaux sont aggravés par le fait qu'une partie des moyens qui auraient pu être consacrés au contre-espionnage antiallemand sont plutôt employés contre les Alliés. Ce qui revient à dire que certaines difficultés du contre-espionnage antiallemand ont leurs origines dans les ambiguïtés des services spéciaux eux-mêmes, qui opèrent à la fois contre les Allemands et contre les Alliés.

L'attitude des services spéciaux à l'égard des agents alliés ou gaullistes ne s'explique pas seulement par les instructions données par Vichy. Certes, le gouvernement de Pétain souhaite qu'ils répriment les menées proalliées ou gaullistes, mais ils ont également leurs propres raisons d'ambivalence à l'égard des Anglo-gaullistes. C'est ainsi qu'ils critiquent le manque de professionnalisme de l'Intelligence Service, dont la naïveté met en danger les Français qu'il recrute, et condamnent les attaques contre l'empire perpétrées par la grande puissance coloniale rivale, l'Angleterre. Quant aux gaullistes, ce n'est pas seulement leur manque de professionnalisme qui est raillé, avec beaucoup de condescendance, mais aussi leur politisation. Les services spéciaux n'apprécient guère les critiques gaullistes contre Vichy.

Il faut évidemment garder toute proportion relative à l'ambiguïté des services spéciaux vichyssois à l'égard des alliés et des gaullistes. Il est clair que des liens défensifs existent avec certains mouvements résistants (c'est-à-dire ceux dirigés par des militaires comme Frenay ou Heurteaux, mouvements qui s'attaquent plus aux Allemands qu'au régime de Vichy). Ces mouvements sont donc avertis lorsqu'ils sont noyautés par les services secrets allemands. Les services spéciaux échangent aussi des renseignements avec l'Intelligence Service. Mais en réalité, ces échanges sont assez limités. Ils ne transmettent pas de renseignements sur Vichy, seulement sur les Allemands, et il ne s'agit pas d'envois gratuits, ils essaient d'obtenir en contrepartie des renseignements de valeur égale.

Si les services spéciaux sont ambigus à l'égard des Anglo-gaullistes, ils sont carrément hostiles aux Allemands. Toute étude fondée sur un dépouillement des archives des services spéciaux vichyssois arrivera forcément à la conclusion que leur principal ennemi est l'Allemagne. Sans doute ont-ils une empathie pour l'anticommunisme des Nazis et une admiration technique pour l'organisation et les méthodes des services secrets allemands (mais pas pour leur personnel jugé de qualité médiocre). Excepté ces deux considérations, l'attitude des services spéciaux à leur égard est marquée par une hostilité sans faille. Celle-ci s'explique avant tout par des traditions institutionnelles. Depuis la guerre franco-prusse, les Allemands ont toujours été clairement identifiés par eux comme l'ennemi principal.

Jusqu'à présent, l'historiographie a toujours prétendu que l'activité des services spéciaux contre les Allemands s'effectuait indépendamment du gouvernement. Dans ce livre, nous nuançons fortement cette idée. Si le fonctionnement quotidien des services spéciaux est autonome, la répression de l'espionnage s'inscrit dans la politique vichyssoise. Nous partageons l'analyse mise en avant par Laurent Douzou et Denis Peschanski dans un excellent chapitre sur les rapports entre Vichy et la Résistance. Ce sont les seuls à contredire le fait que le contre-espionnage antiallemand représente en soi une forme de résistance : « La clandestinité ne saurait être assimilée à une action officieuse menée avec l'aval d'autorités qui la financent, de surcroît. Celle-ci s'inscrit dans la logique classique d'un État défendant ses intérêts[1]. » Les services spéciaux mènent peut-être cette lutte avec un acharnement né de leur hostilité instinctive à l'égard des Allemands mais l'arrestation d'espions de l'Axe ne s'oppose nullement à la politique conduite par Vichy jusqu'à la fin de 1942.

Des apologistes du régime seraient sans doute tentés de voir dans cette activité une forme de résistance vichyssoise. Il n'en est rien. Il s'agit plutôt d'une politique de défense de la souveraineté et de centralisation de la collaboration. Des historiens comme Robert Paxton, Marc-Olivier Baruch ou Éric Alary reconnaissent l'importance donnée par Vichy à l'idée de souveraineté[2]. Ils soulignent surtout la notion de souveraineté administrative : Vichy revendiquait le monopole de l'administration de la politique suivie en France, quitte à faire appliquer les directives allemandes par des fonctionnaires français. En ce qui concerne le contre-espionnage, la volonté de préserver la souveraineté administrative joue à deux niveaux. D'une part, Vichy espère empêcher le noyautage de ses administrations par des agents allemands. Son indépendance administrative est à ce prix. D'autre part, il cherche parfois à déjouer la pénétration allemande des mouvements résistants dans les territoires non occupés parce qu'il veut contrôler lui-même la répression de ces mouvements.

Une deuxième forme de souveraineté est la souveraineté territoriale. Vichy a perdu la partie nord de son territoire. Il compte au moins préserver ses droits et sa liberté d'action dans les territoires qui lui reste. Aux services de contre-espionnage revient la tâche de faire respecter les frontières du royaume du Maréchal. Cette idée de souveraineté territoriale semble plus chère aux militaires du régime, conditionnés professionnellement à défendre le territoire, qu'à des hommes comme Darlan ou Laval qui se montrent prêts à la compromettre pour des concessions dans d'autres domaines.

Troisième sorte de souveraineté associée au contre-espionnage est la souveraineté de l'État sur l'individu. Vichy est entièrement sincère dans sa recherche de collaboration d'État, mais ses principaux dirigeants se montrent hostiles aux initiatives de collaboration non contrôlées. Si des individus offrent leurs services aux Allemands directement sans passer par les canaux gouvernementaux, Vichy ne peut plus marchander leur collaboration dans les négociations franco-allemandes. Le contre-espionnage sert ainsi à centraliser la collaboration.

La volonté vichyssoise de défendre sa souveraineté est bien réelle. Pour cette raison, le gouvernement fait preuve de plus de fermeté à l'égard des Allemands dans ce domaine que dans l'ensemble de sa politique. Ainsi, le gouvernement est prêt à recréer officieusement des services spéciaux travaillant en partie contre l'Allemagne, contredisant ainsi l'article X de la convention d'armistice qui insiste qu'aucune partie de l'armée doit s'engager dans une activité antiallemande. Pétain et Darlan ratifient des décisions des tribunaux militaires de faire exécuter des espions allemands. Une quarantaine d'individus auraient été exécutés à ce titre. Des procès d'espions allemands continuent jusqu'en décembre 1943, des jugements qui sont connus dans certains cabinets ministériels. Et on peut noter que certains espions sont toujours en prison jusqu'à l'été 1944.

Mais on doit juxtaposer cette fermeté inhabituelle de Vichy avec un esprit de conciliation et de compromis qui ne surprend personne qui a étudié ce régime. Dès 1941, Darlan permet aux délégués de la Croix-Rouge allemande de rendre visite aux espions prisonniers de nationalité allemande. Ensuite, il accepte d'informer les Allemands de l'arrestation de leurs ressortissants. Finalement, il s'engage dans la livraison d'un nombre d'espions enfermés, soit sous forme de livraisons gratuites, soit sous forme d'échanges contre des Français condamnés par les tribunaux allemands en zone occupée. Laval accélère cette collaboration à partir de l'automne 1942, dans le cadre de « l'affaire Desloges », en acceptant d'offrir une protection officielle à une mission d'agents allemands venue en zone sud pour détecter les transmetteurs alliés.

La position du gouvernement oscille donc entre fermeté et compromis. La fermeté s'explique par la volonté d'assurer l'indépendance du gouvernement par rapport à l'occupant. Pourtant, certaines personnalités associées au gouvernement ne sont jamais favorables à l'activité des services spéciaux à cet égard. C'est le cas d'Eugène Bridoux, secrétaire d'État à la Guerre sous Laval, ou Fernand de Brinon, délégué général du gouvernement dans les territoires occupés. Seul Maxime Weygand, secrétaire d'État à la Guerre en 1940 et puis délégué général du gouvernement en Afrique du Nord, est vraiment prêt à risquer des incidents diplomatiques pour soutenir le travail des services spéciaux. Les autres ministres sont plus hésitants à cet égard et les incidents provoqués par les méthodes brutales employées par les services de contre-espionnage ne sont guère appréciés par Darlan ou Laval. Cette hésitation témoigne d'un désir de ne pas compromettre la politique de collaboration.

Une véritable défense de la souveraineté coexiste difficilement avec les choix diplomatiques de Vichy. À la longue, elle est vouée à l'échec. Le gouvernement est pris dans l'engrenage d'une politique de collaboration qui ne constitue jamais un vrai partenariat. Les Allemands disposent de moyens de pression importante – les prisonniers de guerre, le contrôle de la ligne de démarcation, l'inégalité des forces militaires entre une armée réduite par l'armistice et les forces d'occupation qui se donnent le droit d'annuler la convention d'armistice à tout moment. Le rapport des forces devient encore plus déséquilibré avec le temps. La perte de l'Empire en novembre 1942, suivie par l'occupation totale du pays rend caduque la défense de la souveraineté territoriale. Désormais, il est quasiment impossible d'empêcher des contacts directs entre la population et les forces d'occupation et il devient donc encore plus difficile de mettre fin à des actes individuels de collaboration non contrôlés. Il ne reste que la souveraineté administrative qui est réduite de plus en plus à employer les administrations vichyssoises pour faire le sale boulot des Nazis – ce qui arrange bien l'occupant. À part quelques cas très isolés, les arrestations d'agents allemands s'arrêtent brusquement en novembre 1942.

L'étude de l'espionnage allemand et du contre-espionnage français soulève donc des questions intéressantes au sujet des tensions entre les deux pays malgré une volonté de collaboration de la part de Vichy. Le dispositif de contre-espionnage s'engage dans une lutte, certes acharnée, mais inégale contre les services de renseignements du Reich. Ces derniers disposent de moyens importants et n'ont aucune difficulté pour recruter des agents français. Les services spéciaux français arrêtent environ 2 000 espions travaillant pour le compte des Allemands. Mais les services français, en proie à de nombreuses difficultés, y compris les contradictions de leur propre gouvernement, ne réussirent pas à offrir une protection totale. Les desseins de Vichy – une défense de la souveraineté et une centralisation de la collaboration – ne sont que partiellement atteints.

TERMES TECHNIQUES, SIGLES ET ABRÉVIATIONS

Abwehr	Service militaire de renseignements allemand
AFN	Afrique du Nord française
Ast	*Abwehrstelle*
	Poste de contre-espionnage allemand
BCC	Bureau de coordination de Casablanca
	Service français de contre-espionnage au Maroc
BCRA	Bureau central de renseignement et d'action
BDS	*Befehlshaber des Sicherheitspolizei und des* SD
	Chef de tous les commandeurs Sipo-SD (titre du colonel Knochen à Paris)
BMA	Bureau(x) des menées antinationales.
	Bureau(x) de contre-espionnage de l'armée établi(s) après l'armistice de 1940. Le chef national est le lieutenant-colonel Guy d'Alès
BMA 7	BMA de Bourg-en-Bresse sous la direction du capitaine Bonnefous assisté par deux lieutenants et un sous-lieutenant (de l'armée de l'air). Le personnel civil consiste en cinq personnes. Indicatifs : 700. Pseudonyme : Gilles.
BMA 9	BMA de Châteauroux sous la direction du capitaine Truttat (puis de Bonneval) assisté par trois lieutenants (dont un de l'armée de l'air). Le personnel civil consiste en cinq personnes. Indicatifs : 900. Pseudonyme : Ildebert
BMA 12	BMA de Limoges sous la direction du commandant de Rochebouet (puis de Pontac) assisté par deux capitaines et un sous-lieutenant. Le personnel civil consiste en dix (puis sept) personnes. Indicatifs : 1 200. Pseudonyme : Ludovic

BMA 13	BMA de Clermont sous la direction du commandant de Driesen (puis les capitaines Allemand, Mercier et Roger) assisté par un capitaine et deux lieutenants (dont un de l'armée de l'air). Le personnel civil consiste en huit personnes. Indicatifs : 1 300. Pseudonyme : Marcel
BMA 14	BMA de Lyon sous la direction du capitaine Lassalle (puis Descours et Baggio) assisté par trois lieutenants (dont un de l'armée de l'air). Le personnel civil consiste en sept personnes. Indicatifs : 1 400. Pseudonyme : Nestor
BMA 15	BMA de Marseille sous la direction du capitaine Jonglez de Ligne assisté par trois capitaines (dont l'un de l'armée de l'air) et le lieutenant de vaisseau Gardiès, détaché de la marine. Le personnel civil consiste en quatre personnes. Indicatifs : 1 500. Pseudonyme : Olivier
BMA 16	BMA de Montpellier sous la direction du commandant Blattes assisté par trois capitaines (dont un de l'armée de l'air). Le personnel civil consiste en dix (puis neuf) personnes. Indicatifs : 1 600. Pseudonyme : Patrice
BMA 17	BMA de Toulouse sous la direction du commandant Devaux assisté par un lieutenant et le capitaine Hayez (détaché de l'armée de l'air). Le personnel civil consiste en huit personnes. Indicatifs : 1 700. Pseudonyme : Quasimodo
BMA 19	BMA d'Alger, avec annexes à Alger, Oran et Constantine. Sous la direction du commandant Lochart (puis du lieutenant-colonel Labadie et du commandant Duriau) assisté par quatre capitaines et trois lieutenants. Le personnel civil consiste en six personnes. Indicatifs : 1 900. Pseudonyme : Stanislas
BMA 30	BMA de Rabat (Maroc). Sous la direction du commandant Guisolphe (puis Dumont) assisté par sept capitaines (dont un de l'armée de l'air) et un lieutenant. Le personnel civil consiste en cinq personnes. Indicatifs : 3 000. Pseudonyme : Urbain
BMA 40	BMA de Tunis avec annexe à Sousse-Gabès. Sous la direction du capitaine Baunard (puis le commandant Tupinier) assisté par trois capitaines. Le personnel civil

	consiste en six personnes. Indicatifs : 4 000. Pseudonyme : Valère
BMA 50	BMA de Beyrouth avec annexes à Damas et Alep. Sous la direction du capitaine Bonichon assisté par quatre capitaines et un personnel administratif de quatre personnes. Indicatifs : 5 000. Pseudonyme : William
BMA 100	Installé à Royat, c'est le QG des BMA. Sous le contrôle du lieutenant-colonel Guy d'Alès. Indicatifs : 10 000. Pseudonyme : Yves
BMA 100/2	Installé à Alger, c'est le QG des BMA en Afrique du Nord. Sous le contrôle du commandant Chrétien. Indicatifs : 20 000. Pseudonyme : Zacharie
BSM	Bureau de sécurité militaire Nouveau nom donné aux BMA après août 1942
CAA	Commission allemande d'armistice
CDM	Camouflage du matériel
CE	Contre-espionnage
CEC	Commissions étrangères de contrôle (terme désignant les CIA et les CAA)
CIA (ou CAI)	Commission italienne d'armistice
CIG	Centre d'information gouvernementale Bureau central créé par Darlan en 1941 pour coordonner l'activité des services spéciaux. Dirigé par le général Roux
Cinquième bureau	Nom donné aux services de contre-espionnage français entre septembre 1939 et l'été 1940
CRA	Croix-Rouge allemande
CRM	Centres de renseignements marins
CST	Commissariat de surveillance du territoire (voir ST)
CSDN	Conseil supérieur de la Défense nationale
DDSA	Délégation de la Direction des services de l'armistice
Deuxième bureau	Bureau de renseignement de l'état-major de l'armée française. L'expression est souvent utilisée abusivement par le profane pour décrire tout le dispositif de renseignement et/ou de contre-espionnage
DFAM	Délégation française au Maroc
DM	Division militaire

DSA	Direction des services de l'armistice
EM	État-major (de l'armée)
FMF 2	Forces maritimes françaises deuxième bureau
Gestapo	*Geheime Staatspolizei*
	Police secrète d'État. Un des bureaux du Sipo-SD.
GFP	*Geheime Feldpolizei*
	Gendarmerie allemande
GRM	Garde républicaine mobile
HC	Honorable correspondant
	Personne travaillant bénévolement pour les services spéciaux français
IS	Intelligence Service
	Service de renseignements britannique
KIA	*Krontrol Inspekzion in Afrika*
	Délégation allemande d'armistice en Afrique
LVF	Légion des volontaires français contre le bolchevisme
MA	Menées antinationales (voir BMA)
MBF	*Militärbefehlshaber in Frankreich*
	Gouverneur militaire en France
Mesure C	Cambriolage
Mesure D	Mise hors d'état de nuire immédiate (euphémisme pour liquidation physique)
Mesure F	Mise hors d'état de nuire ultérieure (fichier spécial)
MM/SEE	Section d'études économiques de la marine marchande
OKW	*Oberkommando der Wehrmacht*
	Haut commandement de l'armée allemande
OSS	*Office of Strategic Studies*
	Service de renseignements américain
Ovra	*Opera Vigilanza Repressione Antifascismo*
	Police secrète italienne travaillant contre les antifascistes
PPF	Parti populaire français
	Mouvement d'extrême droite fondé en 1936 et dirigé par Jacques Doriot.
RNP	Rassemblement national populaire
	Mouvement d'extrême droite
RSHA	*Reichssicherheitshauptamt*
	Office suprême de sécurité du Reich (dirigé par Heydrich puis, après son assassinat, par Kaltenbrunner)

SCR	Section de centralisation du renseignement
	Organe de direction du contre-espionnage français avant la défaite
SD	*Sicherheitsdienst*
	Service de renseignements SS, rattaché à la police de sécurité (Sipo)
SIL	Section d'immatriculation de la Légion étrangère
	Organisation de contre-espionnage français dont le but est de filtrer des éléments suspects qui tentent d'entrer à la Légion étrangère
SIM	*Servizio d'informazione militare*
	Service de renseignements italien
Sipo	*Sicherheitspolizei*
	Police de sécurité, en réalité une police politique
SM	Sécurité militaire
	Organe de contre-espionnage établi en août 1942 pour remplacer les BMA
SOE	*Special Operations Executive*
	Direction des opérations spéciales britannique
SR	Service de renseignements
SRA	Service de renseignements allemand
	Souvent utilisé pour désigner l'Abwehr, mais peut également s'appliquer au Sipo-SD
SS	*Schutzstaffeln*
	Membres activistes du parti nazi initialement chargés de la défense intérieure du Reich, puis groupés en divisions d'élite aux armées
SSD	Section de surveillance et de documentation
	Organisation de contre-espionnage au sein de la marine française
SSM	Service de sécurité militaire (voir SM)
ST	Surveillance du territoire
	Police spécialisée dans le contre-espionnage
TR	Travaux ruraux
	Réseau clandestin du contre-espionnage établi après la défaite de 1940. Son organe de direction est à Marseille (connu sous le nom de « Cambronne »), mais il y existe

	également des bureaux régionaux. Service dirigé par le commandant Paul Paillole
TR 112	Poste de CE clandestin de Limoges (dirigé par Rigaud)
TR 112 bis	Poste annexe de TR 112 à Paris (dirigé par Martineau)
TR 113	Poste de CE clandestin de Clermont-Ferrand (dirigé par Johanès)
TR 113 bis	Poste annexe de TR 113 à Paris (dirigé par Garder)
TR 114	Poste de CE clandestin de Lyon (dirigé par Hugon)
TR 114 bis	Poste annexe de TR 114 à Annemasse
TR 115	Poste de CE clandestin de Marseille (dirigé par Guiraud)
TR 117	Poste de CE clandestin de Toulouse (dirigé par d'Hoffelize)
TR 119	Poste de CE clandestin d'Alger (dirigé par Doudot puis Allemand)
TR 120	Poste de CE clandestin de Rabat (dirigé par Breitel)
TR 121	Poste de CE clandestin de Tunis (dirigé par Fontes)
TR 125	Poste de CE clandestin de Barcelone (dirigé par Larquier)
v-Mann	*Vertrauensmann*
	« Homme de confiance » = agent de l'Abwehr
W	Agent du CE français
Wehrmacht	Nom donné à l'armée allemande sous les nazis

NOTES

Introduction (de la page 4 à la page 9)

1. À titre d'exemple : J. Baynac, *Les Secrets de l'affaire Jean Moulin*, Paris, Le Seuil, 1998, p. 125 ; R. Belot, *Henri Frenay*, Paris, Le Seuil, 2003, p. 121-123 ; M. Chalet, « La DST, service français de contre-espionnage », in P. Lacoste (dir.), *Approches françaises du renseignement*, Paris, FED, 1997, p. 59 ; J.-P. Cointet, *Histoire de Vichy*, Paris, France Loisirs, 1996, p. 155 ; D. Cordier, *Jean Moulin, l'inconnu du Panthéon*, t. III, Paris, J.-C. Lattès, 1993, p. 693-695 ; J.-L. Crémieux-Brilhac, *La France libre*, Paris, Gallimard, 1996, p. 233 ; L. Douzou et D. Peschanski, « Les premiers résistants face à l'hypothèque Vichy (1940-1942) », in L. Douzou, R. Frank, D. Peschanski et D. Veillon, *La Résistance et les Français*, Actes du colloque, Cachan, 1995, p. 433 ; F.-G. Dreyfus, *Histoire de la Résistance*, Paris, éd. de Fallois, 1996, p. 44-46 ; A. Guérin, *Chronique de la Résistance*, Paris, Omnibus, 2000, p. 1455-1458 ; H. R. Kedward, *Resistance in Vichy France*, Oxford, OUP, 1978, p. 40-41 ; S. Kitson, « L'évolution de la Résistance dans la police marseillaise », in J.-M. Guillon et R. Mencherini (dir.), *La Résistance et les Européens du Sud*, Paris, L'Harmattan, 1999, p. 259-260 ; S. Laurent, « Pour une autre histoire de l'État », *Vingtième siècle*, n° 83, juillet-septembre 2004, p. 178 ; R. Mencherini, « Naissance de la Résistance à Marseille », in J.-M. Guillon et P. Laborie (dir.), *Mémoire et Histoire : la Résistance*, Paris, Privat, 1995,

p. 142-143 ; H. Noguerès, *Histoire de la Résistance en France de 1940 à 1945*, vol. I, Paris, Laffont, 1967, p. 69-72 ; R. O. Paxton, *Parades and Politics in Vichy*, New Jersey, Princeton UP, 1966, p. 303 ; J. F. Sweets, *Choices in Vichy France*, Oxford, OUP, 1986, p. 173 ; M. Thomas, « Signals intelligence and Vichy France, 1940-1944 : Intelligence in defeat », *Intelligence and National Security*, vol. XIV, n° 1, printemps 1999, p. 176-200.

2. R. Faligot et P. Krop, DST : *police secrète*, Paris, Flammarion, 1999 ; S. Kitson, « Arresting nazi Spies in Vichy France (1940-1942) », *Intelligence and National Security*, vol. XV, n° 1, printemps 2000, p. 80-120 ; S. Laurent, « Le renseignement et le contre-espionnage militaires face à l'Allemagne : étude du dispositif de renseignement français », in S. Mertens et M. Vaïssse (dir.), *Frankreich und Deutschland im Krieg (November 1942-Herbst 1944). Okkupation, Kollaboration, Résistance*, Bonn, Bouvier Verlag, 2000, p. 783-792 ; D. Porch, *The French Secret Services, from the Dreyfus Affair to the Gulf War*, Oxford, OUP, 1997 ; P. J. Stead, *Second Bureau*, Londres, Evans Brothers, 1959. À noter aussi que, sous la direction d'Olivier Forcade, des mémoires de stage ont été rédigés sur le sujet par des officiers de l'armée de terre : F. Delalez, *Le Service des menées antinationales 1940-1942*, mémoire des écoles de Coëtquidan, 1998 ; T. Guillet, *Le Renseignement au Maroc*, mémoire des écoles de Coëtquidan, 1999 ; Slt Zajec, *« Travaux ruraux » : le contre-espionnage clandestin de l'armée d'armistice*, mémoire des écoles de Coëtquidan, 1999.

3. P. Nord, *Mes camarades sont morts*, Genève, de Crémille, 1970 ; J. Abtey et F. Unterberg-Gibhardt, *Deuxième bureau contre Abwehr*, Paris, La Table ronde, 1966 ; M. Garder, *La Guerre secrète des services spéciaux français*, Paris, Plon, 1967 ; D. Loisel, *J'étais le commandant X*, Paris, Fayard, 1970 ; Gilbert-Guillaume, *Mes missions face à l'Abwehr*, Paris, Plon, 1971 ; M. Pasquelot, *Les Dossiers secrets de la marine*, Paris, NEL, 1973 ; P. Paillole, *Services spéciaux, 1935-1945*, Paris, Laffont, 1975 ; P. Bernert, *Roger Wybot et la bataille pour la DST*, Paris, Presses de la Cité, 1975 ; H. Koch-Kent, *Doudot, figure légendaire du contre-espionnage français*, Paris, Casterman, 1976 ; R. Terres, *Double jeu pour la France*, Paris, Grasset, 1977 ; H. Navarre, *Le Service de renseignements, 1871-1944*, Paris, Plon, 1978 ; H. Navarre, *Le Temps des vérités*, Paris, Plon, 1979 ; J. Bézy, *Le Service de renseignements air*, Paris, France-Empire, 1979 ; J.-P. Vittori, *Une histoire d'honneur : la Résistance*, Paris, Ramsay, 1984 (chap. VI, p. 83-96, entretien avec Paul Paillole) ; P. Paillole, *L'Homme des services secrets*, Paris, Julliard, 1995.

4. E. Jäckel, *La France dans l'Europe de Hitler*, Paris, Fayard, 1968 ; R. O. Paxton, *Vichy France : Old Guard and New Order, 1940-1944*, New York, Columbia UP, 1972.

5. Sur l'histoire du « fonds de Moscou », voir : C. Sibille, « Les archives du deuxième bureau SR-SCR récupérées de Russie », in G.-H. Soutou, J. Frémeaux, O. Forcade (dir.), *L'Exploitation du renseignement en Europe et aux États-Unis des années 1930 aux années 1960*, Paris, Économica, 2001, p. 27-47 ; S. Cœuré, F. Monier, G. Naud, « Le retour de Russie des archives françaises : le cas du fonds de la Sûreté », *Vingtième siècle*, n° 45, janvier-mars 1995, p. 133-139 ; S. Cœuré, F. Monier, « De l'ombre à la lumière : les archives françaises de retour de Moscou (1940-2002) », in S. Laurent (dir.), *Archives « secrètes », secrets d'archives ? L'historien et l'archiviste face aux archives sensibles*, Paris, éd. du CNRS, 2003, p. 233-248.

6. Cf. les procès suivants : AN (Archives nationales) 3W 88-95, Haute Cour c/ René Bousquet ; AN 3W 100-105, Haute Cour c/ général Bridoux ; AN 3W 163-164, Haute Cour c/ général Delmotte ; AN 3W 208-216, Haute Cour c/ Pierre Laval ; AN 3W 258-266, Haute Cour c/ général Noguès ; AN 3W 277-309, Haute Cour c/ maréchal Pétain ; AN 3W 310-313, Haute Cour c/ Marcel Peyrouton ; AN 3W 340-345, Haute Cour c/ général Weygand.

7. Respectivement les séries AN 2^{AG}, AN F^{60} et AN F^{1a}.

8. Série AN AJ^{41}.

9. Cartons AN 2^{AG} 521, 524, 528, 595, 596, 597, 601.

10. Cartons AN BB^{24} 2381 ; AN BB^{30} 1709, 1712, 1723.

11. Notamment les cartons AN AJ^{41} 491-499.

Chapitre 1. Organiser l'espionnage allemand en France
(de la page 10 à la page 22)

1. Outre les documents cités, les sources pour ce chapitre sont : J. Abtey et F. Unterberg-Gibhardt, *Deuxième bureau contre Abwehr*, Paris, La Table ronde, 1966 ; E. Alary, *La Ligne de démarcation*, Paris, Perrin, 2003 ; M. et J.-P. Cointet, *Dictionnaire historique de la France sous l'Occupation*, Paris, Tallandier, 2000 ; J. Delarue, *Histoire de la Gestapo*, Paris, Fayard, 1962 ; M. Garder, *La Guerre secrète des services spéciaux français*, Paris, Plon, 1967 ; B. Kasten, « *Gute Franzosen* », *Die französische Polizei und die deutsche Besatzungsmacht in besetzten Frankreich, 1940-1945*, Sigma-ringen, Thorbecke, 1993 ; C. Metzger, *L'Empire colonial français dans la*

stratégie du IIIe Reich (1936-1945), thèse de doctorat d'État, université de Paris IV-Sorbonne, 1998 ; A. Meyer, *Die deutsche Besatzung in Frankreich, 1940-1944*, Darmstadt, Wissenschaftliche Buchgesellschaft, 2000 ; H. Navarre, *Le Service de renseignements, 1871-1944*, Paris, Plon, 1978 ; P. Nord, *Mes camarades sont morts*, Genève, de Crémille, 1970 ; P. Paillole, *Services spéciaux, 1935-1945*, Paris, Laffont, 1975 ; P. Paillole, *L'Homme des services secrets*, Paris, Julliard, 1995 ; O. Reile, *L'Abwehr*, Paris, France-Empire, 1970 ; Général Louis Rivet, « Abwehr et Gestapo en France pendant la guerre », *Revue d'histoire de la Deuxième Guerre mondiale*, n° 1, novembre 1950, p. 28-50 ; et surtout l'excellent article de Paul Sanders, « Anatomie d'une implantation SS – Helmut Knochen et la police nazie en France, 1940-1944 », *Revue de la Shoah*, n° 165, janvier-avril 1999, p. 111-145.

2. W. Jasper, *L'Hôtel Lutetia, un exil allemand à Paris*, Paris, Michalon, 1995.

3. L. Douzou et D. Peschanski, « Les premiers résistants face à l'hypothèque Vichy (1940-1942) », in L. Douzou, R. Frank, D. Peschanski et D. Veillon, *La Résistance et les Français*, Actes du colloque, Cachan, 1995, p. 427-446 ; D. Peschanski, « La Résistance, l'occupant et Vichy », *Cahiers de l'IHTP*, n° 37, décembre 1997, p. 47-71 ; D. Veillon, « The Resistance and Vichy », in S. Fishman *et al.*, *France at War*, Oxford, Berg, 2000, p. 161-177.

4. SHAT (Service historique de l'armée de terre) « fonds Paillole » 1K 545 5, interrogatoire du SS Hauptsturmführer Roland Nosek, 1945.

5. *Ibid.*

6. SHAT « fonds de Moscou » 312/14078, 113 à 6 000, n° 6271, 29 août 1942 ; SHAT « fonds Paillole » 1K 545 5, interrogatoire du SS Hauptsturmführer Roland Nosek, 1945 ; AN AJ[41] 1644 [09-10], général de division, DSA, note pour la DFA à Wiesbaden, n° 6371/DSA/7, 28 février 1941 ; AN 72[AJ] 82, résumé de l'activité des services de CE militaire français de juillet 1940 à novembre 1944, octobre 1946, vol. II, avril 1942 à novembre 1942.

7. SHAT « fonds Paillole » 1K 545 5, interrogatoire du SS Hauptsturmführer Roland Nosek, 1945.

8. AN 393 MI/3/33, notice technique de CE, « Objet : les services spéciaux allemands en France pendant l'Occupation », 12 mars 1946.

9. A. Meyer, *Die deutsche Besatzung in Frankreich, 1940-1944*, Darmstadt, Wissenschaftliche Buchgesellschaft, 2000.

10. AN F[60] 1682, CNI, D3195/5, 27 mars 1942.

11. SHAT « fonds de Moscou » 784/368, étude schématique sur l'organisation et l'articulation des services spéciaux allemands en AFN, 14 août 1942.

12. AN F⁶⁰ 1682, CNI, D3195/5, 27 mars 1942.

13. AN F⁶⁰ 1682, CNI, D3195/5, 27 mars 1942.

14. Voir, par exemple, SHAT « fonds de Moscou » 312/14086, compte rendu d'arrestation pour espionnage, n° 3715/1200/412054, 29 septembre 1941.

15. SHAT « fonds de Moscou » 269/47320, rapport du CST de Bourg-en-Bresse, « procès-verbal d'examen de situation d'Edouard Buch », 9 septembre 1942.

16. SHAT « fonds de Moscou » 466/327, synthèse de l'activité du SRA en France, 30 mars 1941.

17. SHAT « fonds de Moscou » 784/368, étude schématique sur l'organisation et l'articulation des services spéciaux allemands en AFN, 14 août 1942.

18. SHAT « fonds de Moscou » 466/327, synthèse de l'activité du SRA en France, 30 mars 1941.

19. SHAT « fonds Paillole » 1K 545/10, rapport du TR, juillet 1941.

Chapitre 2. Les objectifs allemands (de la page 23 à la page 34)

1. Outre les documents cités, les sources pour ce chapitre sont : J.-P. Azéma et O. Wieviorka, *Vichy, 1940-1944*, Paris, Perrin, 1997 ; P. Burrin, *La France à l'heure allemande, 1940-1944*, Paris, Le Seuil, 1995 ; M. et J.-P. Cointet, *Dictionnaire historique de la France sous l'Occupation*, Paris, Tallandier, 2000 ; J. Delarue, *Trafics et crimes sous l'Occupation*, Paris, Fayard, 1968 ; E. Jäckel, *La France dans l'Europe de Hitler*, Paris, Fayard, 1968 ; J. Jackson, *France : the Dark Years*, Oxford, OUP, 2001 ; A. Meyer, *Die deutsche Besatzung in Frankreich, 1940-1944*, Darmstadt, Wissenschaftliche Buchgesellschaft, 2000 ; L. Nestler et F. Schulz, *Die faschistische Okkupationspolitik in Frankreich*, Berlin, Deutsche Verlag der Wissenschaften, 1990 ; O. Reile, *L'Abwehr*, Paris, France-Empire, 1970 ; H. Rousso, *La Collaboration*, Paris, MA éditions, 1987 ; L. Steinberg, *Les Allemands en France, 1940-1944*, Paris, Albin Michel, 1980 ; R. Thalmann, *La Mise au pas*, Paris, Fayard, 1991 ; H. Umbreit, *Der Militärbefehlshaber in Frankreich*, Boppard am Rhein, Harald Boldt Verlag, 1968.

2. R. Thalmann, *La Mise au pas*, Paris, Fayard, 1991, p. 17.

3. J. Barthélemy, *Ministre de la Justice, Vichy 1941-1943*, Paris, Pygmalion, 1989, p. 80.

4. AN AJ⁴¹ 496, tribunal militaire permanent de la 16ᵉ division militaire, Montpellier, « Acte d'accusation contre Chand », 17 septembre 1942.

5. SHAT « fonds de Moscou » 312/14078, note du TR 113 (Clermont-Ferrand) n° 1, « a/s de la Gestapo et des personnes en relations avec elle à Vichy », 29 août 1942. Voir aussi AN F⁷ 15279, Inspection générale des services de RG, 22 septembre 1941.

6. AN F⁷ 15306, direction des RG, note pour le secrétaire général de police, Vichy, 19 mars 1943.

7. SHAT « fonds de Moscou », 934/1936, renseignement, 10 octobre 1941.

8. O. Reile, *L'Abwehr*, Paris, France-Empire, 1970, p. 80.

9. Pour un exemple d'un questionnaire, voir AN F⁷ 15306, Contrôle général des services de ST, Vichy, 6 mars 1942, « Objet : arrestation de Lacour, Paul, agent du SRA ».

10. AN AJ⁴¹ 499, secrétariat d'État à la Guerre, cabinet, BMA, note pour la DSA, n° 3690/MA/M, 17 juillet 1941 ; AD BDR (archives départementales des Bouches-du-Rhône), 5W 365, note : police renseignements, n° 3694/1, « Activité de la Gestapo à Marseille », 23 mai 1941 ; *Les Petites Ailes de France*, 8 juillet 1941.

11. SHAT 1P 89, le général Weygand au vice-président du Conseil, n° 9745/EM/E, 15 novembre, 1941.

12. SHAT « fonds de Moscou » 715/166, TR, « Note sur l'activité des agents doubles et analyse des questionnaires des SR étrangers », 15 janvier 1942.

13. SHAT « fonds de Moscou » 933/1976, renseignement : « Les achats irréguliers allemands en zone non occupée », Lyon, 12 mars 1942.

14. Paul Sanders, « Prélèvement économique : les activités allemandes de marché noir en France, 1940-1943 », in O. Dard, J.-C. Daumas et F. Marcot, *L'Occupation, l'État français et les entreprises*, Paris, ADHE, 2000, p. 41.

15. Outre les archives mentionnées, les sources pour cette partie sont : C. Levisse-Touzé, *L'Afrique du Nord dans la guerre, 1939-1945*, Paris, Albin Michel, 1998 ; C. Metzger, *L'Empire colonial français dans la stratégie du IIIᵉ Reich (1936-1945)*, thèse de doctorat d'État, université de Paris IV-Sorbonne, 1998 ; Martin Thomas, *The French Empire at War, 1940-1945*, Manchester, MUP, 1998.

16. SHAT 1P 89, le général Weygand à M. le maréchal de France, 3 mars

1941 ; SHAT 1P 89, le général Weygand à M. le maréchal de France, 26 mars 1941.

17. SHAT « fonds de Moscou » 466/327, synthèse de l'activité du SRA en France, 30 mars 1941.

18. M. Ferro, *Pétain*, Paris, Hachette, 1987, p. 211 ; C. Levisse-Touzé, *L'Afrique du Nord dans la guerre, 1939-1945*, Paris, Albin Michel, 1998, p. 97.

19. SHAT 1P 135, Weygand à Huntziger, n° 1247/EM/2, 5 mars 1941, « Objet : incidents de Maison-Carrée » ; AN AJ[41] 65, dossier relatif à la mutinerie de Maison-Carrée ; AN 2[AG] 524, condamnations à mort des tirailleurs Djedi Salah et Besaid Ali et du caporal Manahaoui Lakhdar.

20. SHAT 1P 200, DDSA à Weygand, « Note sur la propagande germano-phile en Algérie », 15 février 1941 ; SHAT 1P 200, l'inspecteur de police spéciale Martin à M. le commissaire spécial, 19 juillet 1941 ; SHAT 1P 200, état-major de l'armée, cinquième bureau, note de renseignements, « La propagande allemande auprès des prisonniers nord-africains », 21 juillet 1941 ; SHAT 1P 200, note de renseignements, « La propagande allemande auprès des prisonniers nord-africains », 23 août 1941 ; SHAT 1P 200, section des affaires musulmanes, note de renseignements, « La propagande allemande auprès des prisonniers indigènes nord-africains », 6 septembre 1941.

21. AN AJ[41] 496, note de renseignements communiquée par les services de la ST, s. d. ; AN AJ[41] 499, note de renseignements, cabinet BMA, n° 6204/MA/B, 24 octobre 1941.

22. AN BB[24] 2381, secrétariat d'État à la Guerre, rapport à M. le maréchal de France, chef de l'État français, 23 mai 1941 ; AN 2[AG] 524, condamnation à mort des indigènes musulmans non naturalisés Bouras Mohamed ben Lakhadar et Bouchareb Mohamed ben Ahmed.

23. Ces accords n'ont rien de secret. Pétain en parle dans son discours radiophonique du 19 mars : « Nous comptons beaucoup sur l'aide américaine pour en faire bénéficier notre ravitaillement » : J.-C. Barbas, *Philippe Pétain : discours aux Français*, Paris, Albin Michel, 1989, p. 117.

24. À noter que le renvoi du général Weygand de son poste en novembre 1941 est dû à la pression allemande. Une partie de leur plainte est liée aux contacts trop amicaux entre Weygand et les Américains, les Allemands soulignant qu'ils sont pratiquemment en guerre contre les États-Unis. Voir AN AJ[41] 1609, procès-verbal de l'entretien du colonel Böhme et du colonel Vignol, 13 novembre 1941.

25. SHAT « fonds de Moscou » 784/368, étude schématique sur

l'organisation et l'articulation des services spéciaux allemands en AFN, 14 août 1942.

26. SHAT 5P 2, DDSA, rapport n° 47 sur l'activité des commissions italiennes et allemandes de contrôle en AFN, 23 octobre 1942.

27. SHAT « fonds de Moscou » 464/176, conférence Paillole : « Le CE en face de l'adversaire », 15 avril 1942.

Chapitre 3. Devenir espion (de la page 35 à la page 51)

1. SHAT « fonds de Moscou » 761/73, conférence du capitaine Bernard, 9 juin 1942.

2. AN 72^{AJ} 1911, « Note Rollin sur le fonctionnement du SR de la SN », 2 mai 1941.

3. P. Laborie, *L'Opinion française sous Vichy*, Paris, Le Seuil, 1990.

4. SHAT « fonds de Moscou » 761/73, conférence du capitaine Bernard, 9 juin 1942.

5. AN AJ^{41} 499, BMA, note de renseignements sur des ressortissants allemands arrêtés pour espionnage, 5 juillet 1941 ; AN AJ^{41} 499, direction du contentieux de la justice militaire et de la gendarmerie, note pour la DSA, 27 novembre 1941 ; SHAT « fonds de Moscou » 761/73, conférence du capitaine Bernard, 9 juin 1942.

6. M. Baudot, *Libération de la Bretagne*, Paris, Hachette, 1974 ; J. Sainclivier, *La Bretagne de 1939 à nos jours*, Rennes, Ouest-France, 1989.

7. AN AJ^{41} 25, synthèse hebdomadaire des interceptions des contrôles téléphoniques, télégraphiques et postaux (du 18 au 24 octobre 1940).

8. SHAT « fonds Paillole » 1K 545 10, rapport du TR, juillet 1941, « SR allemand ».

9. SHAT « fonds de Moscou » 269/47321, CST, audition du nommé Marcel Jaminais, 17 septembre 1942 ; SHAT « fonds de Moscou » 667/14519, affaire Charpentier-Dreano, autonomistes bretons (octobre 1941-mars 1942) ; AN BB^{30} 1709, rapports sur Eugène Charpentier et Charles Daguet.

10. SHAT « fonds Paillole » 1K 545 10, TR, tableau nominatif des arrestations, juillet 1941 ; SHAT « fonds de Moscou » 761/73, conférence du capitaine Bernard, 9 juin 1942.

11. SHAT « fonds de Moscou » 466/327, synthèse de l'activité du SRA en France, 30 mars 1941.

12. SHAT 1P 200, le général Noguès à M. l'amiral de la flotte, n° 391,

12 mars 1941, « Action allemande dans les milieux indigènes marocains ».

13. AN F⁶⁰ 1431, vice-présidence du Conseil, note du 22 février 1942. C. Levisse-Touzé, *L'Afrique du Nord dans la guerre, 1939-1945*, Paris, Albin Michel, 1998, p. 109-110.

14. SHAT 1P 89, Weygand à Pétain, n° 1175/EM/2, 3 mars 1941. Voir également : SHAT 1P 200, note sur la propagande germanophile en Algérie, 15 février 1941 ; SHAT 1P 200, le ministre de la Défense à la délégation de la DSA, Alger, « note sur la propagande allemande auprès des prisonniers nord-africains », 26 janvier 1942.

15. SHAT « fonds de Moscou » 464/176, conférence du commandant Paillole, 15 avril 1942.

16. SHAT 1P 200, le général Noguès à M. l'amiral de la flotte, n° 391, 12 mars 1941, « Action allemande dans les milieux indigènes marocains ».

17. SHAT « fonds de Moscou » 761/73, conférence du capitaine Bernard, 9 juin 1942.

18. AN AJ⁴¹ 499, dossier Kramer ; AN AJ41 499, le chef d'escadron d'Amecourt au ministre de la Défense nationale, 3 décembre 1941.

19. AN 72^AJ 1911, « Note Rollin sur le fonctionnement du SR de la SN », 2 mai 1941.

20. SHAT « fonds de Moscou » 761/73, conférence du capitaine Bernard, 9 juin 1942.

21. AN 2^AG 596, Germaine Desseigne à M. le Maréchal, 24 juin 1941.

22. AN 2^AG 596, Suzanne-Marie Desseigne à M. le maréchal Pétain, 16 août 1941.

23. SHAT 1P 89, Weygand à Pétain, 3 mars 1941 ; AN 2^AG 596, le conseiller de justice militaire Parès, commissaire du gouvernement près le tribunal militaire permanent d'Alger, à M. le général d'armée, ministre secrétaire d'État à la Guerre, 7 août 1941 ; AN 2^AG 596, Germaine Desseigne à M. le Maréchal, janvier 1942 ; AN 2^AG 596, le conseiller de justice militaire adjoint Rondreux, juge d'instruction au tribunal militaire permanent d'Alger, à M. le commissaire du gouvernement près le tribunal militaire permanent d'Alger, 3 mars 1942 ; AN 2^AG 596, le général chef du cabinet militaire du chef de l'État à M. le général de corps d'armée, secrétaire d'État à la Guerre, 29 mai 1942 ; SHAT « fonds de Moscou » 1195/13814, dossier sur Suzanne Desseigne (1941-1942).

24. SHAT « fonds de Moscou » 480/1730, « Liens existant entre le PPF et le SRA ».

25. SHAT « fonds Paillole » 1K 545 10, rapport du TR, juillet 1941.

26. AN 2^{AG} 597, Romain à Pétain, 2 octobre 1942.

27. AN F⁷ 15306, Pézard à Laval, 7 décembre 1943.

28. AN F⁷ 15279, déposition de Roland Nosek, 18 novembre 1947.

29. AN 2^{AG} 524, tribunal militaire de Marseille, condamnation à mort du nommé André Bernard, 13 novembre 1941.

30. AN F⁰ 1431, vice-présidence du Conseil, note du 22 février 1942 ; SHAT « fonds de Moscou » 466/327, synthèse de l'activité du SRA en France, 30 mars 1941. *Combat* (n° 1, janvier 1942) donne l'exemple d'une officine du SRA dans le chemin de Paraban à Lyon et prétend qu'« ils vivent de façon princière et ne souffrent pas des restrictions ».

31. SHAT « fonds de Moscou » 466/327, synthèse de l'activité du SRA en France, 30 mars 1941.

32. P. Aziz, *Tu trahiras sans vergogne*, Paris, Fayard, 1970, p. 16.

33. E. Alary, *La Ligne de démarcation*, Paris, Perrin, 2003.

34. P. Sanders, *Histoire du marché noir, 1940-1946*, Paris, Perrin, 2001, p. 174-193.

35. SHAT « fonds de Moscou » 466/327, synthèse de l'activité du SRA en France, 30 mars 1941.

36. SHAT « fonds de Moscou » 676/15087, dossier sur Henri Lafont (août-octobre 1942).

37. SHAT « fonds de Moscou » 821/10655, TR 120, renseignement, n° 507, 13 mai 1942.

38. AN BB³⁰ 1709, rapport sur Marcel Auguin.

39. AN 2^{AG} 597, le ministre de la Défense nationale au directeur du cabinet civil du chef de l'État, 19 février 1942.

40. SHAT « fonds de Moscou » 761/73, conférence du capitaine Bernard, 9 juin 1942.

41. AN BB³⁰ 1709, rapport sur Gabriel Le Guenne.

42. O. Reile, *L'Abwehr*, Paris, France-Empire, 1970, p. 91.

43. AN BB³⁰ 1709, rapport sur Georges Besançon.

44. AN BB²⁴ 2381, secrétaire d'État à la Guerre, rapport à Pétain, 23 mai 1941.

45. AN BB³⁰ 1709, rapport sur Rachel Galy.

46. SHAT « fonds de Moscou » 269/15162, le commissaire du gouvernement près le tribunal militaire (14ᵉ division militaire) au secrétaire d'État à la Guerre, 11 septembre 1942 ; SHAT « fonds de Moscou » 269/15162, le commissaire de ST Baud, Bourg-en-Bresse, à l'inspecteur général de ST, Vichy, 1ᵉʳ septembre 1942.

47. SHAT COI 232, conférence du commandant Matriolet, 14 octobre 1942. H. R. Kedward, « Resistance : the Discourse of Personality », in K. Robertson (dir.), *War, Resistance and Intelligence*, Londres, Leo Cooper, 1999, p. 140-141.

48. M. Miller, *Shanghai on the Métro : Spies, Intrigue and the French between the Wars*, Los Angeles, University of California Press, 1994, p. 175-238 ; R. Young, *France and the origins of the Second World War*, Londres, Macmillan, 1996, p. 115.

49. Dr Mike Gelles du Naval Criminal Investigative Service, *Exploring the mind of a spy*, site web consultable sur http://rf-web.tamu.edu/security/SECGUIDE/Treason/Mind.htm

50. AN BB[30] 1709, rapport au sujet de Maurice Broaurd-Villiod ; AN 2[AG] 524, condamnation à mort du nommé Pierre Cherouvrier ; AN 2[AG] 597, l'amiral de la flotte à M. le directeur du cabinet civil de M. le chef de l'État, « Rapport sur les faits reprochés au nommé Roux Christian », 19 février 1942 ; AN 72[AJ] 1911, « Note Rollin sur le fonctionnement du SR de la SN », 2 mai 1941.

51. AN 72[AJ] 1911, « Note Rollin sur le fonctionnement du SR de la SN », 2 mai 1941.

52. AN AJ[41] 498, note pour la délégation française d'armistice à Wiesbaden, n° 9052/DSA/7, Vichy, 23 mars 1941 ; AN AJ[41] 498, état des ressortissants allemands détenus dans les prisons militaires d'Algérie, 19 juillet 1941 ; AN AJ[41] 498, le contrôleur des services extérieurs pénitentiaires et de l'éducation surveillée Malmassari à M. le directeur de la Sécurité générale, 10 mars 1942 ; AN AJ[41] 498, BMA, compte rendu d'arrestation, destinataire : secrétariat d'État à la Guerre, cabinet, DSA, 17 octobre 1940 ; AN AJ[41] 498, Hans Goepel au délégué allemand au rapatriement, Alger, s. d.

53. AN F[7] 15306, rapport sur Robert Alesch, 1946.

54. AN AJ[41] 491, le capitaine de Bruce, officier de liaison auprès du délégué allemand au rapatriement, Marseille, à M. l'amiral de la flotte, ministre de la Défense nationale, DSA, n° 317, 28 février 1942 ; AN AJ[41] 499, DSA, délégation française au Maroc, n° 2690/DIA, 9 décembre 1941 ; AN AJ[41] 499, le commissaire, chef de la Brigade de ST, Henry Godbarge, à M. le général commandant la division territoriale, Casablanca, n° 3906 BST, 10 décembre 1941.

55. SHAT « fonds de Moscou » 1195/13815, renseignements sur Oscar Rohr, Charles Rumbold, Marcel Führer, Allemands condamnés pour espionnage (1941-42) ; SHAT « fonds de Moscou » 761/73, conférence du

capitaine Bernard, 9 juin 1942 ; AN AJ[41] 1547, le capitaine de Bruce, en liaison près le délégué allemand au rapatriement, Marseille, au secrétaire d'État à la Guerre, DSA, n° 151, 18 novembre 1941 ; AN AJ[41] 1547, DSA (signé Rivet) à la délégation française d'armistice, Wiesbaden, 20 janvier 1942 ; AN AJ[41] 491, le lieutenant Amann, officier de liaison auprès du délégué allemand au rapatriement, Marseille, à M. l'amiral de la flotte, ministre de la Défense nationale, DSA, n° 290, 16 février 1942 ; AN AJ[41] 1547, le vice-amiral Bourragué, DSA, note pour le capitaine de Bruce, en liaison près le délégué allemand au rapatriement, n° 1812/DSA/7, 4 février 1943 ; AN AJ[41] 1547, le capitaine de Bruce, en liaison près le délégué allemand au rapatriement, à M. le général de division directeur des services de l'armistice, n° 1039, Marseille, le 28 juillet 1943.

56. AN BB[30] 1709, rapport au sujet de Paul Ducornetz.

57. Sur les détectives privés dans un contexte plus vaste, il faut se référer au travail de Dominique Kalifa, *Naissance de la police privée*, Paris, Plon, 2000.

58. « Le réseau policier en France », *Les Petites Ailes de France*, 8 juillet 1941.

Chapitre 4. Organiser le contre-espionnage français
(de la page 52 à la page 68)

1. Outre les archives citées, les sources pour cette section sont : M. Garder, *La Guerre secrète des services spéciaux français*, Paris, Plon, 1967 ; S. Laurent, « Le renseignement et le contre-espionnage militaires face à l'Allemagne : étude du dispositif de renseignement français », in S. Martens et M. Vaisse, *Frankreich und Deutschland im Krieg*, Bonn, Bouvier Verlag, 2000 ; P. Paillole, *Services spéciaux*, Paris, Laffont, 1975.

2. SHAT 3P 102, le général Lavaud, note de service, n° 1279 C/EMA, Vichy, 20 mars 1941.

3. AN F[7] 15306, note d'information, 6 février 1951.

4. SHAT 3P 102, secrétariat d'État à la Guerre, cabinet, « Note au sujet du service des renseignements », Vichy, 26 juillet 1940.

5. SHAT « fonds de Moscou » 488/86, instruction sur l'organisation et le fonctionnement des BMA des divisions militaires, signé Picquendar, 20 novembre 1940 ; SHAT « fonds de Moscou » 1095/1415, projet d'organisation du service MA ; SHAT « fonds de Moscou » 1095/1415, directive du général Colson, 25 août 1940 ; SHAT « fonds de Moscou » 1095/1415,

compte rendu de mission du commandant d'Alès à Marseille, Montpellier et Toulouse, 8 novembre 1940 ; SHAT « fonds Paillole » 1K 545 1, journal Gérard-Dubot ; SHAT « fonds Paillole » 1K 545 1, journal de marche du général Rivet ; SHAT 1P 6, Conseil supérieur de la Défense nationale, « Note sur l'organisation de la résistance à l'emprise allemande en zone occupée », 6 juillet 1940.

6. SHAT « fonds Paillole » 1K 545 1, journal de marche du général Rivet.

7. P. Paillole, *Services spéciaux, 1935-1945*, Paris, Laffont, 1975 ; P. Paillole, *L'Homme des services secrets*, Paris, Julliard, 1995.

8. R. Terres, *Double jeu pour la France*, Paris, Grasset 1977, p. 50-51.

9. J. Soustelle, *Envers et contre tout*, Paris, Laffont, 1970, t. III, p. 114.

10. Navarre souligne les difficultés du deuxième bureau pour se procurer les fonds nécessaires au fonctionnement de son service : H. Navarre, *Le Temps des vérités*, Paris, Plon, 1979, p. 81. Rollin, chargé de mission au ministère de l'Intérieur, fait référence à l'insuffisance des crédits disponibles aux SR de la police : AN 72^AJ 1911, « Note Rollin sur le fonctionnement du SR de la SN », 2 mai 1941.

11. SHAT « fonds Paillole » 1K 545 9, « TR a un an d'existence », rapport de TR, juillet 1941.

12. SHAT « fonds de Moscou » 510/1447, secrétariat d'État à la Guerre, cabinet, instruction n° 13 600 sur l'organisation des BMA des divisions militaires, 20 novembre 1940.

13. SHAT « fonds de Moscou » 510/447, note n° 879/BMA 100/G/1168/AA-AI (signé d'Alès), 9 février 1942.

14. AN 3W 104, journal intime du général Bridoux, 19 août 1942.

15. AN 72^AJ 82, résumé de l'action des services de CE militaire français de juillet 1940 à novembre 1944 ; SHAT « fonds Paillole » 1K 545 4, transcription d'interview ORTF de Paillole, 1950 ; SHAT « fonds Paillole » 1K 545 10, *Tagung der VI6 Referenten in Paris am 17/18 juli 1943* ; SHAT « fonds Paillole » 1K 545 16, instruction d'application du décret du 24 août 1942 portant organisation de service de CE, n° 1269 CEC 624 EM ; SHAT 1P 200, général Mast, commandant la division territoriale d'Alger, note au sujet de la transformation du BMA en SSM, 3 septembre 1942.

16. SHAT « fonds Paillole » 1K 545 10, rapport de l'Einsatzkommando, SD, Strasbourg, 17 novembre 1943 ; SHAT « fonds Paillole » 1K 545 16, la DPSD : ses racines (historique succinct) de 1872 à 1984 ; AN F^60 782, Darlan à Baudoin, 26 décembre 1940 ; AN 72^AJ 1911, Henry Rollin, note sur le fonctionnement du SR de la SN, 2 mai 1941 ; AN 72^AJ 63, note du capitaine de vaisseau Sanson, chef du deuxième bureau de l'amirauté française,

8 octobre 1941 ; AN 72^AJ 63, SR marine, témoignage du commandant Jon-glez, 29 octobre 1946 ; AN 72^AJ 63, SR marine, témoignage du capitaine de vaisseau Édouard Blouet, 21 juin 1948.

17. SHAT « fonds Paillole » 1K 545 1, journal de marche du général Rivet, 3 août 1940.

18. SHAT « fonds de Moscou » 1095/1415, note de Rivet sur les difficultés rencontrées par le BMA dans l'exécution de ses missions, 5 septembre 1940.

19. SHAT « fonds Paillole » 1K 545 10, rapport de l'Einsatzkommando, SD, Strasbourg, 17 novembre 1943.

20. AN F^60 782, le gouverneur général de l'Algérie à Weygand, n° 3740 E, 20 février 1941 ; AN F^60 782, le préfet, directeur des services de sécurité, à M. l'amiral Esteva, résident général de France à Tunis, n° 9531 S/C, 12 mars 1941.

21. Pour les discussions entre Weygand, Darlan, Pétain, Esteva et Abrial sur l'expansion de la police et la ST entre février et septembre 1941, voir AN F^60 782.

22. SHAT COI 232, conférence de M. Vassaille, direction des RG, Lyon, 7 octobre 1942.

23. SHAT « fonds Paillole » 1K 545/1, journal de Paul Gérard-Dubot.

24. SHAT « fonds Paillole » 1K 545/1, journal de marche du général Rivet.

25. O. Reile, *L'Abwehr*, Paris, France-Empire, 1970, p. 80.

26. AN 2^AG 597, Maurice Petit, détenu à la maison d'arrêt de Saint-Étienne, à M. le maréchal de France, chef de l'État, 26 avril 1942 ; AN 2^AG 597, Jean Grandidier, maison d'arrêt de Saint Etienne, à M. le Maré-chal, chef de l'État français, 27 décembre 1942 ; AN 2^AG 597, le contre-amiral Auphan, secrétaire d'État à la Marine, à M. le général, chef du cabinet militaire du chef de l'État, P.M.3.JP. n° 445, Vichy, 7 mai 1942 ; AN 2^AG 597, le capitaine de frégate Archambeaud, note pour M. le général, chef du cabinet militaire du chef de l'État, Vichy, le 23 octobre 1942.

27. AN F^60 1682, CNI, *Bulletin d'informations générales*, 19 mars 1943 ; AN F^7 15306 (SRA 54), note d'information, 6 février 1951.

28. AN 72^AJ 82, « Résumé de l'action des services de CE militaire français de juillet 1940 à novembre 1944 », octobre 1946.

29. J. Abtey et F. Unterberg-Gibhardt, *Deuxième bureau contre Abwehr*, Paris, La Table ronde, 1966, p. 27-28.

30. SHAT « fonds de Moscou » 269/15143, le général Bridoux au juge d'instruction, tribunal militaire d'Oran, 28 septembre 1942.

31. SHAT 1P 6, CSDN, « Note sur l'organisation de la résistance à l'emprise allemande en zone occupée », 6 juillet 1940.

32. SHAT « fonds de Moscou » 1095/1415, compte rendu de mission du lieutenant-colonel d'Alès à Marseille, Montpellier et Toulouse, 8 novembre 1940.

33. SHAT « fonds Paillole » 1K 545 17, conférence Paillole, 3 juin 1942 (ce document est également disponible dans le carton AN 72^{AJ} 82).

34. SHAT « fonds Paillole » 1K 545 17, conférence Paillole, 3 juin 1942.

35. SHAT « fonds de Moscou » 269/47330, 15e division militaire, renseignement, 19 septembre 1942 ; *ibid.*, 29 septembre 1942.

36. AN F⁶⁰ 782, le général Weygand à M. le maréchal de France, 7 décembre 1940.

37. *Ibid.*

38. AN F⁶⁰ 782, Baudoin aux ministres des Affaires étrangères, de la Guerre, de l'Intérieur, de la Marine et aux secrétaires d'État à l'Aviation et aux Colonies.

39. AN F⁶⁰ 782, Peyrouton à Baudoin, 9 février 1941.

40. AN F⁶⁰ 782, le secrétaire d'État à l'Aviation (signature illisible) à Baudoin, 26 décembre 1940.

41. AN F⁶⁰ 782, Huntziger à Pétain, 12 février 1941.

42. AN F⁶⁰ 782, Darlan à Baudoin, 26 décembre 1940.

43. SHAT « fonds de Moscou » 488/81, personnel du BMA.

44. SHAT « fonds de Moscou » 269/47321, renseignement recueilli le 17 septembre 1942.

45. AN AJ⁴¹ 499, le commandant Paillole, chef du SSM, note pour la DSA, n° 000011/SM/B, 2 septembre 1942.

Chapitre 5. Les ambiguïtés des services spéciaux
(de la page 69 à la page 104)

1. R. Terres, *Double jeu pour la France*, Paris, Grasset, 1977.

2. Témoignage oral de Paul Paillole, mai 2001. Voir aussi SHAT 1K 545 20, lettre de Robert Terres au colonel Paillole, 30 avril 1974.

3. J. Britsch, *Nous n'accepterons pas la défaite (journal 1940-1945)*, Neuilly-sur-Seine, s. d., entrée du 2 mars 1941.

4. SHAT « fonds Paillole » 1K 545 17, conférence Paillole, 3 juin 1942 (ce document est également disponible dans le carton AN 72^{AJ} 82).

5. J. Britsch, *Nous n'accepterons pas la défaite (journal 1940-1945)*, Neuilly-sur-Seine, s. d., entrées du 1er janvier et du 6 octobre 1941.

6. P. J. Stead, *Second Bureau*, Londres, 1959, p. 39.

7. P. Nord, *Mes camarades sont morts*, Genève, de Crémille, 1970, T. I, p. 26.

8. J. Britsch, *Nous n'accepterons pas la défaite (journal 1940-1945)*, Neuilly-sur-Seine, s. d., entrées du 2 et du 5 décembre 1940 et du 26 juin 1942.

9. SHAT 3P 102, colonel Louis Baril, « Note pour le commandement : la situation militaire à la fin de 1941, perspectives pour 1942 », Vichy, 4 janvier 1942.

10. SHAT COI 232, conférence de M. Vassaille, direction des RG, Lyon, le 7 octobre 1942, p. 5.

11. AN 3W 104, journal intime du général Bridoux, 14, 15 et 16 juillet 1942.

12. SHAT « fonds Paillole » 1K 545 10, *Tagung der VI6 Referenten in Paris am 17/18 juli 1943*. Voir aussi AN 72AJ 82, SD, réunion des chefs des sections à Paris, 17 et 18 juillet 1943.

13. SHAT « fonds Paillole » 1K 545 10, rapport de l'Einsatzkommando, SD, Strasbourg, 17 novembre 1943.

14. Pour des articles de la presse collaboratrice contenant des critiques envers les services spéciaux, voir : « En traversant les décombres », *Nouveaux temps*, 26 août 1942 ; Marius Larique, « L'attentisme, nourriture insuffisante », *Le Petit Parisien*, 25 septembre 1942 ; Marius Larique, « Voyage autour de ma source », *Le Petit Parisien*, 25 septembre 1942 ; « La Trahison », *Le Cri du peuple*, 21 novembre 1942 ; René Château, « Acculés à la Révolution », *La France Socialiste*, 30 novembre 1942 ; Georges Suarez, « La dalle de Mahomet », *Aujourd'hui*, 2 décembre 1942 ; Marcel Déat, « La politique de l'armée », *L'Œuvre*, 21 décembre 1942 ; Georges Suarez, « Degrés dans la trahison », *Aujourd'hui*, 5 janvier 1943 ; Marcel Déat, « Prétendants et comploteurs », *L'Œuvre*, 18 janvier 1943 ; Marcel Déat, « Le bolchevisme et l'Europe », *L'Œuvre*, 5 février 1943 ; « Unité de la France », *Nouveaux temps*, 23 février 1943 ; Jean Marques-Rivière, « Les réactionnaires maçons », *L'Appel*, 15 avril 1943.

15. SHAT « fonds de Moscou » 748/131, service de la justice militaire, note pour l'état-major de l'armée (SSM), 3 novembre 1942.

16. SHAT 3P 102, colonel Louis Baril, « Le conflit germano-russe : ses conséquences et ses incidences sur la conduite de la politique française », 27 juin 1941.

17. SHAT 3P 102, colonel Louis Baril, « Note pour le commandement : la situation militaire à la fin de 1941, perspectives pour 1942 », Vichy, 4 janvier 1942.

18. AN 3W 104, journal intime du général Bridoux, 11 avril 1942 : « On a déjà pris des mesures pour orienter les deuxièmes bureaux qui, souvent, se sont laissé entraîner par leur hostilité systématique à l'Allemagne, faussant ainsi l'opinion. Il y a à faire également du côté du SR qui, autrefois, avait tous ces moyens sur l'Allemagne et qui doit aujourd'hui travailler aussi sur l'Angleterre. »

19. SHAT 3P 102, secrétariat d'État à la Guerre, deuxième bureau, note au sujet de la conservation des archives de campagne des deuxièmes bureaux, n° 171/EMA/TS, 17 mars 1942. Les services spéciaux essaient de se tenir informés sur l'armement utilisé au sein de l'armée allemande : SHAT 1P 135, BCC, synthèse de renseignements, 4 septembre 1941.

20. SHAT « fonds de Moscou » 761/73, conférence du capitaine Bernard, 9 juin 1942.

21. SHAT « fonds de Moscou » 862/2218, BMA à CIG, « Synthèse sur l'activité des services spéciaux anglais et alliés depuis l'armistice », 11 décembre 1941.

22. SHAT « fonds de Moscou » 715/166, TR, « Note sur l'activité des agents doubles et analyse des questionnaires des SR étrangers », 15 janvier 1942.

23. SHAT « fonds de Moscou » 784/381, conférence du commandant Paillole, 6 juin 1942.

24. AN AJ⁴¹ 496, lettre interceptée : Asoka Chand, prison militaire de Nontron, à M. l'officier commandant la délégation de la commission d'armistice, Lyon, 14 mars 1943.

25. SHAT « fonds de Moscou » 686/14020, TR 115 à BMA, renseignement n° 1244, 21 mai 1941, commentaire écrit au crayon sur le rapport.

26. AN F¹ᵃ 4539, IGSA (signé J. Carayon), rapport à M. le chef du gouvernement, 10 octobre 1942.

27. *Ibid.*

28. *Ibid.*

29. *Ibid.*

30. SHAT « fonds de Moscou » 715/166, TR, « Note sur l'activité des agents doubles et analyse des questionnaires des SR étrangers », 15 janvier 1942.

31. SHAT « fonds Paillole » 1K 545 9, « TR a un an d'existence », rapport de TR, juillet 1941.

32. SHAT « fonds de Moscou » 464/176, conférence Paillole, 15 avril 1942. Les bulletins mensuels du BMA ont été étudiés par F. Delalez, *Le*

Service des menées antinationales 1940-1942, mémoire des écoles de Coët-quidan, 1998, p. 109-120.

33. R. Terres, *Double jeu pour la France*, Paris, Grasset, 1977, p. 55.

34. *Ibid.*

35. Par exemple, AN 3W 310, le directeur général de la Sûreté nationale (Chavin) à MM. les préfets, 12 octobre 1940.

36. SHAT 1P 134, le général Huntziger à M. le général commandant supérieur des troupes de Tunisie n° 12.272 C/10, 2 avril 1941.

37. SHAT « fonds Paillole » 1K 545 4, déclarations du colonel Paillole, a/s activité clandestine du réseau FFC SSM/TR, transcription d'interview ORTF, 1950.

38. SHAT « fonds Paillole » 1K 545 10, rapport de l'Einsatzkommando, SD, Strasbourg, 17 novembre 1943.

39. Sur la rivalité entre services spéciaux de Vichy et les SR gaullistes voir : S. Laurent, « Renseignement militaire et action politique : le BCRA et les services spéciaux de l'armée d'armistice », in P. Lacoste (dir.), *La Culture française du renseignement*, Paris, Économica, 1998, p. 79-99 ; S. Laurent, « The Free French Secret Services : Intelligence and the Politics of Republican Legitimacy », *Intelligence and National Security*, vol. XV, n° 4, hiver 2000, p. 14-41.

40. Public Records Office (PRO), carton n° 204/12351/106564, rapport des services secrets britanniques, octobre 1942.

41. R. Terres, *Double jeu pour la France*, Paris, Grasset, 1977, p. 62-63.

42. SHAT « fonds de Moscou » 784/381, conférence du commandant Paillole, 6 juin 1942.

43. Archives privées de l'auteur, colonel Louis Baril, « Note pour le commandement : la situation militaire à la fin de 1941, perspectives pour 1942 », Vichy, 4 janvier 1942. Je tiens à remercier Henry Rousso de m'avoir fourni cette documentation. À noter que, dans une transcription, sans doute faite après guerre, de ce même document, ce passage est absent. Voir SHAT 3P 102.

44. SHAT « fonds de Moscou » 784/381, conférence du commandant Paillole, 6 juin 1942.

45. *Ibid.*

46. *Ibid.*

47. SHAT « fonds de Moscou » 761/73, conférence du capitaine Bernard, 9 juin 1942.

48. *Ibid.*

49. *Liberté*, n° 6, 30 mai 1941.

50. SHAT « fonds de Moscou » 761/73, conférence du capitaine Bernard, 9 juin 1942.

51. SHAT « fonds Paillole » 1K 545 16, conférence du commandant Paillole, 3 juin 1942.

52. *Ibid.*

53. S. Laurent, « The Free French Secret Services : Intelligence and the Politics of Republican Legitimacy », *Intelligence and National Security*, vol. XV, n° 4, hiver 2000, p. 19-41 ; S. Laurent, « Les services secrets gaullistes à l'épreuve de la politique (1940-1947) », *Politix. Revue des sciences sociales du politique*, vol. XIV, n° 54, 2001, p. 139-153.

54. SHAT « fonds de Moscou » 761/73, conférence du capitaine Bernard, 9 juin 1942.

55. H. Navarre, *Le Temps des vérités*, Paris, Plon, 1979, p. 116.

56. M. Garder, *La Guerre secrète des services spéciaux français*, Paris, Plon, 1967, p. 227.

57. SHAT « fonds Paillole » 1K 1.

58. R. Terres, *Double jeu pour la France*, Paris, Grasset, 1977, p. 62.

59. J. Britsch, *Nous n'accepterons pas la défaite (journal 1940-1945)*, Neuilly-sur-Seine, s. d., entrée du 24 septembre 1940.

60. SHAT « fonds de Moscou » 761/73, conférence du capitaine Bernard, 9 juin 1942.

61. M. Garder, *La Guerre secrète des services spéciaux français*, Paris, Plon, 1967, p. 248.

62. J. Britsch, *Nous n'accepterons pas la défaite (journal 1940-45)*, Neuilly-sur-Seine, s. d., entrées du 10 juin et du 7 septembre 1941.

63. AN 72^AJ 46, témoignage d'Henry Frenay, 1948.

64. AN 72AJ 1912, témoignage de Roger Warin, dit Olivier-Ronald-Wybot, 1947. P. Bernert, *Roger Wybot et la bataille pour la DST*, Paris, Presses de la Cité, 1975, p. 27.

65. J. Soustelle, *Envers et contre tout*, Paris, Laffont, 1970, t. I, p. 279.

66. SHAT « fonds de Moscou » 761/73, conférence du capitaine Bernard, 9 juin 1942.

67. SHAT 3P 102, colonel Louis Baril, « Note pour le commandement : la situation militaire à la fin de 1941, perspectives pour 1942 », Vichy, 4 janvier 1942.

68. SHAT « fonds de Moscou » 784/381, conférence du commandant Paillole, 6 juin 1942.

69. *Ibid.*

70. J. Britsch, *Nous n'accepterons pas la défaite (journal 1940-1945)*, Neuilly-sur-Seine, s. d., entrée du 9 décembre 1941.

71. C.-L. Flavian, *Ils furent des hommes*, Paris, 1948, p. 103.

72. SHAT « fonds de Moscou » 761/73, conférence du capitaine Bernard, 9 juin 1942.

73. M. Binney, *The Women Who Lived For Danger*, Londres, Hodder and Stoughton, 2002, p. 122.

74. SHAT « fonds de Moscou » 761/73, conférence du capitaine Bernard, 9 juin 1942.

75. AN 3W 104, journal intime du général Bridoux, entrée du 25 août 1942.

76. AN F^{1A} 4565, IGSA (signé Jean Ginolhac), rapport à M. le secrétaire d'État à l'Intérieur, Vichy, le 14 août 1942. Sur Fourcaud, voir aussi AN 72^{AJ} 1912, le préfet Rollin, directeur général adjoint, au secrétaire général pour la police, n° 99 Pol. Dir. Gén. Adj., 11 décembre 1941.

77. B. Sheppard, *Missions secrètes et déportation, 1939-1945*, Paris, Hemidal, 1998, p. 246 et 255-257. AN F^{60} 522, le procureur à Lyon à M. le procureur général, 20 janvier 1943 ; AN F^{60} 522, M. le ministre secrétaire d'État à la Justice à M. le chef du gouvernement, 1er février 1943.

78. M.-M. Fourcade, *L'Arche de Noé*, Paris, Plon, 1989, p. 264.

79. D. Caskie, *Le Chardon d'Écosse : un pasteur écossais dans la Résistance, 1940-1944*, Lausanne, 1969, p. 164.

80. M. Binney, *The Women Who Lived For Danger*, Londres, Hodder and Stoughton, 2002, p. 123.

81. SHAT « fonds Paillole » 1K 545 16, conférence du commandant Paillole, 3 juin 1942.

82. AN 72^{AJ} 82, résumé de l'action des services de CE militaire français de juillet 1940 à novembre 1944, vol. I : juillet 1940 à avril 1942, octobre 1946.

83. R. Terres, *Double jeu pour la France*, Paris, Grasset, 1977, p. 112.

84. SHAT « fonds de Moscou » 686/14020, rapport de l'inspecteur Jean Calen, n° 157-I, 12 octobre 1941.

85. SHAT « fonds Paillole » 1K 545 4, déclarations du colonel Paillole, a/s activité clandestine du réseau FFC SSM/TR, transcription d'interview ORTF, 1950.

86. Colonel Passy, *Mémoires du chef des services secrets de la France libre*, Paris, Odile Jacob, 2000, p. 679.

87. SHAT « fonds de Moscou » 688/14394, TR 120, note pour 6 000, 14 octobre 1941.

88. SHAT « fonds de Moscou » 269/15137, TR, note pour SSM, n° 8 429, 2 novembre 1942.

89. P. Paillole, *Services spéciaux, 1935-1945*, Paris, Laffont, 1975, p. 234.

90. SHAT « fonds de Moscou » 784/381, conférence du commandant Paillole, 6 juin 1942.

91. SHAT « fonds de Moscou » 464/176, conférence du commandant Paillole, 15 avril 1942.

92. H. Navarre, *Le Temps des vérités*, Paris, Plon, 1979, p. 79.

93. SHAT « fonds Paillole » 1K 545 10, rapport du lieutenant-colonel Schlesser, retour de mission TR en zone occupée, 28 juillet 1940.

94. SHAT « fonds Paillole » 1K 545 9, « TR a un an d'existence », rapport de TR, juillet 1941.

95. H. Navarre, *Le Service de renseignements, 1871-1944*, Paris, Plon, 1978, p. 134.

96. P. Paillole, *L'Homme des services secrets*, Paris, Julliard, 1995, p. 176 et 189.

97. AN 72^AJ 82, Mémoires inédits du colonel Louis Rivet, s. d.

98. SHAT « fonds de Moscou » 398/252, compte rendu, n° 6 804, 26 mai 1942.

99. J. Britsch, *Nous n'accepterons pas la défaite (journal 1940-1945)*, Neuilly-sur-Seine, s. d., entrée du 9 mai 1941.

100. *Ibid.*, entrée du 13 août 1941.

Chapitre 6. Le contre-espionnage au quotidien

(de la page 105 à la page 135)

1. SHAT « fonds Paillole » 1K 545 10, rapport du lieutenant-colonel Schlesser, retour de mission TR en zone occupée, 28 juillet 1940.

2. SHAT 1P 200, DDSA à Weygand, n° 1 153, 15 février 1941.

3. SHAT « fonds de Moscou » 466/327, synthèse de l'activité du SRA en France, 30 mars 1941.

4. SHAT « fonds de Moscou » 464/176, conférence du commandant Paillole, 15 avril 1942.

5. SHAT « fonds de Moscou » 961/1411, lieutenant-colonel d'Alès, « Formule de déclaration aux termes de laquelle les hommes de troupe reconnaissent avoir reçu l'instruction en matière de CE », 28/4/41 ; SHAT « fonds de Moscou » 961/1411, chef du bureau de la 17e division militaire, 6 mai 1941.

6. SHAT 3P 102, directive pour servir à l'instruction des officiers MA des régiments, 14 février 1941.

7. SHAT 1P 60, note de service du colonel Schneider, commandant la subdivision militaire de Périgueux, n° 354 A/Org, 21 octobre 1943.

8. SHAT « fonds de Moscou » 761/58, vice-président du Conseil, « Instruction concernant le secret des pièces, documents, correspondances et la manière d'établir et de transmettre des pièces », 22 décembre 1941.

9. SHAT « fonds de Moscou », 105/2169, note de service sur l'instruction MA, 11 juillet 1942.

10. SHAT 1P 89, le général Weygand au maréchal Pétain, n° 1175/EM/2, 3 mars 1941.

11. SHAT 3P 102, Darlan aux secrétaires d'État à l'Intérieur et à la Guerre, n° 812/SG, 5 juillet 1941. Une copie de cette même lettre est attachée en annexe à la correspondance suivante : AN AJ^{41} 1562, le général de Saint-Vincent, gouverneur militaire de Lyon, commandant la 14e division militaire, à M. le préfet du Rhône, Lyon, 24 novembre 1941.

12. Des instructions supplémentaires données par le général Louis Koeltz, directeur des services de l'armistice, rappellent que cette politique cherche également à limiter le contact entre la population et les délégations de l'Axe en zone Sud, afin d'empêcher les individus de transmettre des renseignements ou de pratiquer le marché noir. La police en faction devant les délégations allemandes ou italiennes a pour tâche non seulement de les protéger contre des attentats, mais aussi de surveiller les allées et venues. L'identité de tout individu entrant en contact avec ces délégations est relevée. Des enquêtes policières sont menées sur leur compte, et dans certains cas ils sont susceptibles d'être arrêtés. Cela ouvre des possibilités aux agences de contre-espionnage.

13. AN F^{1a} 4681, le général Huntziger à M. le ministre secrétaire d'État à l'Intérieur, 23 août 1941 ; AN F^{1a} 4680, le général Huntziger à l'amiral Darlan, 26 septembre 1941 ; AN F^{1a} 4681, le général Huntziger à M. le ministre secrétaire d'État à l'Intérieur, 2 octobre 1941, « Objet : rapports directs entre le public français et les autorités allemandes ».

14. SHAT 1P 135, le chef de bataillon Bourgeois au chef de la DDSA, Alger, 10 février 1941.

15. SHAT 1P 89, le général Weygand à l'amiral Darlan, 15 novembre 1941 (annexe).

16. AN AJ^{41} 1680 [21-06], le préfet des Hautes-Alpes à M. le ministre secrétaire d'État à l'Intérieur, 9 décembre 1940.

17. AN AJ⁴¹ 750, le procureur général près la cour d'appel d'Aix à M. le garde des Sceaux, 6 octobre 1941.

18. SHAT, 1P 78, commission italienne d'armistice (présidence), Turin, le 25 janvier 1941 ; AN F¹ª 4685, l'amiral Duplat, président de la délégation française à la commission italienne d'armistice, à M. le ministre de l'Intérieur, 8 février 1941.

19. SHAT 5P 2, rapport du colonel Gross sur l'activité d'ensemble des commissions d'armistice, n° 112/A Cab, Alger, 19 avril 1943.

20. SHAT 1P 89, le général Weygand à l'amiral Darlan, 15 novembre 1941 (annexe).

21. AN F¹ᶜ III 1143, rapport du préfet des Bouches-du-Rhône, janvier 1942.

22. SHAT 3P 102, Darlan aux secrétaires d'État à l'Intérieur et à la Guerre, n° 812/SG, 5 juillet 1941. Une copie de cette même lettre est attachée en annexe à la correspondance suivante : AN AJ⁴¹ 1562, le général de Saint-Vincent, gouverneur militaire de Lyon, commandant la 14ᵉ division militaire à M. le préfet du Rhône, Lyon, le 24 novembre 1941.

23. P. Nord, *Mes camarades sont morts*, Genève, de Crémille, 1970, t. II, p. 28. p. 28-29.

24. AN F¹ª 4681, le vice-amiral Moreau, délégué de l'amirauté à Marseille, à M. le préfet des Bouches-du-Rhône, 15 septembre 1941.

25. AN F¹ª 4681, le général Studt à M. le général Koeltz (DSA), 18 août 1941.

26. Citée dans R. Richard et A. de Sérigny, *La Bissectrice de la guerre*, Alger, La Maison de livres, 1945, p. 211-212.

27. Voir l'excellent livre de Sarah Fishman, *We will wait*, New Haven, 1991.

28. AN AJ⁴¹ 750, rapport de l'inspecteur de police spéciale Cape à M. le commissaire spécial, chef de service à Agen, 27 août 1940.

29. SHAT 1P 135, état-major des troupes du Maroc, synthèse d'ensemble pour la période du 16 juillet au 15 août 1941, Casablanca, le 15 août 1941.

30. SHAT 1P 200, synthèse des faits signalés durant la semaine du 14 au 20 octobre inclus au sujet de l'activité extraconventionnelle des délégations d'armistice, Tunis, 22 octobre 1940 ; SHAT 1P 200, note du chef du BMA à Oran, n° 3 MA/B, 25 janvier 1941 ; AN AJ⁴¹ 750, rapport de l'inspecteur de police spéciale Cape à M. le commissaire spécial, chef de service à Agen, 27 août 1940 ; AN AJ⁴¹ 491, L'aspirant Masurel, faisant fonction d'officier de liaison près du délégué de la Croix-Rouge

allemande à Pau, à M. le chef de bataillon, chef de la délégation française de liaison, n° 3/RKG, 18 février 1941 ; AN AJ[41] 750, commandement militaire du département des Pyrénées-Orientales, n° 5005 S/2, « Rapport a/s d'un incident entre membres d'une commission allemande et inspecteurs de la Sûreté ».

31. Il semble que l'internement de Renée Blanc soit dû à sa liaison avec un soldat allemand dans la région lyonnaise : AN 2[AG] 596, Mlle Renée Blanc, Lyon, à M. le Maréchal, 13 septembre 1942.

32. SHAT 1P 135, note du deuxième bureau, Alger, 26 août 1941.

33. P. Imbs (dir.), *Trésor de la Langue française*, Paris, CNRS, 1977, T. V, p. 1285.

34. SHAT 1P 135, Le lieutenant-colonel Kientz à M. le général d'armée, résident général de France au Maroc, 4 septembre 1941.

35. SHAT 1P 135, le général Weygand au secrétaire d'État à la Guerre, n° 5652/EM-2, juillet 1941.

36. SHAT 1P 89, déposition du général de brigade de Perier des troupes coloniales.

37. SHAT 1P 200, BMA, rapport sur l'activité italienne en Algérie au cours du mois d'octobre 1941, 3 novembre 1941.

38. H. Navarre, *Le Temps des vérités*, Plon, Paris, 1979, p. 99 ; R. Terres, *Double jeu pour la France*, Paris, Grasset, 1977, p. 113-114. AN 72[AJ] 82, « Résumé de l'action des services de contre-espionnage militaire français de juillet 1940 à novembre 1944 », vol. I, p. 17 (document écrit par Paillole en 1946).

39. SHAT 5P 2, rapport du colonel Gross sur l'activité d'ensemble des commissions d'armistice, Alger, le 19 avril 1943.

40. SHAT 1P 135, analyse de l'exposé du général Schultheiss, 17 septembre 1941.

41. SHAT 1P 199, procès-verbal de l'entretien en date du 29 septembre 1941 entre le général Béthouart et le général Schultheiss, Casablanca, 30 septembre 1941.

42. Le meilleur travail rédigé sur les femmes tondues est l'excellent livre de Fabrice Virgili, *La France virile*, Paris, Payot, 2000.

43. SHAT 1P 200, le capitaine Chanzy, chef du détachement de liaison auprès de la section italienne de contrôle de Constantine, à M. le chef d'escadron, chef des détachements de liaison de la 19e région, Alger, Constantine, 20 décembre 1941.

44. SHAT 1P 135, le général Vergez au général Weygand, 24 mars 1941.

45. SHAT 1P 135, note du BMA (signé Yves), 2 décembre 1941.

46. SHAT 1P 135, ministère de la Défense nationale, DSA, mémento à l'usage des officiers de liaison détachés auprès des commissions allemandes et italiennes de contrôle, 5 février 1942.

47. *Ibid.*

48. AN AJ⁴¹ 491, le capitaine Seignobos, officier de liaison, Lyon, à M. le chef du gouvernement, DSA, n° 552/D, 21 septembre 1942 ; AN F¹ᵃ 4680, le ministre de la Guerre (DSA) à M. l'amiral de la flotte, secrétaire d'État à l'Intérieur, 25 avril 1941, « Objet : extrait des comptes rendus n° 224/RKG en date du 15 avril et 245 RKG en date du 21 avril de l'officier français de liaison à Pau, au sujet de l'activité de ce délégué » ; AN AJ⁴¹ 491, sous-commission de contrôle de Pau, compte rendu hebdomadaire de l'officier de liaison, 1ᵉʳ juillet 1941 ; AN AJ⁴¹ 491, compte rendu du capitaine Berger, officier de liaison à Montpellier, 16 janvier 1942.

49. AN F¹ᵃ 4680, le ministre de la Guerre (DSA) à M. l'amiral de la flotte, secrétaire d'État à l'Intérieur, 25 avril 1941, « Objet : extrait des comptes rendus n° 224/RKG en date du 15 avril et 245 RKG en date du 21 avril de l'officier français de liaison auprès de la Croix-Rouge allemande de Pau, au sujet de l'activité de ce délégué ».

50. AN AJ⁴¹ 491, compte rendu hebdomadaire officier de liaison à Pau, n° 382/RKG, 26 mai 1941.

51. AN AJ⁴¹ 491, le général Koeltz à M. le secrétaire général aux Anciens Combattants, 27 juin 1941.

52. AN AJ⁴¹ 491, 17ᵉ division militaire, sous-commission de contrôle de Pau, officier de liaison près du délégué au rapatriement de la commission allemande d'armistice de Pau, n° 138/RKG, Pau, le 24 mars 1941.

53. H. Navarre, *Le Service de renseignements, 1871-1944*, Paris, Plon, 1978, p. 68. AN 72ᴬᴶ 82, « Résumé de l'action des services de contre-espionnage militaire français de juillet 1940 à novembre 1944 », vol. I, 1946.

54. SHAT 1P 135, DSA, note pour la délégation française à Wiesbaden, n° 3.581/DSA/6, 29 septembre 1942, « Objet : écoutes clandestines dans les bureaux des délégations de contrôle (note allemande n° 560/42 du 8/9/42) ».

55. AN 3W 104, journal intime du général Bridoux, 5 novembre 1942.

56. A. Lefébure, *Les Conversations secrètes des Français sous l'Occupation*, Paris, Plon, 1993, p. 137.

57. AN AJ⁴¹ 499, service civil des contrôles techniques, note de service, Vichy, 14 août 1941.

58. SHAT 1P 135, état-major des troupes au Maroc, BCC, extraits d'écoutes téléphoniques du 6 octobre 1941.

59. AN 2^AG 524, rapport au sujet de la condamnation à mort du nommé Robert Bellette.

60. R. Austin, « Surveillance and intelligence under the Vichy regime : the Service du contrôle technique, 1939-1945 », *Intelligence and National Security*, vol. I, n° 1, 1986, p. 123-137.

61. AN AJ^41 491, compte rendu hebdomadaire du capitaine Bruce, officier de liaison auprès du délégué allemand au rapatriement, Marseille, 1er septembre 1941 ; AN AJ^41 491, compte rendu hebdomadaire du capitaine Bruce, officier de liaison auprès du délégué allemand au rapatriement, Marseille, 10 septembre 1941.

62. AN 72^AJ 1911, « Note Rollin sur le fonctionnement du SR de la SN », 2 mai 1941.

63. SHAT « fonds de Moscou » 715/166, TR, « Note sur l'activité des agents doubles et analyse des questionnaires des SR étrangers », 15 janvier 1942.

64. AN F^7 15279, le commissaire principal de police spéciale à M. l'inspecteur général des services des RG, 21 juillet 1941.

65. SHAT 1P 89, synthèse mensuelle des contrôles télégraphiques, téléphoniques et postaux du 10 juillet au 10 août 1942, « Renseignements sur les activités antinationales sous toutes leurs formes » ; SHAT « fonds de Moscou » 480/1730, « Liens existant entre le PPF et le SRA » ; SHAT « fonds de Moscou » 1066/1729, renseignements sur le PPF et ses membres, activités du PPF en Afrique du Nord (juillet 1939-octobre 1942) ; SHAT « fonds de Moscou » 665/15024, dossier sur Michel Signe (PPF), chargé d'espionner pour les services allemands en zone libre (juin-juillet 1942) ; SHAT « fonds Paillole » 1K 545 10, rapport de l'Einsatzkommando, SD, Strasbourg, 17 novembre 1943 ; AN F^7 15279, le commandant Seignard, chef des services de police spéciale, à M. l'inspecteur général des services des RG, 28 juin 1941 ; AN F^7 15279, RG, « Renseignements sur le PPF », 9 janvier 1943.

66. SHAT « fonds de Moscou » 269/15154, SSM, renseignement, 25 septembre 1942.

67. SHAT 1P 200, DDSA à Weygand, « Note sur la propagande germanophile en Algérie », 15 février 1941 ; SHAT 1P 200, l'inspecteur de police spéciale Martin à M. le commissaire spécial, 19 juillet 1941 ; SHAT 1P 200, état-major de l'armée, cinquième bureau, note de renseignements, « La propagande allemande auprès des prisonniers nord-africains », 21 juillet 1941 ; SHAT 1P 200, note de renseignements, « La propagande allemande

auprès des prisonniers nord-africains », 23 août 1941 ; SHAT 1P 200, section des affaires musulmanes, note de renseignements, « La propagande allemande auprès des prisonniers indigènes nord-africains », 6 septembre 1941.

68. SHAT 1P 200, état-major de l'armée, note de renseignements, « La propagande allemande auprès des prisonniers nord-africains », 21 juillet 1941.

69. SHAT 1P 200, état-major de l'armée, note de renseignements, « La propagande allemande auprès des prisonniers nord-africains », 23 août 1941 et 6 septembre 1941.

70. SHAT 1P 200, ministre de la Défense à la DDSA, Alger, 21 janvier 1942.

71. SHAT « fonds de Moscou » 464/176, conférence du commandant Paillole, 15 avril 1942.

72. SHAT 3P 118, compte rendu de la mission effectuée du 20 au 24 janvier 1941 dans les 9e et 12e divisions militaires par le capitaine Mesnet et le capitaine Fouqualt de l'état-major de l'armée.

73. Sur la ligne de démarcation, voir l'excellent livre d'Éric Alary : *La Ligne de démarcation*, Paris, Perrin, 2003.

74. AN AJ⁴¹ 499, rapport de l'Inspection générale des services de ST, Vichy, 2 décembre 1940.

75. SHAT « fonds de Moscou » 464/176, conférence du commandant Paillole, 15 avril 1942 ; P. Paillole, *L'Homme des services secrets*, Paris, Julliard, 1995, p. 88-90 ; O. Reile, *L'Abwehr*, Paris, France-Empire, 1970, p. 91.

76. SHAT « fonds de Moscou » 784/381, conférence du commandant Paillole, 6 juin 1942.

77. AN AJ⁴¹ 499, lieutenant Heyl, officier de liaison, au BMA, Bourg-en-Bresse, 6 décembre 1941 ; AN AJ⁴¹ 499, commission allemande d'armistice à M. le président de la délégation française d'armistice à Wiesbaden, n° 90/42, 16 février 1942.

78. AN AJ⁴¹ 499, DSA, Vichy (signé Bourget), note pour la délégation française d'armistice à Wiesbaden, n° 21778/DSA/7, 9 juillet 1941.

79. Pour un exemple d'un questionnaire, voir AN F⁷ 15306, contrôle général des services de ST, Vichy, 6 mars 1942, « Objet : arrestation de Lacour, Paul, agent du SRA ».

80. AN BB²⁴ 2381, secrétariat d'État à la Guerre, rapport pour M. le Maréchal, chef de l'État français, 2 septembre 1941 ; AN 2ᴬᴳ 524, condamnation à mort des nommés Georges Bresson et Alfred Chaudron.

81. AN BB²⁴ 2381, secrétariat d'État à la Guerre, rapport pour M. le

Maréchal, chef de l'État français, 2 septembre 1941 ; AN 2^AG 524, condamnation à mort des indigènes musulmans Belhadj Mebarek ben Seghir et Benabid Khier ben Mohamed.

82. AN AJ^41 499, lettre interceptée : M. Jean-Georges Knipper à Sou-moulou (BP) à M. Lutz, hôtel *Régina*, Toulouse, date du document inter-cepté : 25 avril 1942, date de l'interception : 1er mai 1942. Albert Glaesner est indiscret de la même façon : AN AJ^41 499, secrétariat d'État à la Guerre, cabinet, BMA (signé d'Alès), note pour la DSA, n° 3478/MA/M, 16 mai 1942.

83. AN AJ^41 491, l'aspirant Masurel, officier de liaison, Pau, à M. le chef de la délégation française de liaison, 18 février 1941.

84. SHAT « fonds de Moscou » 761/73, conférence du capitaine Bernard, 9 juin 1942.

85. AN AJ^41 499, note de renseignements, n° MA/M/1168/1-B, 9 juin 1941 ; AN AJ^41 499, le commandant Paillole, chef du SSM, note pour la DSA, n° 000011/SM/B, 2 septembre 1942 ; AN AJ^41 499, extrait du compte rendu de l'officier de liaison à Lyon, n° 714/D, Lyon, 5 décembre 1942.

86. AN AJ^41 499, le procureur général, Limoges à M. le garde des Sceaux, 1er février 1943.

87. AN AJ^41 499, le capitaine de Bruce, en liaison près le délégué alle-mand au rapatriement, Marseille, à M. le général, secrétaire d'État à la Guerre, DSA, 17 mai 1942.

88. AN AJ^41 499, DSA, Vichy, n° 23.346/DSA/11, 23 juillet 1941.

89. M. Binney, *The Women Who Lived For Danger*, Londres, Hodder and Stoughton, 2002, p. 121-122.

90. AN AJ^41 499, secrétariat d'État à la Guerre, cabinet, BMA, note pour la DSA, n° 7042/MA/M, 28 novembre 1941. Pour plus de renseignements sur Sommann, voir SHAT « fonds de Moscou », 667/14513, dossier Sommann.

91. AN 2^AG 618, lettre anonyme envoyée au maréchal Pétain par un « Français 100 % » de Marseille, avril 1941.

92. AN F^1a 4682, l'inspecteur principal de police spéciale Hansler à M. le commissaire spécial, Avignon, n° 1327, 19 mars 1941.

93. SHAT « fonds de Moscou » 1249/13922, dossier sur Guillaume Le Cunff arrêté et condamné pour espionnage au profit de l'Allemagne (avril-mai 1941) ; AN 2^AG 524, Guillaume Le Cunff à frère Paul Aune, Marseille, 28 août 1941 ; AN 2^AG 524, condamnation à mort du nommé Le Cunff.

94. AN 2^AG 524, condamnation à mort du nommé Alfredo Castoldi ; AN

BB^{24} 2381, secrétariat d'État à la Guerre, rapport à M. le maréchal, 20 octobre 1941 ; SHAT « fonds de Moscou » 1195/13835, dossier sur Alfredo Castoldi, condamné à Meknès pour espionnage (1941).

95. SHAT 1P 134, la délégation générale du gouvernement en Afrique française (troupes Maroc) à M. le général délégué général en Afrique française, télégramme, n° 300 J/IS, 3 novembre 1941.

96. Pour toutes les répercussions diplomatiques de l'affaire Masson, voir le dossier Masson dans le carton AN AJ^{41} 1677b. Voir aussi : AN AJ^{41} 499, commission allemande d'armistice à M. le président de la délégation française d'armistice à Wiesbaden, n° 90/42, 16 février 1942 ; AN AJ^{41} 499, le lieutenant Heyl, officier de liaison, au BMA, Bourg-en-Bresse, 6 décembre 1941 ; SHAT « fonds de Moscou » 1319/1665, dossier Masson.

97. AN AJ^{41} 496, renseignements sur sept détenus allemands, considérés comme ne devant pas être remis, transmis le 14 août à l'amiral Bourragué pour communication à l'amiral Darlan ; AN AJ^{41} 499, de Royere, officier de liaison Lyon, à M. l'amiral de la flotte, ministre de la Défense nationale, DSA, n° 21/D, 8 janvier 1942 ; AN AJ^{41} 499, général Vog, président de la CAA, à M. le général Beynet, président de la délégation française auprès de la CAA, n° VAA/R/1236, Wiesbaden, 2 février 1942. Voir aussi le dossier Wagner dans le carton AN AJ^{41} 1677b.

98. AN BB^{30} 1709, rapport sur la condamnation de Xavier Battini.

99. AN AJ^{41} 491, rapport hebdomadaire n° 64 du chef d'escadron d'Amecourt, officier de liaison, Clermont-Ferrand, 30 mars 1942.

100. AN AJ^{41} 499, rapport du commissaire principal de la ST, Marseille, 28 août 1942 ; AN AJ^{41} 499, commissaire Robert Blémant à la ST, n° 145, 9 septembre 1941 ; SHAT « fonds de Moscou » 666/14244, poursuites contre le ressortissant allemand Ramstetter (novembre 1940-mars 1942).

Chapitre 7. Le sort des espions (de la page 136 à la page 169)

1. SHAT « fonds de Moscou », 464/176, conférence du commandant Paillole, 15 avril 1942.

2. SHAT 1P 89, Weygand à Pétain, n° 1175/EM/2, 3 mars 1941.

3. AN AJ^{41} 499, le capitaine Amann, officier de liaison à Royat, à M. le vice-amiral, DSA, 22 août 1942 ; SHAT « fonds de Moscou », 691/10355, dossier concernant Gebus, espion à la solde de l'Allemagne (août 1936-mars 1942).

4. AD BDR (archives départementales des Bouches-du-Rhône) M⁶ 10988, le commissaire de police de sûreté, note au sujet du chef du service des affaires indigènes à Marseille, Pol. Sûr. 7/R, 20 janvier 1943.

5. SHAT « fonds de Moscou » 464/176, conférence du commandant Paillole, 15 avril 1942.

6. H. Navarre, *Le Temps des vérités*, Paris, Plon, 1979, p. 95-96.

7. T. Guillet, *Le Renseignement français au Maroc, 1940-1942*, mémoire, Saint-Cyr, 1998.

8. SHAT « fonds de Moscou » 821/10655, renseignement du BMA 19, 10 avril 1941.

9. H. Coutrau-Bégarie et C. Huan, *Lettres et notes de l'amiral Darlan*, Paris, Économica, 1992, p. 388, lettre du 24 juillet 1941.

10. SHAT « fonds de Moscou » 821/10655, TR 120, renseignements : « conversations de militaires de la CAA », n° 629, 18 août 1941.

11. SHAT « fonds de Moscou » 821/10655, le préfet de police à M. le ministre de la Guerre, « au sujet du nommé Auer, secrétaire à l'ambassade d'Allemagne », 17 avril 1935 ; SHAT « fonds de Moscou » 821/10655, SCR, renseignement, 21 octobre 1937 ; SHAT « fonds de Moscou » 821/10655, MA 30, renseignement, 21 décembre 1940 ; SHAT « fonds de Moscou » 821/10655, renseignement du BMA 15, 16 juin 1941 ; SHAT « fonds de Moscou », 821/10655, TR 120, renseignement, n° 1015, 6 novembre 1941 ; SHAT « fonds de Moscou » 821/10655, TR 120, renseignement, « Opinion d'Auer sur la situation », n° 1068, 20 novembre 1941 ; SHAT « fonds de Moscou » 821/10655, TR 119, renseignement, n° 826, « Objet : vice-consul allemand Schwarzmann », 28 février 1942.

12. P. Nord, *Mes camarades sont morts*, Genève, de Crémille, 1970, t. I, p. 40.

13. P. Paillole, *Services spéciaux, 1935-1945*, Paris, Laffont, 1975, p. 579 (annexe).

14. SHAT « fonds Paillole » 1K 545 10, le chef et liquidateur national – réseau FFC SSM/TR, bilan des affaires d'espionnage et de propagande ennemis (allemands, italiens, japonais) soumises par le contre-espionnage à la justice militaire de 1940 à 1942.

15. AN F⁶⁰ 393, Huntziger à Darlan, 10 juin 1941, « Objet : activité de services de renseignements allemands ».

16. SHAT « fonds Paillole » 1K 545 10, TR, rapport pour le deuxième bureau de l'état-major : Tableau nominatif des arrestations.

17. Chiffres présentés dans F. Delalez, *Le Service des menées antinationales 1940-1942*, mémoire des écoles de Coëtquidan, 1998, p. 78-89. Delalez

a établi ses chiffres à partir des bulletins mensuels du BMA dans les cartons SHAT « fonds de Moscou » 441/118 et 504/1462.

18. AN 3W 91, le commissaire principal de la ST, Marseille, à M. le directeur de la police de sûreté, n° 4488, 15 novembre 1942. Le résistant Flavian estime que la police toulonnaise a arrêté 50 espions allemands pendant cette période : C.-L. Flavian, *Ils furent des hommes*, Paris, NEL, 1948, p. 103.

19. M. Chalet, « La DST, service français de contre-espionnage », in P. Lacoste (dir.), *Approches françaises du renseignement*, Paris, FED, 1997, p. 59.

20. R. Faligot et P. Krop, *DST : police secrète*, Paris, Flammarion, 1999, p. 65.

21. AN AJ[41] 499, lettre interceptée : Madeleine Fuchy, prison Saint-Joseph, Lyon, à M. le président de la commission allemande d'armistice, 25 juillet 1943.

22. AN AJ[41] 499, le capitaine de Bruce, en liaison près le délégué allemand au rapatriement, à M. le général d'armée, ministre secrétaire d'État à la Guerre, DSA, n° 92, Marseille, 9 octobre 1941, « Objet : visite du délégué à la prison Présentines » ; AD BDR M[6] 10990, plainte de Fernand de Brinon concernant Pierre Hervaud.

23. AN AJ[41] 499, commission allemande d'armistice à M. le président de la délégation française d'armistice à Wiesbaden, n° 90/42, 16 février 1942.

24. AN AJ[41] 491, le délégué allemand (Lutz) à M. le capitaine Pourailly, chef du détachement auprès de la Croix-Rouge allemande à Toulouse, n° 421/42, 19 mars 1942 : « Objet : mauvais traitement et arrestation des personnes qui viennent me rendre visite ».

25. SHAT « fonds de Moscou » 398/252, renseignements recueillis au cours des entretiens de M. von Kirschten avec les Allemands du Reich et de race détenus pour espionnage dans les prisons civile et militaire d'Alger, 16 septembre 1941.

26. AN AJ[41] 496, lettre interceptée : Chand, prison militaire de Nontron, Dordogne, à M. l'officier commandant la délégation de la commission d'armistice à Royat, 1er avril 1943.

27. AN AJ[41] 499, traduction d'une note de l'ambassade d'Allemagne Rück 3616 du 13 juin 1942.

28. AN BB[30] 1709, rapport sur Edouard Buch.

29. AN BB[24] 2381, Darlan à Pétain, 20 novembre 1941.

30. SHAT « fonds de Moscou » 821/10655, TR 120, n° 198, renseignement, confidences du Dr Auer, 26 février 1942.

31. AN 72[AJ] 46 (« Combat »), témoignage de J. Gemähling recueilli par Mlle Patrimonio en décembre 1945.

32. P. Paillole, *Services spéciaux, 1935-1945*, Paris, Laffont, 1975, p. 243.

33. R. Terres, *Double jeu pour la France*, Grasset, Paris, 1977, p. 115-117.

34. M. Bischoff, *La Police scientifique*, Paris, Payot, 1938, p. 4.

35. AN BB[18] 3326, procureur général, cour d'Aix, à M. le garde des Sceaux, 9 mars 1942.

36. AN AJ[41] 499, le capitaine de Bruce, en liaison près le délégué allemand au rapatriement, Marseille, à M. l'amiral de la flotte, DSA, n° 124, 9 janvier 1942.

37. AN AJ[41] 499, le garde des Sceaux à M. l'amiral de la flotte, ministre de la Défense nationale, n° 2005/G/3/A2A, 3 janvier 1942.

38. AN AJ[41] 499, compte rendu de l'officier de liaison sur la visite de M. Klaube à Alscher et Gassner, 24/11/41.

39. AN AJ[41] 499, lettre interceptée : Floria Richelmi, prison Saint-Joseph, Lyon, à M. le président de la commission allemande d'armistice, 25 juillet 1943.

40. AN AJ[41] 499, note DSA à M. le secrétaire d'État à la Guerre, état-major de l'armée section armistice, 7 avril 1942.

41. AN AJ[41] 499, le garde des Sceaux à l'amiral de la flotte, 3 janvier 1942.

42. SHAT « fonds de Moscou » 398/252, le commandant de la prison d'Alger à M. le général commandant la région, 4 août 1941. Les plaintes contre le surpeuplement des prisons sous Vichy sont fréquentes. À noter que la population générale des prisons est passée de 18 000 en 1939 à 59 000 en 1944 : Pierre Pedron, *La Prison sous Vichy*, Paris, éd. de l'Atelier, 1993, p. 63-64.

43. AN AJ[41] 498, Hans Goepel au délégué allemand au rapatriement, Alger, s. d. Ce régime de secret est également appliqué aux prisonniers proalliés, voir AN 72[AJ] 1912, lettre du Dr A. Guenon à M. Stanilas Mangin, s. d.

44. AN AJ[41] 499, l'amiral de la flotte, ministre de la Défense nationale, à M. le secrétaire d'État à la Guerre, 23 novembre 1941.

45. AN AJ[41] 499, rapport du commissaire principal de la ST, Marseille, 28 août 1942 ; AN AJ[41] 499, le capitaine de Bruce, officier de liaison, à M. le secrétaire d'État à la Guerre, DSA, Marseille, 17 mai 1942 ; AN AJ[41] 499, le lieutenant-colonel d'Alès, BMA, note pour la DSA, n° 002686/MA./B, 14 avril 1942 ; AN AJ[41] 499, DSA (signé Pettier), à M. Benoist-Méchin,

secrétaire d'État à la présidence du Conseil, nº 769M/DSA/7, 4 mai 1942 ; AN AJ⁴¹ 499, le chef du gouvernement, DSA (signé Pettier), à M. Benoist-Méchin, nº 19506/DSA/7, 23 août 1942 ; AN AJ⁴¹ 499, DSA à M. Benoist-Méchin, nº 1436M/DSA/7, 26 août 1942 ; AN AJ 41 499, le secrétaire d'État à la vice-présidence du Conseil à M. le général Bridoux, secrétaire d'État à la Guerre, 18 juin 1942 ; AN AJ⁴¹ 499, traduction d'une note de l'ambassade d'Allemagne Rück 3616 du 13 juin 1942 ; AN AJ⁴¹ 499, traduction d'une note de l'ambassade d'Allemagne Rück 3615 du 5 août 1942.

46. AN AJ⁴¹ 499, le chef d'escadron de Royere, officier de liaison, Lyon, à M. le général, secrétaire d'État à la Guerre, nº 366/D, 23 juin 1942.

47. AN 2^AG 524, Mme Bernard à M. le maréchal Pétain, Paris, 10 octobre 1941.

48. AN 2^AG 524, condamnation à mort du nommé André Bernard, 13 novembre 1941, tribunal militaire de Marseille.

49. AN AJ⁴¹ 502, Anna Kern, Bâle, Suisse, à M. Hauptman, commission allemande de contrôle, hôtel *Jourdan*, place Jourdan, Limoges, 13 novembre 1941.

50. Délibération du conseil de l'ordre de Toulouse. Je remercie Liora Israël de m'avoir fourni ce document.

51. SHAT « fonds de Moscou » 312/14086, le commissaire du gouvernement, Périgueux, à M. le ministre à la Guerre, nº 6480, 30 septembre 1941.

52. AN AJ⁴¹ 502, correspondance échangée entre le ministère de l'Intérieur et la DSA au mois de janvier 1943.

53. C. de Acevedo, *À notre corps défendant, impressions et vicissitudes d'un diplomate en France, 1939-1944*, Paul Dupont, Paris, 1945, p. 173.

54. AN AJ⁴¹ 499, extrait du compte rendu de l'officier de liaison à Lyon, nº 714/D, Lyon, 5 décembre 1942.

55. AN AJ⁴¹ 509, l'agent principal Bartholome, commandant la prison militaire de Lyon, à M. le secrétaire d'État à la Guerre, nº 3604, 2 décembre 1942 ; AN AJ⁴¹ 509, liste des individus recensés par la police allemande, 1er décembre 1942 ; AN AJ⁴¹ 509, DSA (signé Bourragué), à M. l'ambassadeur de France, délégué général du gouvernement français dans les territoires occupés, nº 25961/DSA/7, « Objet : visite de la police allemande dans les prisons françaises », 4 décembre 1942 ; AN AJ⁴¹ 509, DSA, note pour l'officier de liaison près du délégué allemand au rapatriement à Lyon, « Objet : visite de la police allemande dans les prisons françaises », nº 25960/DSA/7, 5 décembre 1942 ; AN AJ⁴¹ 499, extrait du

compte rendu de l'officier de liaison à Lyon, n° 714/D, Lyon, le 5 décembre 1942.

56. AN AJ⁴¹ 499, rapport sur la visite de M. Von Kirschten aux détenus allemands pour atteinte à la sûreté extérieure de l'État dans les prisons militaires et civiles d'Oran, 19-20 septembre 1941.

57. AN BB³⁰ 1709, rapport au sujet de Jean Polome.

58. AN 2ᴬᴳ 595, Édouard Fier à M. Moncelle, chanoine, Meknès, le 22 janvier 1942.

59. SHAT « fonds de Moscou » 761/73, intervention de Paillole dans la conférence du capitaine Bernard, 9 juin 1942.

60. SHAT « fonds de Moscou » 312/14086, compte rendu d'audience : affaire Roland, 3515 A/MA.12, 24 juin 1942.

61. AN AJ⁴¹ 499, le garde des Sceaux, ministre secrétaire d'État à la Justice, à M. le chef du gouvernement, n° SS Aix, 10 juin 1943.

62. AN AJ⁴¹ 499, note de la DSA, 1ᵉʳ octobre 1943, « sur les détenus Oppenhauser et Arvaud ».

63. AN AJ⁴¹ 499, dossier Léonie Schmid.

64. AN AJ⁴¹ 499, dossier Lambin.

65. AN AJ⁴¹ 499, le procureur général, Limoges à M. le garde des Sceaux, 1ᵉʳ février 1943.

66. AN AJ⁴¹ 499, le garde des Sceaux à M. le chef du gouvernement, 10 juin 1943.

67. AN 2ᴬᴳ 596, Mᵐᵉ Rabis à M. le Maréchal, Lyon, 14 avril 1942. Pour le dossier au sujet de l'activité de Rabis, voir : AN BB³⁰ 1709, rapport sur Roger Rabis.

68. AN 2ᴬᴳ 524, Guillaume Le Cunff, prison militaire, Constantine, à frère Paul Aune, Marseille.

69. AN 2ᴬᴳ 597, Françoise Subirana (?) à M. le Maréchal, chef de l'État français, Brive, le 12 mai 1942.

70. AN 2ᴬᴳ 524, compte rendu de décisions concernant les peines.

71. AN 2ᴬᴳ 597, Maurice Petit, détenu à la maison d'arrêt de Saint-Étienne, à M. le maréchal de France, chef de l'État, 26 avril 1942 ; AN 2ᴬᴳ 597, Jean Grandidier, maison d'arrêt de Saint-Étienne, à M. le maréchal de France, chef de l'État français, 27 décembre 1942 ; AN 2ᴬᴳ 597, le contre-amiral Auphan, secrétaire d'État à la Marine, à M. le général, chef du cabinet militaire du chef de l'État, P.M.3.JP. n° 445, Vichy, le 7 mai 1942 ; AN 2ᴬᴳ 597, le capitaine de frégate Archambeaud, note pour M. le général, chef du cabinet militaire du chef de l'État, Vichy, le 23 octobre 1942.

72. AN F⁷ 15306, Jean Pézard, détenu à la prison militaire de Nontron, Dordogne, à Pierre Laval, 7 décembre 1943.

73. AN F⁷ 15306, direction des RG, note a/s de Pézard, Jean René, agent SRA et SD, 1ᵉʳ juin 1946.

74. AN 2ᴬᴳ 595, père J.-J. Rageys, Rabat, Maroc, à M. le chanoine, 29 janvier 1942.

75. AN BB³⁰ 1709.

76. AN AJ⁴¹ 498, le général Huntziger, secrétaire d'État à la Guerre, au garde des Sceaux, n° 21929, 10 septembre 1941.

77. AN AJ⁴¹ 499, procès-verbal de la réunion interministérielle du 16 janvier 1942.

78. AN F⁶⁰ 522, le chef du gouvernement à M. le maréchal de France, n° 1691/SG, 17 avril 1943 (ce même document figure aussi dans le carton AN BB³⁰ 1709).

79. AN AJ⁴¹ 499, secrétariat d'État à la Guerre, cabinet, BMA, « Note pour la DSA », n° 5909/MA/M, 22 septembre 1941 ; AN AJ⁴¹ 499, secrétariat d'État à la Guerre, cabinet, BMA, « Note pour la DSA », n° 002109/MA/B/46492, 25 mars 1942.

80. AN AJ⁴¹ 499, secrétariat d'État à la Guerre, cabinet, BMA (signé Rivet), « Note pour la DSA », n° 002109/MA/B/46492, 25 mars 1942. Sur la mort de Gemin, voir aussi René Terrisse, *Face aux pelotons nazis, Souge, le mont Valérien du Bordelais*, Aubéron, 2000, p. 118-119.

81. AN AJ⁴¹ 496, l'amiral Darlan à M. l'amiral Platon, secrétaire d'État auprès du chef du gouvernement, 12 septembre 1942.

82. AN AJ⁴¹ 499, secrétariat d'État à la Guerre, cabinet, BMA (signé Rivet), « Note pour la DSA », n° 002109/MA/B/46492, 25 mars 1942 ; AN AJ⁴¹ 496, section PGE, PR/7/BI, 24 juin 1942 ; AN AJ⁴¹ 496, renseignements sur sept détenus allemands, considérés comme ne devant pas être remis, transmis à l'amiral Bourragué pour communication à l'amiral Darlan, 14 août 1942 ; AN AJ⁴¹ 499, secrétariat d'État à la Guerre, cabinet, BMA, « Note pour la DSA », n° 002109/MA/B/46492, 25 mars 1942.

83. SHAT « fonds de Moscou » 680/14335, dossiers sur les agents doubles belges Jamar et Jacobs travaillant pour le SRA et français à Montpellier (novembre 1941-juin 1942) ; AN AJ⁴¹ 496, secrétariat d'État à la Guerre, cabinet, BMA (signé Rivet), « Compte rendu au sujet de la remise aux autorités allemandes de Jamar », n° 004510/MA/G/46.379, 1ᵉʳ juillet 1942 ; AN AJ⁴¹ 496, section PGE, « Note au sujet des engagements pris par l'ambassade d'Allemagne à l'occasion des remises de détenus pour

atteinte à la sûreté de l'État », 18 août 1942 ; AN F^{60} 1749, renseignement, « Agents nazis relâchés », 27 août 1942.

84. AN AJ^{41} 496, section PGE, « Note au sujet des engagements pris par l'ambassade d'Allemagne à l'occasion des remises de détenus pour atteinte à la sûreté de l'État », 18 août 1942. Pour le travail de Dumas au profit des services spéciaux français, voir M. Garder, *La Guerre secrète des services spéciaux français*, Paris, Plon, 1967, p. 179.

85. AN AJ^{41} 499, secrétariat d'État à la Guerre, télégramme n° 3381/JC de la 15e division militaire (14 novembre 1942 à 18 h 30) au cabinet de la guerre et à la justice militaire.

86. AN AJ^{41} 499, le secrétaire général auprès du chef du gouvernement, DSA, à M. le secrétaire d'État à la Défense, n° 2281/DSA/7, 25 février 1944. L'appartenance de Jobet au service de renseignements allemand est confirmée explicitement par une autre correspondance : AN AJ^{41} 492, services de l'armistice, détachement français de liaison auprès de la commission allemande chargée du rapatriement, Marseille, compte rendu hebdomadaire, n° 1331/44, le 2 janvier 1944.

87. AN AJ^{41} 499, le général Debeney, DSA, à M. le chef du gouvernement, ministre de l'Intérieur, Direction de l'administration de la police, quatorzième bureau, n° 6990/DSA/7, 6 juillet 1944.

88. AN F^7 15306, *Feldgendarmerietrupp an das Schwedische Konsulat*, Paris, 19 août 1944.

89. Témoignage oral de Paul Paillole, mai 2001. Sur l'organisation des « mesures D », voir P. Paillole, *Services spéciaux, 1935-1945*, Paris, Laffont, 1975, p. 244.

90. SHAT « fonds Paillole » 1K 545 10, rapport de l'Einsatzkommando, SD, Strasbourg, 17 novembre 1943.

91. Paul Paillole, *Services spéciaux, 1935-1945*, Paris, Laffont, 1975 (annexe).

92. Haute cour de Justice, *Procès du maréchal Pétain*, Paris, Imprimerie des *Journaux officiels*, 1945, p. 302.

93. AN 2^{AG} 524, registre des grâces.

94. SHAT « fonds de Moscou » 678/14661, dossier sur Henri Devillers ; SHAT « fonds de Moscou » 761/73, conférence du capitaine Bernard, 9 juin 1942 ; SHAT « fonds de Moscou » 1250/13800, affaire Grangier-Devillers (décembre 1940-février 1942) ; SHAT « fonds Paillole » 1K 545 4, déclarations du colonel Paillole, a/s activité clandestine du réseau FFC SSM/TR, transcription d'interview ORTF, 1950 ; AN 72AJ 82, « Résumé de

l'action des services de contre-espionnage militaire français de juillet 1940 à novembre 1944 », vol. I, 1946.

95. AN 2AG 524, registre des grâces.

96. *Progrès de Lyon*, 20 juin 1942 ; SHAT « fonds Paillole » 1K 545 4, déclarations du colonel Paillole, a/s activité clandestine du réseau FFC SSM/TR, transcription d'interview ORTF, 1950.

97. AN 3W 104, journal intime du général Bridoux, 14, 15, 16 juillet 1942.

98. H. Frenay, *La nuit finira*, Paris, Laffont, 1973, p. 167.

99. C. Bourdet, *L'Aventure incertaine*, Paris, Félin, 1998, p. 118 ; M. Granet, *Les Jeunes dans la résistance*, Paris, France-Empire, 1996, p. 149-150 ; G. de Benouville, *Le Sacrifice du matin*, Genève, de Crémille, 1970, vol. I, p. 241-243 ; H. Navarre, *Le Service de renseignements, 1871-1944*, Paris, Plon, 1978, p. 136 ; M. Granet et H. Michel, *Combat, histoire d'un mouvement de Résistance*, Paris, PUF, 1957 ; P. J. Stead, *Second Bureau*, Londres, Evans, 1959, p. 43.

Chapitre 8. Les dessous de la politique de Vichy

(de la page 170 à la page 191)

1. P. Nord, *Mes camarades sont morts*, Genève, de Crémille, 1970 ; J. Abtey et F. Unterberg-Gibhardt, *Deuxième bureau contre Abwehr*, Paris, La Table ronde, 1966 ; M. Garder, *La Guerre secrète des services spéciaux français*, Paris, Plon, 1967 ; D. Loisel, *J'étais le commandant X*, Paris, Fayard, 1970 ; Gilbert-Guillaume, *Mes missions face à l'Abwehr*, Paris, Plon, 1971 ; M. Pasquelot, *Les Dossiers secrets de la marine*, Paris, NEL, 1973 ; P. Paillole, *Services spéciaux, 1935-1945*, Paris, Laffont, 1975 ; P. Bernert, *Roger Wybot et la bataille pour la DST*, Paris, Presses de la Cité, 1975 ; H. Koch-Kent, *Doudot, figure légendaire du contre-espionnage français*, Paris, Casterman, 1976 ; R. Terres, *Double jeu pour la France*, Paris, Grasset, 1977 ; H. Navarre, *Le Service de renseignements, 1871-1944*, Paris, Plon, 1978 ; H. Navarre, *Le Temps des vérités*, Paris, Plon, 1979 ; J. Bézy, *Le Service de renseignements air*, Paris, France-Empire, 1979 ; J.-P. Vittori, *Une histoire d'honneur : la Résistance*, Paris, Ramsay, 1984 (chap. VI, p. 83-96, entretien avec Paul Paillole) ; P. Paillole, *L'Homme des services secrets*, Paris, Julliard, 1995.

2. H. Navarre, *Le Service de renseignements, 1871-1944*, Paris, Plon 1978, p. 134 ; P. Nord, *Mes camarades sont morts*, Genève, de Crémille, 1970,

t. I, p. 27 ; P. Paillole, *Services spéciaux, 1935-1945*, Paris, Laffont, 1975, p. 231. AN 72[AJ] 82, Mémoires inédits du colonel Louis Rivet, p. 11-12. Voir aussi ses commentaires sur Vichy dans le document SHAT « fonds Paillole » 1K 545 18, Rivet : mémoire pour servir à une reconstitution du SR français, juillet 1944.

3. AN AJ[41] 499, le garde des Sceaux à M. le chef du gouvernement, n° SS. Aix, 10 juin 1943 ; AN AJ[41] 499, note de la DSA, Vichy, 1er octobre 1943, « sur les détenus Oppenhauser et Arvaud » ; AN AJ[41] 499, dossier Lambin ; AN AJ[41] 499, dossier Léonie Schmid.

4. AN AJ[41] 499, le procureur général, Limoges, à M. le garde des Sceaux, 1er février 1943 ; AN AJ[41] 499, le garde des Sceaux à M. le chef du gouvernement, 10 juin 1943.

5. AN BB[30] 1709.

6. AN F7 15306, Feldgendarmerietrupp an das Schwedische Konsulat, Paris, 19 août 1944 ; AN AJ[41] 492, services de l'armistice, détachement français de liaison auprès de la commission allemande chargée du rapatriement, Marseille, compte rendu hebdomadaire, n° 1331/44, 2 janvier 1944 ; AN AJ[41] 499, le secrétaire général auprès du chef du gouvernement (DSA) à M. le général, secrétaire d'État à la Défense, n° 2281/DSA/7, 25 février 1944 ; AN AJ[41] 499, le général Debeney, DSA, à M. le chef du gouvernement, ministre de l'Intérieur, Direction de l'administration de la police, quatorzième bureau, n° 6990/DSA/7, 6 juillet 1944.

7. Au sujet du soutien du gouvernement pour la reconstitution clandestine des services spéciaux, Rivet écrit le 7 août 1940 : « Dans l'ensemble, malgré les velléités d'énergie du gouvernement [...] pas le soutien espéré » : SHAT « fonds Paillole » 1K 545 1, journal de marche du général Rivet.

8. SHAT 1P 89, le général Weygand à M. le maréchal de France, n° 146/cab, Alger, 10 novembre 1940. Le carton AN F[60] 782 contient de nombreuses correspondances entre différents ministres (Weygand, Huntziger, Darlan, Pétain, etc.) à cet égard.

9. AN F[60] 782, Darlan à Weygand, n° 1108/SG, 24 mars 1941 ; AN F[60] 782, Weygand à Darlan, n° 1760/SGP, 15 avril 1941 ; AN F[60] 782, Weygand à Darlan, n° 2579/SGP, 23 mai 1941.

10. AN F[60] 782, M. l'amiral de la flotte, vice-président du Conseil (signé Tracou), à M. le ministre secrétaire d'État à l'Intérieur, 23 avril 1941.

11. Voir, par exemple, AN 2[AG] 524.

12. Pour le rôle de Pétain et Darlan dans les condamnations à mort, voir AN 2[AG] 524. Pour des lettres dans lesquelles Laval clarifie sa position,

voir : AN F⁶⁰ 522, rapport du chef du gouvernement au Maréchal, chef de l'État français, Vichy, 26 novembre 1942 ; AN F⁶⁰ 522, le chef du gouvernement à M. le maréchal de France, n° 1691/SG, 17 avril 1943 (ce même document figure aussi dans le carton AN BB³⁰ 1709).

13. Pour l'original de ce document, voir AN F⁶⁰ 782, le général Weygand à M. le maréchal de France, 7 décembre 1940.

14. SHAT « fonds Paillole » 1K 545 10, rapport de l'Einsatzkommando, SD, Strasbourg, 17 novembre 1943.

15. Même si, vers la fin des années 1930, Maurras lui-même avait changé de cap et indiquait l'Angleterre comme l'ennemi principal : H. R. Kedward, « Charles Maurras and the True France », in R. Bullen, H. Pogge et A. Polonsky (dir.), *Ideas into Politics*, Londres, Croom Helm, 1984, p. 119 ; H. R. Kedward, « The Vichy of the other Philippe », in G. Hirshfield et P. Marsh (dir.), *Collaboration in France*, Oxford, Berg, 1989, p. 37 ; H. R. Kedward, *Naissance de la Résistance dans la France de Vichy*, Paris, Champ-Vallon, 1989, p. 85.

16. SHAT « fonds Paillole » 1K 545 19, Fernand de Brinon à von Ribbentrop, 17 mai 1943. Pour l'antigermanisme des milieux militaires dans leur ensemble, voir R. O. Paxton, *Parades and Politics in Vichy, The French Officer Corps under Marshal Pétain*, New Jersey, Princeton UP, 1966, p. 94-101.

17. J.-P. Azéma et O. Wieviorka, *Vichy, 1940-1944*, Paris, Perrin, 1997, p. 58.

18. SHAT 1P 89, Weygand à Pétain, 26 mars 1941.

19. SHAT 1P 200, Weygand à M. l'amiral, gouverneur général de l'Algérie, 28 février 1941.

20. SHAT 1P 89, Weygand à Darlan, 15 novembre 1941.

21. Il ne faut pas en tirer les mêmes conclusions que les textes apologistes tels que Jacques Le Groignec, *Pétain, gloire et sacrifice*, Paris, NEL, 1991, p. 190-191. En réalité, il ne s'agit pas d'une tentative de résistance, comme l'affirme Le Groignec, mais plutôt d'une simple volonté de préserver la souveraineté.

22. Pour l'hostilité de Weygand envers les Britanniques, voir SHAT 1P 89, Weygand à Pétain, 10 novembre 1940.

23. AN F⁶⁰ 393, Pétain à Weygand, 25 avril 1941.

24. AN 72^{AJ} 1911, « Note Rollin sur le fonctionnement du SR de la SN », 2 mai 1941.

25. R. Bargeton, *Dictionnaire biographique des préfets, septembre 1870-mai 1982*, Paris, 1994, p. 481 ; H. Coutau-Begarie et C. Huan, *Darlan*, Paris,

Fayard, 1989, p. 482 ; R. Faligot et P. Krop, *DST : police secrète*, Paris, Flammarion, 1999. Centre d'archives contemporaines (CAC) Fontainebleau, 920231/14 ; AN F[1b] 837 ; AN 72[AJ] 82, entretiens avec Paul Paillole, avril-mai 1948 ; AN 72[AJ] 35, attestation de M. Joseph Rivalland, 5 juillet 1947 ; AN 72[AJ] 35, attestation d'Henri Rollin, 5 janvier 1949 ; SHAT « fonds Paillole » 1K 545 10, rapport de Jean Osvald, commissaire central à Marseille de 1940 à 1944.

26. H. Rollin, *L'Apocalypse de notre temps, les dessous de la propagande allemande d'après les documents inédits*, Paris, Gallimard, 1939. Une nouvelle édition est sortie chez Allia en 1991.

27. H. Rollin, *L'Apocalypse de notre temps*, Paris, Allia (nouvelle édition), 1991, p. 715.

28. R. O. Paxton, *Vichy France : Old Guard and New Order, 1940-1944*, New York, Columbia UP, 1972.

29. AN 72[AJ] 1911, « Note Rollin sur le fonctionnement du SR de la SN », 2 mai 1941.

30. AN F[60] 522, rapport du chef du gouvernement au Maréchal, chef de l'État français, Vichy, le 26 novembre 1942. Pour plus de renseignements sur Legras, voir SHAT « fonds de Moscou » 676/15100, dossier sur René Legras, condamné pour atteinte à la sûreté extérieure de l'État (août-octobre 1942).

31. Les cours de justice font parfois explicitement référence à cette notion que les individus doivent attendre l'autorisation gouvernementale avant de s'engager dans la collaboration. Par exemple, dans sa lettre à Pétain, Renée Blanc explique ainsi les motifs de sa condamnation : « Le 7 octobre le tribunal militaire de Lyon (XIVe région) me condamnait à deux ans d'emprisonnement et cinq ans d'interdiction de séjour pour avoir entretenu une correspondance avec un Allemand sans l'autorisation du gouvernement », AN 2[AG] 596, Melle Renée Blanc, Lyon, à M. le Maréchal, 13 septembre 1942.

32. Voir, par exemple : M.-O. Baruch, *Servir l'État français*, Paris, Fayard, 1997, p. 65-97 ; É. Alary, *La Ligne de démarcation*, Paris, Perrin, 2003, p. 219-220.

33. SHAT 3P 102, Darlan aux secrétaires d'État à l'Intérieur et à la Guerre, n° 812/SG, 5 juillet 1941. Une copie de cette même lettre est attachée en annexe à la correspondance suivante : AN AJ[41] 1562, le général de Saint-Vincent, gouverneur militaire de Lyon, commandant la 14e division militaire, à M. le préfet du Rhône, Lyon, le 24 novembre 1941.

34. J.-B. Duroselle, *L'Abîme, 1939-1944*, Paris, Points Seuil, p. 268.

35. AN Fˡᵃ 4685, le général Huntziger, secrétaire d'État à la Guerre, à M. le secrétaire d'État à l'Intérieur, 5 septembre 1941.

36. AN 3W 91, le commandant Berge à M. le président Mitton, SN/RG 2ᵉ SN, 1947 (s. d.) ; AN 3W 91, déposition de Helmut Knochen, 30 avril 1947 ; AN 3W 91, déposition de Rémy Desloges, 28 mars 1946 ; AN 3W 91, le secrétaire général à la Police à M. le préfet des Bouches-du-Rhône, nᵒ 1311/SCC, 1ᵉʳ septembre 1942 ; AN 3W 91, déposition de Rolf Mühler, 29 mai 1947 ; AN 3W 91, le secrétaire général à la Police à M. le préfet des Bouches-du-Rhône, nᵒ 687 299, 17 septembre 1942 ; AN 3W 91, 8ᵉ note concernant la mission spéciale de détection des postes clandestines, s. d. O. Reile, *L'Abwehr*, Paris, France-Empire, 1970, p. 177-185 ; J. Delarue, *Histoire de la Gestapo*, Paris, Fayard, 1962, p. 384 ; P. Nord, *Mes camarades sont morts*, Genève, de Crémille, 1970, t. II, p. 266-267 ; F. Kupferman, *Laval, 1883-1945*, Paris, Flammarion, 1988, p. 344-345 ; P.-J. Stead, *Second Bureau*, Londres, Evans Brothers, 1959, p. 96.

37. J.-P. Azéma et O. Wieviorka, *Vichy, 1940-1944*, Paris, Perrin, 1997, p. 52.

38. R. Frank, « Pétain, Laval, Darlan », in J.-P. Azéma et F. Bedarida, *La France des années noires*, Paris, Points Seuil, 2000, t. I, p. 307-348.

39. SHAT 1P 200, l'amiral Ollive, commandant en chef des forces maritimes du Sud, à M. le délégué général du gouvernement en Afrique française, 4 mai 1941.

40. On voit, par exemple, que des journaux de la Résistance critiquent la pénétration des espions allemands dans la zone Sud. *Combat* (nᵒ 1, janvier 1942) donne l'exemple d'une officine du SRA dans le chemin de Paraban à Lyon et prétend que ses membres « vivent de façon princière et ne souffrent pas des restrictions ».

41. J.-P. Azéma et O. Wieviorka, *Vichy, 1940-1944*, Paris, Perrin, 1997, p. 52.

42. SHAT « fonds de Moscou » 464/176, conférence du commandant Paillole, 15 avril 1942.

43. Un très gros dossier sur les ramifications diplomatiques de l'affaire Strohm figure dans le carton AN AJ⁴¹ 1677b. Pour plus de renseignements, voir : AN Fˡᵃ 4683, DSA (signé Koeltz), note pour la DDSA à Alger, 14 juin 1941 ; SHAT 1P 200, renseignements recueillis, le 9 juillet 1941, au cours de l'entretien du capitaine Simonin avec M. von Kirschten ; SHAT 1P 89, Weygand à Darlan, 15 novembre 1941 ; SHAT « fonds de Moscou » 686/14031, dossier Strohm.

44. SHAT « fonds de Moscou » 678/14661, dossier sur Henri Devillers ; SHAT « fonds de Moscou » 761/73, conférence du capitaine Bernard, 9 juin 1942 ; SHAT « fonds de Moscou » 1250/13800, affaire Grangier-Devillers (décembre 40-février 42). H. Frenay, *La nuit finira*, Paris, Laffont, 1973, p. 167 ; C. Bourdet, *L'Aventure incertaine*, Paris, Félin, 1998, p. 118 ; M. Granet, *Les Jeunes dans la Résistance*, Paris, France-Empire, 1996, p. 149-150 ; G. de Benouville, *Le Sacrifice du matin*, Genève, de Crémille, 1970, vol. I, p. 241-243 ; H. Navarre, *Le Service de renseignements, 1871-1944*, Paris, Plon, 1978, p. 136 ; M. Granet et H. Michel, *Combat, histoire d'un mouvement de Résistance*, Paris, PUF, 1957 ; P. J. Stead, *Second Bureau*, Londres, Evans, 1959, p. 43.

45. SHAT « fonds Paillole » 1K 545 4, déclarations du colonel Paillole, a/s activité clandestine du réseau FFC SSM/TR, transcription d'interview ORTF, 1950 ; *Progrès de Lyon*, 20 juin 1942.

46. AN 3W 104, journal intime du général Bridoux, 14, 15, 16 juillet 1942.

47. *Ibid.*, 22 juillet 1942.

48. AN AJ⁴¹ 497, le général d'armée (signé Lachenaud) à MM. les généraux commandant les 7ᵉ, 9ᵉ, 12ᵉ à 17ᵉ divisions militaires, 11 août 1941 ; AN AJ⁴¹ 499, le général Huntziger au ministre de la Défense nationale, DSA, n° 818/PG, 19 juillet 1940 ; AN AJ⁴¹ 499, Le ministre de la Défense nationale, DSA (signé Koeltz), à M. le garde des Sceaux, n° 2218/DSA, Vichy, 3 août 1940 ; AN AJ⁴¹ 491, DSA, note pour la DDSA à Alger, n° 13912/DSA/7, 4 mai 1941.

49. AN AJ⁴¹ 499, note de la DSA (signé Coudrin), 14 janvier 1942 ; AN AJ41 499, note de la DSA (signé Coudrin), n° 1535/DSA/7, 16 janvier 1942.

50. SHAT 1P 135, note (signée Zacharie), 15 octobre 1941 ; AN AJ⁴¹ 499, le chef du gouvernement, DSA, à M. Benoist-Méchin, secrétaire d'État auprès du chef du gouvernement, n° 21251/DSA/7, 16 septembre 1942 ; AN AJ⁴¹ 499, le capitaine Amann, officier de liaison à Royat, à M. le vice-amiral, DSA, 22 août 1942.

51. AN AJ⁴¹ 499, l'amiral de la flotte, ministre de la Défense nationale, à M. le secrétaire d'État à la Guerre, 23 novembre 1941 ; AN AJ⁴¹ 499, rapport du commissaire principal de police de la ST, Marseille, 28 août 1942 ; AN AJ⁴¹ 499, le capitaine de Bruce, officier de liaison Marseille, à M. le secrétaire d'État à la Guerre, 17 mai 1942 ; AN AJ⁴¹ 499, le lieutenant-colonel d'Alès, BMA, note pour la DSA, n° 002686/MA/B, 14 avril 1942 ; AN AJ⁴¹ 499, DSA à M. Benoist-Méchin, secrétaire d'État à la présidence du Conseil, n° 769M/DSA/7, 4 mai 1942 ; AN AJ⁴¹ 499, le chef du

gouvernement, DSA, à M. Benoist-Méchin, n° 19506/DSA/7, 23 août 1942 ; AN AJ⁴¹ 499, DSA à M. Benoist-Méchin, n° 1436M/DSA/7, 26 août 1942 ; AN AJ⁴¹ 499, le secrétaire d'État à la vice-présidence du Conseil au général Bridoux, 18 juin 1942 ; AN AJ⁴¹ 499, traduction d'une note de l'ambassade d'Allemagne Rück 3616 du 13 juin 1942 ; AN AJ⁴¹ 499, traduction d'une note de l'ambassade d'Allemagne Rück 3615 du 5 août 1942 ; AN AJ⁴¹ 499, de Royere, officier de liaison, Lyon, au secrétaire d'État à la Guerre, n° 366/D, 23/6/42.

52. AN AJ⁴¹ 496, ambassade d'Allemagne, Paris, note pour le gouvernement français, n° 442/3/42, 3 mars 1942 ; AN AJ⁴¹ 496, note de la DSA, Vichy, s. d. (mais l'inscription « vu 31 mars 1942 » figure au crayon en marge).

53. Voir *supra* chap. VII.

54. AN AJ⁴¹ 499, secrétariat d'État à la Guerre, cabinet, BMA (signé Rivet), « Note pour la DSA », n° 002109/MA/B/46492, 25 mars 1942 ; AN AJ⁴¹ 496, section PGE, PR/7/BI, 24 juin 1942 ; AN AJ⁴¹ 496, renseignements sur sept détenus allemands, considérés comme ne devant pas être remis, transmis à l'amiral Bourragué pour communication à l'amiral Darlan, 14 août 1942 ; AN AJ⁴¹ 499, secrétariat d'État à la Guerre, cabinet, BMA, « Note pour la DSA », n° 002109/MA/B/46492, 25 mars 1942.

55. Sur l'hétérogénéité du gouvernement, voir, par exemple : D. Peschanski, « Le régime de Vichy a existé. Gouvernants et gouvernés dans la France de Vichy : juillet 1940-avril 1942 » in D. Peschanski, *Vichy 1940-1944*, Paris, éd. du CNRS, 1986, p. 3-50 ; J.-M. Guillon, « La philosophie politique de la Révolution nationale », in J.-P. Azéma et F. Bédarida, *Vichy et les Français*, Paris, Fayard, 1992, p. 167-183.

56. M. Garder, *La Guerre secrète des services spéciaux*, Paris, Plon, 1967, p. 225 ; H. Navarre, *Le Service de renseignements, 1871-1944*, Paris, Plon, 1978, p. 134 ; P. Paillole, *Services spéciaux, 1935-1945*, Paris, Laffont, 1975, p. 320. Voir aussi B. Destremau, *Weygand*, Paris, Perrin, 1989, p. 620.

57. SHAT « fonds de Moscou » 962/1985, dossier sur les dépôts clandestins de matériels de guerre (octobre 1940-août 1941). Sur la protection des dépôts d'armes clandestins par les services spéciaux voir : SHAT « fonds de Moscou » 934/1936, note pour 1 500, signée Yves, 15 juin 1941 ; AN 72ᴬᴶ 63, témoignage du capitaine de vaisseau Blouet, 21 juin 1948 ; SHAT « fonds Paillole » 1K 545 4, déclarations du colonel Paillole, a/s activité clandestine du réseau FFC SSM/TR, transcription d'interview ORTF, 1950. Pour des cas de dénonciation de dépôts clandestins à l'Axe

voir : SHAT 1P 60, compte rendu sur l'activité du détachement de liaison près de la CAA, n° 2, Pau, 31 décembre 1942 ; AN AJ[41] 496, note de renseignements communiquée par les services de la ST, s. d. ; AN AJ [41] 499, note de renseignements, cabinet, BMA, n° 6204/MA/B, 24 octobre 1941 ; AN AJ[41] 492, le chef d'escadron d'Amecourt, officier de liaison à Royat, à M. le chef du gouvernement, DSA, n° 1 855/PA, Royat, 27 février 1943 ; AN AJ[41] 1814, le général doyen, président de la délégation française auprès de la CAA, à M. le ministre secrétaire d'État à la Guerre, n° 14150/EM, 24 février 1941 ; AN AJ[41] 499, commandement supérieur des troupes du Maroc, état-major, note de renseignements n° 216 en date du 19 avril 1941.

58. AN 3W 104, journal intime du général Bridoux, 15 décembre 1942. Voir aussi : SHAT 1P 89, déposition du général de brigade de Perier des troupes coloniales ; SHAT 5P 2, rapport du colonel Gross sur l'activité d'ensemble des commissions d'armistice, Alger, le 19 avril 1943. Il est d'ailleurs certain que c'est Vichy qui organise ces dépôts, sinon on comprend mal comment Laval aurait pu en donner une liste aussi exhaustive au début de 1943.

59. Dans une lettre qu'il envoie à Pétain, il est clair qu'il est conscient que cette activité est contraire à l'esprit de l'armistice, parce qu'il y est question d'éviter de « compromettre vis-à-vis des commissions d'armistice italienne et allemande le SR guerre officiellement supprimé » : AN F[60] 782, le général Weygand à M. le maréchal de France, 7 décembre 1940.

60. SHAT 1P 89, Weygand à Pétain, 3 mars 1941. Dans sa correspondance à Darlan du 25 octobre 1941, Weygand prévoit même une intervention armée de l'Axe en Afrique du Nord : SHAT 1P 135, Weygand à Darlan, n° 8924/EM/2, 25 octobre 1941.

61. SHAT 1P 89, Weygand à Pétain, 3 mars 1941.

62. SHAT 1P 135, Weygand à Huntziger, n° 2304/EM/2, 17 avril 1941 ; AN F[60] 782, Huntziger à Pétain, 12 février 1941.

63. SHAT 1P 200, Le général Huntziger à MM. les généraux commandant les régions, 25 février 1941.

64. Cela est confirmé par SHAT « fonds Paillole » 1K 545 1, journal de marche du général Rivet. Des documents préparant ce statut spécial figurent dans SHAT 3P 102, en particulier une « Note au sujet du service de renseignements » (26 juillet 1940) du secrétariat d'État à la Guerre.

65. AN 2[AG] 524.

66. SHAT « fonds Paillole » 1K 545 19, Fernand de Brinon à von Ribbentrop, 17 mai 1943.

67. AN 72^{AJ} 82, l'amiral Darlan à M. le secrétaire d'État à la Guerre, 6 octobre 1941.

68. M.-O. Baruch, *Servir l'État français*, Paris, Fayard, 1997, p. 78.

69. Dans un témoignage de 1948, Paul Paillole revient sur une conversation qu'il a eue avec l'amiral en novembre 1942, à la veille du départ de ce dernier en Afrique du Nord. Le commandant demande à son supérieur de lui dire franchement ce qu'il pense du travail accompli par les services spéciaux. Darlan aurait donné la réponse suivante : « Il est certain qu'à différentes reprises les Allemands m'ont entretenu de la gêne que leur causent vos services, et vos relations avec les Alliés, et ils m'ont donné des instructions pour que cela cesse. Vous savez que je n'en ai jamais rien fait » : AN 72^{AJ} 82, CHDGM, entretiens avec Paul Paillole, avril et mai 1948. Cette citation contredit l'image que Paillole présente de Darlan en 1975 : P. Paillole, *Services spéciaux, 1935-1945*, Paris, Laffont, 1975, p. 225.

70. SHAT « fonds de Moscou » 668/14779, dossier sur le centre d'information gouvernemental ; SHAT « fonds Paillole » 1K 545 10, rapport de l'Einsatzkommando, SD, Strasbourg, 17 novembre 1943.

71. H. Navarre, *Le Service de renseignements, 1871-1944*, Paris, Plon, 1978, p. 136 ; P. Nord, *Mes camarades sont morts*, Genève, de Crémille, 1970, t. II, p. 44-45 ; P. Paillole, *Services spéciaux, 1935-1945*, Paris, Laffont, 1975, p. 225.

72. AN 3W 104, journal intime du général Bridoux, 19 juillet 1942 ; AN 72^{AJ} 82, résumé de l'action des services de CE militaire français de juillet 1940 à novembre 1944, écrit par Paillole en 1946.

73. AN F^{60} 393, le chef du gouvernement (signé Laval) à M. le secrétaire d'État à la Défense, 1er juillet 1943. P. Nord, *Mes camarades sont morts*, Genève, de Crémille, 1970, t. I, p. 191.

74. AN 3W 104, journal intime du général Bridoux, 1er décembre 1942.

75. SHAT « fonds Paillole » 1K 545 19, Fernand de Brinon à von Ribbentrop, 17 mai 1943.

76. AN F^{60} 393, Huntziger à Darlan, 10 juin 1941.

77. SHAT 1P 200, fiche, « Activités anglo-gaullistes en AFN » ; SHAT 5P 2, rapport du colonel Gross sur l'activité d'ensemble des commissions d'armistice, Alger, 19 avril 1943 ; SHAT 1P 89, Weygand à Darlan, 15 novembre 1941 ; AN AJ^{41} 491, le délégué allemand (Lutz) à M. le capitaine Pourailly, chef du détachement auprès de la Croix-Rouge allemande à Toulouse, n° 421/42, 19 mars 1942, « Objet : Mauvais traitement et arrestation des personnes qui viennent me rendre visite ».

A. Lefebure, *Les Conversations secrètes des Français sous l'Occupation*, Paris, 1993, p. 156-157.

78. AN 3W 104, journal intime du général Bridoux, 19 août 1942 ; SHAT « fonds Paillole » 1K 545 10, rapport de l'Einsatzkommando, SD, Strasbourg, 17 novembre 1943.

79. AN AJ[41] 509, section PGE, « visites de la police allemande dans les prisons militaires », 11 décembre 1942.

80. AN AJ[41] 509, l'agent principal Bartholome, commandant la prison militaire de Lyon, à M. le secrétaire d'État à la Guerre, n° 3604, 2 décembre 1942 ; AN AJ[41] 509, liste des individus recensés par la police allemande, 1er décembre 1942 ; AN AJ[41] 509, DSA (signé Bourragué), à M. l'ambassadeur de France, délégué général du gouvernement français dans les territoires occupés, n° 25961/DSA/7, « Objet : visite de la police allemande dans les prisons françaises », 4 décembre 1942 ; AN AJ[41] 509, DSA, note pour l'officier de liaison près du délégué allemand au rapatriement à Lyon, « Objet : visite de la police allemande dans les prisons françaises », n° 25960/DSA/7, 5 décembre 1942 ; AN AJ[41] 499, extrait du compte rendu de l'officier de liaison à Lyon, n° 714/D, Lyon, 5 décembre 1942.

81. Y compris les proalliés : AN 72[AJ] 1912, lettre du Dr A. Guenon à M. Stanilas Mangin, s. d.

82. AN BB[30] 1709, secrétaire d'État à la Guerre à M. le chef du gouvernement, n° 1615 JM/S, Vichy, le 4 janvier 1943.

83. AN F[60] 522, le chef du gouvernement à M. le maréchal de France, n° 1691/SG, 17 avril 1943 (ce même document figure aussi dans le carton AN BB[30] 1709).

Conclusion (de la page 192 à la page 202)

1. L. Douzou et D. Peschanski, « Les premiers résistants face à l'hypothèque Vichy (1940-1942) » dans L. Douzou, R. Frank, D. Peschanski et D. Veillon, *La résistance et les Français*, Actes du colloque, Cachan, 1995, p. 433.

2. R.O. Paxton, *Vichy France. Old guard and new order, 1940-1944*, New York, Columbia UP, 1972 ; M.-O. Baruch, *Servir l'État français*, Paris, Fayard, 1997, pp. 65-97 ; É. Alary, *La ligne de démarcation*, Paris, Perrin, 2003, pp. 219-220.

BIBLIOGRAPHIE

Sur les services secrets

Abtey (Jacques) et Unterberg-Gibhardt (Fritz), *Deuxième bureau contre Abwehr*, Paris, La Table ronde, 1966.

Austin (Roger), « Surveillance and intelligence under the Vichy regime : the Service du contrôle technique, 1939-1945 », *Intelligence and National Security*, vol. I, n° 1, 1986, p.123-137.

Aziz (Philippe), *Au service de l'ennemi, la Gestapo française en province, 1940-1944*, Paris, Fayard, 1972.

Bernert (Philippe), *Roger Wybot et la bataille pour la DST*, Paris, Presses de la Cité, 1975.

Bézy (Jean), *Le Service de renseignements air*, Paris, France-Empire, 1979.

Chalet (Marcel), « La DST, service français de contre-espionnage », in Pierre Lacoste (dir.), *Approches françaises du renseignement*, Paris, FED, 1997.

Cornick (Martyn) et Morris (Peter), *The French Secret Services*, Londres, Transaction Publishers, 1993.

Delalez (François), *Le Service des menées antinationales 1940-1942*, mémoire des écoles de Coëtquidan sous la direction d'Olivier Forcade, 1998.

Delarue (Jacques), *Histoire de la Gestapo*, Paris, Fayard, 1962.

Faligot (Roger) et Krop (Pascal), *DST : police secrète*, Paris, Flammarion, 1999.

Forcade (Olivier), « Histoire militaire et renseignement : état des lieux », in Pierre Lacoste (dir.), *La Culture française du renseignement*, Paris, Économica, 1998, p. 49-78.

Forcade (Olivier), « Quelques réflexions sur l'exploitation du renseignement stratégique français à la fin des années 1930 », *Les Cahiers de Mars*, 3ᵉ trimestre 1999, nº 162, p. 52-60.

Forcade (Olivier), « L'exploitation du renseignement stratégique français en 1936-1938 », in Georges-Henri Soutou, Jacques Frémeaux, Olivier Forcade (dir.), *L'Exploitation du renseignement en Europe et aux États-unis des années 1930 aux années 1960*, Paris, Économica, 2001, p. 83-98.

Forcade (Olivier), « Le renseignement face à l'Allemagne au printemps 1940 et au début de la campagne de France », in Christine Levisse-Touzé (dir.), *La Campagne de 1940*, Paris, Tallandier, 2001, p. 126-155.

Garder (Michel), *La Guerre secrète des services spéciaux français, 1935-1945*, Paris, Plon, 1967.

Gilbert-Guillaume, *Mes missions face à l'Abwehr (contre-espionnage 1938-1945)*, Paris, Plon, 1971.

Hohne (Heinz), *Canaris, Hitler's Master Spy*, New York, Cooper Square Press, 1979.

Jackson (Peter), *France and the Nazi Menace*, Oxford, OUP, 2001.

Kahn (David), *Hitler's Spies*, New York, Da Capo Press, 2000.

Kitson (Simon K. A.), « Arresting Nazi Spies in Vichy France (1940-42) », *Intelligence and National Security*, vol. XV, nº 1, printemps 2000, p. 80-120.

Koch-Kent (Henri), *Doudot, figure légendaire du contre-espionnage français*, Paris, Casterman, 1976.

Lacoste (Pierre) [dir.], *Approches françaises du renseignement : y a-t-il une « culture » nationale ?*, Paris, FED, 1997.

Laurent (Sébastien), « Renseignement militaire et action politique : le BCRA et les services spéciaux de l'armée d'armistice », in Pierre Lacoste (dir.), *La Culture française du renseignement*, Paris, Économica, 1998, p. 79-99.

Laurent (Sébastien), « The Free French Secret Services : Intelligence and the Politics of Republican Legitimacy », *Intelligence and National Security*, vol. XV, nº 4, hiver 2000, p. 19-41.

Laurent (Sébastien), « Le renseignement de 1860 à nos jours : état des sources militaires », *Revue historique des armées*, n° 4, décembre 2000, p. 97-110.

Laurent (Sébastien), « Le renseignement et le contre-espionnage militaires face à l'Allemagne : étude du dispositif de renseignement français », in Stefan Mertens et Maurice Vaïsse (dir.), *Frankreich und Deutschland im Krieg (November 1942 – Herbst 1944). Okkupation, Kollaboration, Résistance*, Bonn, Bouvier Verlag, 2000, p. 783-792.

Laurent (Sébastien), « Le service secret de l'État (1870-1945) : la part des militaires », in Marc-Olivier Baruch et Vincent Duclert (dir.), *Serviteurs de l'État. Une histoire politique de l'administration française 1875-1945*, Paris, La Découverte, 2000, p. 279-295.

Laurent (Sébastien), « Les services spéciaux de la France libre : politique et légitimité républicaine », in Georges-Henri Soutou, Jacques Frémeaux et Olivier Forcade (dir.), *L'Exploitation du renseignement en Europe et aux États-unis des années 1930 aux années 1960*, Paris, Economica, 2001, p. 133-160.

Laurent (Sébastien), « Les services secrets gaullistes à l'épreuve de la politique (1940-1947) », *Politix. Revue des sciences sociales du politique*, vol. XIV, n° 54, 2001, p. 139-153.

Laurent (Sébastien), « Les services secrets », in Vincent Duclert et Christophe Prochasson (dir.), *Dictionnaire critique de la République*, Paris, Flammarion, 2002, p. 793-798 et 1029-1032.

Laurent (Sébastien), « Faire l'histoire du renseignement », in Sébastien Laurent (dir.), *Archives « secrètes », secrets d'archives ? Le travail de l'historien et de l'archiviste sur les archives sensibles*, Paris, éd. du CNRS, 2003, p. 211-220.

Loisel (Dominique), *J'étais le commandant X, souvenirs d'un agent secret*, Paris, Fayard, 1970.

Miller (Michael), *Shanghai on the Métro : Spies, Intrigue and the French between the Wars*, Los Angeles, University of California Press, 1994.

Navarre (Henri), *Le Service de renseignements, 1871-1944*, Paris, Plon, 1978.

Navarre (Henri), *Le Temps des vérités*, Paris, Plon, 1979.

Nord (Pierre), *Cas de conscience de l'agent secret*, Paris, Fleurus, 1960.

Nord (Pierre), *Mes camarades sont morts*, 3 vol., Genève, de Crémille, 1970.

Paillole (Paul), *Services spéciaux, 1935-1945*, Paris, Laffont, 1975.

Paillole (Paul), *L'Homme des services secrets (entretiens avec Alain-Gilles Minella)*, Paris, Julliard, 1995.

Pasquelot (Maurice), *Les Dossiers secrets de la marine, Londres-Vichy, 1940-1944*, Paris, NEL, 1973.

Passy (colonel), *Mémoires du chef des services secrets de la France libre*, Paris, Odile Jacob, 2000.

Porch (Douglas), *The French Secret Services, from the Dreyfus Affair to the Gulf War*, Oxford, OUP, 1997.

Reile (Oscar), *L'Abwehr : le contre-espionnage allemand en France de 1935 à 1945*, Paris, France-Empire, 1970.

Rivet (colonel Louis), « Abwehr et Gestapo en France pendant la guerre », *Revue d'histoire de la Deuxième Guerre mondiale*, n° 1, novembre 1950, p. 28-50.

Sanders (Paul), « Anatomie d'une implantation ss – Helmut Knochen et la police nazie en France, 1940-1944 », *Revue de la Shoah*, n° 165, janvier-avril 1999, p. 111-145.

Soutou (Georges-Henri), **Frémeaux (Jacques)** et **Forcade (Olivier)** [dir.], *L'Exploitation du renseignement en Europe et aux États-Unis des années 1930 aux années 1960*, Paris, Économica, 2001.

Stead (Philip John), *Second Bureau*, Londres, Evans Brothers, 1959.

Terres (Robert), *Double jeu pour la France, 1939-1944*, Paris, Grasset, 1977.

Thomas (Martin), « Signals intelligence and Vichy France, 1940-1944 : Intelligence in defeat », *Intelligence and National Security*, vol. XIV, n° 1, printemps 1999, p. 176-200.

Vittori (Jean-Pierre), *Une histoire d'honneur : la Résistance*, Paris, Ramsay, 1984 (chap. VI, p. 83-96 : entretien avec Paul Paillole).

Young (Robert J.), « French military intelligence and nazi Germany, 1938-1939 », in Ernest R. May, *Knowing one's enemies*, Princeton New Jersey, Princeton UP, 1984.

Zajec (sous-lieutenant), « *Travaux ruraux* » *: le contre-espionnage clandestin de l'armée d'armistice*, mémoire des écoles de Coëtquidan sous la direction d'Olivier Forcade, 1999.

Sur Vichy et l'Occupation

Alary (Éric), *La Ligne de démarcation*, Paris, Perrin, 2003.

Azéma (Jean-Pierre) et **Bédarida (François)**, *Vichy et les Français*, Paris, Fayard, 1992.

Azéma (Jean-Pierre) et Bédarida (François), *La France des années noires*, Paris, Points Seuil, 2000.

Azéma (Jean-Pierre) et Wieviorka (Olivier), *Vichy, 1940-1944*, Paris, Perrin, 1997.

Barbas (Jean-Claude) [dir.], *Philippe Pétain, discours aux Français*, Paris, Albin Michel, 1989.

Barthélemy (Joseph), *Ministre de la Justice, Vichy 1941-1943*, Paris, Pygmalion, 1989.

Baruch (Marc-Olivier), *Servir l'État français*, Paris, Fayard, 1997.

Burrin (Philippe), *La France à l'heure allemande, 1940-1944*, Paris, Le Seuil, 1995.

Cointet (Jean-Paul), *Histoire de Vichy*, Paris, France Loisirs, 1996.

Cointet (Michèle et Jean-Paul) [dir.], *Dictionnaire historique de la France sous l'Occupation*, Paris, Tallandier, 2000.

Coutrau-Bégarie (Hervé) et Huan (Claude), *Darlan*, Paris, Fayard, 1989.

Coutrau-Bégarie (Hervé) et Huan (Claude), *Lettres et notes de l'amiral Darlan*, Paris, Économica, 1992.

Delarue (Jacques), *Trafics et crimes sous l'Occupation*, Paris, Fayard, 1968.

Destremau (Bernard), *Weygand*, Paris, Perrin, 1989.

Douzou (Laurent) et Peschanski (Denis), « Les premiers résistants face à l'hypothèque Vichy (1940-1942) », in Laurent Douzou, Robert Frank, Denis Peschanski et Dominique Veillon, *La Résistance et les Français*, Actes du colloque, Cachan, 1995, p. 427-446.

Duroselle (Jean-Baptiste), *L'Abîme, 1939-1944*, Paris, Le Seuil, 1990.

Ferro (Marc), *Pétain*, Paris, Hachette, 1987.

Fishman (Sarah), *We will wait*, New Haven, Yale UP, 1991.

Fishman (Sarah) *et al.*, *France at War*, Oxford, Berg, 2000.

Guérin (Alain), *Chronique de la Résistance*, Paris, Omnibus, 2000.

Guillon (Jean-Marie) et Laborie (Pierre) [dir.], *Mémoire et Histoire : la Résistance*, Paris, Privat, 1995.

Guillon (Jean-Marie) et Mencherini (Robert) [dir.], *La Résistance et les Européens du Sud*, Paris, L'Harmattan, 1999.

Jäckel (Eberhardt), *La France dans l'Europe de Hitler*, Paris, Fayard, 1968.

Jackson (Julian), *France : the Dark Years*, Oxford, OUP, 2001.

Kedward (Harry R.), *Resistance in Vichy France*, Oxford, OUP, 1978.

Kupferman (Fred), *Laval, 1883-1945*, Paris, Flammarion, 1988.

Laborie (Pierre), *L'Opinion française sous Vichy*, Paris, Le Seuil, 1990.

Lefébure (Antoine), *Les Conversations secrètes des Français sous l'Occupation*, Paris, Plon, 1993

Levisse-Touzé (Christine), *L'Afrique du Nord dans la guerre, 1939-1945*, Paris, Albin Michel, 1998.

Metzger (Chantal), *L'Empire colonial français dans la stratégie du IIIᵉ Reich (1936-1945)*, thèse de doctorat d'État, université de Paris IV-Sorbonne, 1998.

Meyer (Ahlrich), *Die deutsche Besatzung in Frankreich, 1940-1944*, Darmstadt, Wissenschaftliche Buchgesellschaft, 2000.

Nestler (Ludwig) et Schulz (Friedel), *Die faschistische Okkupationspolitik in Frankreich*, Berlin, Deutsche Verlag der Wissenschaften, 1990.

Paxton (Robert O.), *Parades and Politics in Vichy, The French Officer Corps under Marshal Pétain*, New Jersey, Princeton UP, 1966.

Paxton (Robert O.), *Vichy France : Old Guard and New Order, 1940-1944*, New York, Columbia UP, 1972.

Pedron (Pierre), *La Prison sous Vichy*, Paris, éd. de l'Atelier, 1993.

Peschanski (Denis), « La résistance, l'occupant et Vichy », *Cahiers de l'IHTP*, n° 37, décembre 1997, p. 47-71.

Peschanski (Denis), *Vichy 1940-1944*, Paris, éd. du CNRS, 1986.

Rousso (Henry), *La Collaboration*, Paris, MA éditions, 1987.

Steinberg (Lucien), *Les Allemands en France, 1940-1944*, Paris, Albin Michel, 1980.

Sweets (John F.), *Choices in Vichy France*, Oxford, OUP, 1986.

Thalmann (Rita), *La Mise au pas : idéologie et stratégie sécuritaire dans la France occupée*, Paris, Fayard, 1991.

Thomas (Martin), *The French Empire at War, 1940-1945*, Manchester, MUP, 1998.

Umbreit (Hans), *Der Militärbefehlshaber in Frankreich*, Boppard am Rhein, Harald Boldt Verlag, 1968.

Veillon (Dominique), « The Resistance and Vichy », in Sarah Fishman *et al.*, *France at War*, Oxford, Berg, 2000, p. 161-177.

Virgili (Fabrice), *La France virile*, Paris, Payot, 2000.

Wieviorka (Olivier), *Les Orphelins de la République : destinées des députés et sénateurs français*, Paris, Le Seuil, 2001.

Zaretsky (Robert), *Nîmes at War*, Pennsylvania State UP, 1995.

INDEX

Bischoff, Marc, *146*.

Blémant, commissaire Robert, *55, 102, 103, 146*.

Bömelburg, Karl, *16, 17*.

Bordeaux, *17, 40*.

Boselli, général, *110*.

Bourg-en-Bresse, *60*.

Bourges, *21*.

Bourras, *46*.

Bousquet, René, *180*.

Bouvier, Robert, *96*.

Breitscheid, Rudolf, *16*.

Bresson, Georges, *129*.

Bridoux, général Eugène, *58, 93, 72, 75, 101, 123, 168, 182, 184, 186*.

Brigade de surveillance du territoire (BST), *55*.

Britsch, Jacques, *70, 71, 72, 89, 90, 92, 102*.

Buch, Edouard, *20, 144*.

Bureau des menées antinationales (BMA), *54, 57, 62, 63, 65, 73, 77, 78, 84, 97, 107, 108, 116, 117, 123, 139, 141, 153, 162, 165, 173, 183, 189, 195*.

Canaris, amiral Wilhelm, *10, 14, 31*.

Carbone, Paul, *126*.

Casablanca, *32, 55, 116, 124*.

Caskie, Donald, *94*.

Castan, maître, *151*.

Castoldi, Alfredo, *133*.

Castres, *151*.

Cathala, Pierre, *165*.

Centre de renseignements de la marine (CRM), *58, 59, 195*.

Chand, Asoka, *77, 142*.

Châteauroux, *60*.

Chantiers de la jeunesse, *190*.

Chavin, Henri, *60*.

Chevance-Bertin, Maurice, *95*.

Christin, Joseph, *163*.

Clermont-Ferrand, *38, 55, 60, 62, 66, 93, 126*.

Cole, Harold, *94, 163, 190*.

Combat, *94, 137, 168, 182*.

Combatti, *43, 165*.

Commissariat national à l'Intérieur (CNI), *19*.

Commission d'armistice, *18, 24, 32, 44, 109, 110, 117, 124, 192, 194*.

Contre-espionnage français (CEF), *38, 39, 44, 43*.

Conseil supérieur de la Défense nationale, *63*.

Croix-Rouge allemande, *19, 51, 152, 183*.

Dakar, *89*.

Danglade, intendant, *80*.

Danler, Karl, *149*.

Dansey, sir Claude, *96*.

Darlan, François, amiral, *26, 58, 66, 102, 109, 111, 123, 139, 144, 164, 172, 175, 178, 179, 182, 185, 188, 189*.

De Acevedo, *152*.

Debeney, général, *166*.

De Brinon, Fernand, *101, 156, 174, 182, 185, 186*.

De Cervens, capitaine, *97*.

Decreton, Émile ou Henri, *163, 190*.

Dedeck, Walter, *46*.

Délégation de contrôle du trafic maritime, *112*.

Delmas, capitaine, *81*.

Section de centralisation du renseignement (SCR), *53*.
Section de surveillance et de documentation (SSD), *66, 195*.
Service de sécurité militaire (SSM), *58, 70, 73, 126, 173, 189*.
Sheppard, Bob, *93*.
Sicard, commissaire Roland, *93*.
Sicherheitsdienst (Sipo-SD VIᵉ bureau), *21, 42, 73, 167*.
Silberman, Herbert, *128*.
Simonin, *95*.
Sipo-SD, *14, 17, 172, 180, 193*.
Sommann, Willy, *131*.
Sordet, Dominique, *125*.
Soustelle, Jacques, *54, 90*.
Spirito, François, *126*.
Statistiche Abteilung, *13*.
Steinard, inspecteur, *133*.
Strohm, Friedrich, *186, 182*.
Studt, général, *112*.
Stuttgart, *11, 21, 51*.
Suez, canal de, *32*.
Sûreté nationale à la surveillance des frontières, *58, 60, 62*.
Sûreté navale, *59, 195*.
Sûreté urbaine, *67*.
Surveillance du territoire (ST), *39, 59, 61, 65, 66, 77, 61, 79, 84, 93, 103, 142, 143, 145, 168, 172, 177, 181, 195*.
Syrie, *89, 90, 180*.
Termonia, Paul, *151*.
Terres, Robert, *54, 70, 82, 84, 89, 95, 146*.

Texcier, Jean, *105*.
Theus, commissaire Léon, *103*.
Thomas, Oberführer Dʳ, *16*.
Tolpa, François, *123*.
Torch, opération, *33*.
Toulouse, *12, 55, 60, 189*.
Travaux ruraux (TR) du contre-espionnage, *30, 33, 35, 41, 54, 56, 58, 62, 63, 67, 77, 82, 94, 96, 100, 107, 125, 139, 141, 195*.
Triffe, commissaire Louis, *78, 168*.
Tunis, *55, 97*.
Union soviétique, *15, 33*.
Van Buylaere, *80*.
Van Eynden, Edouard, *130, 151*.
Vergez, général, *117*.
Versailles, traité de, *13*.
Vilain, René, *163*.
Voelkel, Francis, *143, 149*.
Vogl, général Max, *113*.
Von Nidda, Krug, *123*.
Von Ribbentrop, Joachim, *140*.
Wagner, Maurice, *133*.
Wannsee, conférence de, *15, 64*.
Watrin, *144*.
Watrinet, capitaine Auguste, *37*.
Weygand, Maxime, général, *30, 31, 32, 38, 60, 64, 83, 102, 106, 109-110, 115, 117, 137, 172, 174, 175, 176, 184-185, 188, 192*.
Wiesbaden, *11, 21, 24, 113, 121, 182*.
Wybot, Roger, *90*.

REMERCIEMENTS

Ce livre doit énormément à l'Institut d'histoire du temps présent. Pendant l'année universitaire 2000-2001, j'y ai travaillé en tant que chercheur associé. Je n'oublierai jamais l'accueil que m'a réservé toute l'équipe, et je tiens à remercier plus particulièrement Henry Rousso, Fabrice Virgili, Danièle Voldman, Gaby Muc, Valeria Galimi, Pieter Lagrou, Dominique Veillon, Marc-Olivier Baruch, Alain Bancaud, Michel Trebitsch, Marc Bergère, Anne-Marie Pathé, Christian Ingrao, Nicolas Werth, Florent Brayard, Éléonore Testa, Anne Boigeol, Jacques Le Maguer, Jean Astruc et Lïora Israël. Merci aux feux Paul Paillole et Jean Gemähling pour divers entretiens qu'ils m'ont accordés. Cet ouvrage doit aussi beaucoup à Sébastien Laurent et à Olivier Forcade, qui ont lu le manuscrit très attentivement et m'ont fait bénéficier de leurs précieux conseils. Je remercie également Laure Flavigny, Véronique Delétoille, Mathieu Barbarit, Doris Audoux et Laurence Péchiné-Gautré. Enfin, je n'oublie pas l'Arts and Humanities Research Board, sans l'aide financière duquel je n'aurais pu prendre une année sabbatique.

Parmi les nombreux chercheurs qui m'ont aidé à divers titres depuis mes débuts, je suis particulièrement reconnaissant à Jean-Marc Berlière, Luc Capdevila, Jackie Clarke, Martyn

Cornick, Hanna Diamond, Clive Emsley, Sarah Fishman, Shannon Fogg, Robert Frank, Graham Gargett, Robert Gildea, Jean-Marie Guillon, Cécile Hochard, Talbot Imlay, Julian Jackson, Peter Jackson, Dominique Kalifa, Rod Kedward, Carole Lécuyer, René Lévy, Lori Maguire, Mark Mazower, Robert Mencherini, Denis Peschanski, Becky Pulju, Nicolas Roussellier, François Rouquet, John F. Sweets, Martin Thomas, Barbara Trimbur, Joan Tumblety, Richard Vinen et Olivier Wieviorka.

Je tiens à saluer ma famille, Jake Burns, Mark, Cathou, Jeanne et Lucie Mehta, Dave et Fionulla Lester, Robbie Fowler, Laura Russell, Jackie Rodger, Suzie Thomas, Véronique Bouvet, Richard Parker, Arnaud Cristen, Françoise Petit, Jacqueline Djian, Mark et Helen Ledbury.

Ce livre est dédié à ma filleule Jeanne Mehta et à mon filleul Timmy Tedder.

TABLE DES MATIÈRES